高等职业教育财务会计类系列教材

大数据管理会计

主　编◎张　娟
副主编◎徐　畅　伍梦莲　张益林
参　编◎沈映桃

同济大学出版社
TONGJI UNIVERSITY PRESS
·上海·

内 容 提 要

作为财会类专业核心课程的配套教材，本书把握时代政策变化，以现代企业为主体，系统地介绍了在现代企业管理中开展预测、决策、规划、控制、考核评价等业务时所运用的管理会计的基本理论和基本方法。本书由九个项目构成，主要内容包括管理会计认知、成本管理分析、本量利分析、预测分析、短期经营决策分析、长期投资决策分析、全面预算管理、责任会计及大数据技术在管理会计中的应用。

本书可供大数据与会计、大数据与财务管理、工商企业管理、商务管理等专业的学生使用，也可作为从事财会、管理等实际工作者的学习参考书。

图书在版编目（CIP）数据

大数据管理会计 / 张娟主编；徐畅，伍梦莲，张益林副主编. —上海：同济大学出版社，2024.5

ISBN 978-7-5765-1134-5

Ⅰ. ①大… Ⅱ. ①张… ②徐… ③伍… ④张… Ⅲ. ①管理会计-数据处理-教材 Ⅳ. ①F234.3

中国国家版本馆 CIP 数据核字（2024）第 082158 号

大数据管理会计

主编 张 娟 **副主编** 徐 畅 伍梦莲 张益林 **参编** 沈映桃

责任编辑 杨 艳 **助理编辑** 张瀚文 **责任校对** 徐逢乔 **封面设计** 渲彩轩

出版发行 同济大学出版社 www.tongjipress.com.cn
（地址：上海市四平路 1239 号 邮编：200092 电话：021-65985622）
经 销 全国各地新华书店
印 刷 常熟市华顺印刷有限公司
开 本 787 mm×1092 mm 1/16
印 张 13
字 数 272 000
版 次 2024 年 5 月第 1 版
印 次 2024 年 5 月第 1 次印刷
书 号 ISBN 978-7-5765-1134-5

定 价 46.80 元

前言

管理会计是一门技术性、实用性和综合性很强的学科，它主要服务于企业内部管理需要。2021 年 11 月，财政部印发《会计改革与发展“十四五”规划纲要》，提出了“推动会计职能对内拓展”的主要任务。深化管理会计应用，是增强企业价值创造力，推动企业高质量发展的内在需要。

作为财会类专业核心课程的配套教材，本书以习近平新时代中国特色社会主义思想为指导，深入贯彻党的二十大精神，密切把握时代政策变化，以现代企业为主体，结合企业预测、决策、规划、控制、考核评价等业务流程，引入最新管理会计典型案例，系统地介绍管理会计基本理论和基本方法，既注重理论知识的学习，又注重实务技能的提高，配合试题库、案例库、在线微课视频等，打造全方位、立体化教材，有效帮助学生学习。

本书由九个项目构成，包括项目一管理会计认知、项目二成本管理分析、项目三本量利分析、项目四预测分析、项目五短期经营决策分析、项目六长期投资决策分析、项目七全面预算管理、项目八责任会计、项目九大数据技术在管理会计中的应用。本书编写特点如下。

1. 任务指南，明确学习目标

设计项目学习思维导图，帮助学生梳理学习思路；设计项目闯关练习，引导学生积极思考，完成任务；使用大量的实例计算，增强学生对知识的理解与掌握。

2. 结合典型案例，思政育人

本书不仅强调学生知识和能力的培养，还注重学生的思想政治教育，将立德树人的内容如春风细雨般渗入到教材内容中。结合现代企业管理会计典型案例，灵活嵌入思政元素，全书践行课程思政理念，达到德育培养目标。

3. 把握时事政策，增强实用性

本书首先紧密结合国家政策指引，设置“政策指引”栏目，让学生通过对相应会计政策进行阅读，了解法律要求与行业规范。其次，在每一章内容后设置“拓展阅读”栏目，对价值链管理、战略地图、风险投资决策等管理会计最新领域的发展进行解读。再次，在编写过程中，融入管理会计师证书及“1+X”职业技能等级证书技能考核点，满足学生考证的需求，突出实用性。

4. 融合创新，培养大数据人才

大数据时代，我国企业的财务工作面临信息化、数字化、专业化的全面诉求，对财务人才提出新的要求。本教材将管理会计基础知识与大数据技术相结合，创新编写 Python 技术在管理会计中的应用章节，帮助学生顺利进行数智化转型，为职业可持续发展奠定基础。

本书由保险职业学院张娟担任主编，徐畅、伍梦莲、张益林担任副主编，茂鲲集团沈映桃参编。其中张娟负责项目一和项目二中任务一至任务三、项目三、项目七的编写，徐畅负责项目四至项目六的编写，伍梦莲负责项目二中任务四、任务五和项目八的编写，张益林负责项目九的编写，沈映桃负责企业案例编写指导，张娟负责全书的统稿和修改工作。全书结构清晰、内容新颖，可供大数据与会计、大数据与财务管理、工商企业管理、商务管理等专业的学生使用，也可作为从事财会、管理等实际工作者的学习参考书。

本书在编写过程中，主要查阅财政部《管理会计基本指引》《管理会计应用指引》《管理会计案例示范集》，借鉴和参考国内外管理会计最新成果和同类著作、教材，在此向这些作者致以诚挚的谢意！由于编者水平有限，书中难免存在疏漏和不当之处，欢迎广大读者批评指正。

编　者

2023 年 8 月

目录

项目一

管理会计认知

学习目标

1. 素质目标：培养管理会计思维方式；
提升会计岗位认知能力；
具备严谨细致、精准高效的职业素养。
2. 知识目标：了解管理会计不同发展阶段的理论与特征；
掌握管理会计的职能与工作内容；
明确管理会计的职业优势。
3. 能力目标：能对管理会计形成与发展的原因进行分析；
能明确管理会计的职能、目标、内容；
能对管理会计与财务会计的关系进行独立分析。

思维导图

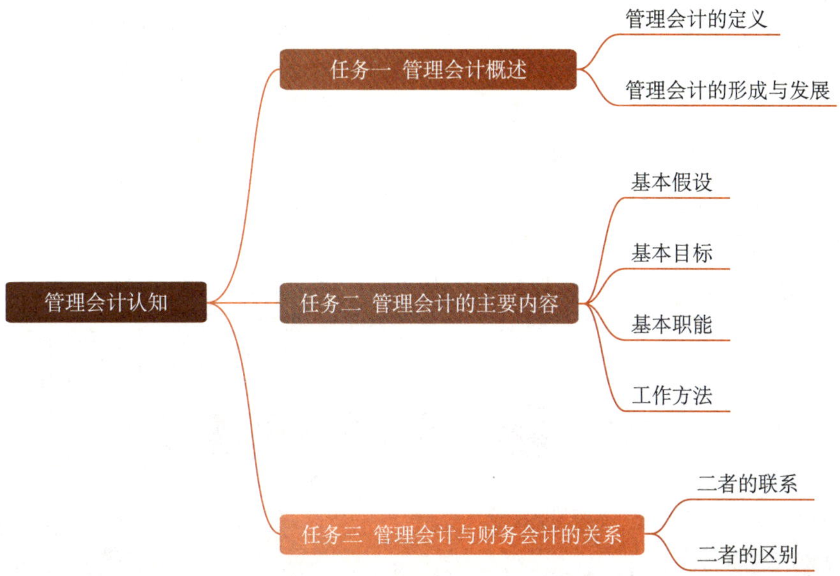

案例导入

伊亚乳品是某地一家知名的乳制品连锁企业，公司主要从事新鲜乳制品与烘焙食品的研发生产销售业务。公司始终坚持优质服务理念，不断创新、开发产品品种，以满足各类消费者对新鲜乳制品与烘焙食品日益增长的需求。

2018 年，国务院办公厅发布了《国务院办公厅关于推进奶业振兴保障乳品质量安全的意见》，明确指出要不断优化我国乳制品产品结构，统筹发展液态乳制品和干乳制品，逐步提高乳品企业竞争力。在这样的背景下，伊亚乳品决定对公司未来的发展战略进行调整，在现有液态奶制品生产的基础上，大力开发奶酪产品。

企业经过市场调研发现，中国未来奶酪消费人群和人均消费量有望明显增长，奶酪制品市场潜力巨大。在众多奶酪制品中，儿童奶酪棒凭借良好的口感、高营养价值以及独立包装等特点受到消费者追捧。企业管理层做出决策：综合考虑自身研发、生产和销售能力，企业有足够的能力来开发儿童奶酪产品，于是决定投入资金，开发生产自有品牌的儿童奶酪棒，并将其作为公司未来一段时间的主打产品。

2019 年，企业共生产原味儿童奶酪棒 500 万支，经公司财务部门统计，该奶酪棒的变动生产成本为 750 万元，与生产经营相关的固定成本总额为 320 万元。儿童奶酪棒产品仅推出了小包装，每袋 5 支，售价为 16 元/袋。另外，每 10 万支奶酪棒的运输需要承担的变动成本为 4 万元。为提高门店工作人员的工作积极性，企业还规定，每销售 1 袋奶酪棒，每家门店可获得 1 元销售提成。由于伊亚乳品的奶酪棒奶源新鲜、口味独特、价格合理，在 2019 年销售取得开门红，当年生产的产品全部售罄，企业管理层认为该款产品在 2020 年依然会有良好的销售前景。

年底，在企业经营工作大会上，公司财务总监张总需要对伊亚乳品儿童奶酪棒产品未来的生产、销售和盈利情况进行分析并出具报告，请会计人员小李为张总草拟报告。

仔细阅读以上案例，并思考：

1. 小李在撰写分析报告时要考虑哪些方面的因素？
2. 财务人员可以通过哪些途径参与到企业经营管理中？
3. 新时代的会计工作对财务人员提出了哪些素质要求？

任务一 管理会计概述

微课 1-1：管理会计概述

任务指南

通过本任务的学习，了解管理会计的形成与发展过程，对我国管理会计体系有基本认知。理解管理会计的内涵，践行本课程的学习目标，为成为新型管理会计人才打下坚实的基础。

一、管理会计的定义

管理会计，顾名思义，是“管理”与“会计”的直接结合，主要指在当代市场经济条件下，以强化企业内部经营管理，实现最佳经济效益为目标，以现代企业经营活动及其价值表现为对象，对企业财务信息和非财务信息进行深加工处理，实现对经济活动的预测与决策、规划与控制、考核与评价等职能的一个会计分支。它是从传统、单一的会计系统中分离出来的，与财务会计并列共生、又具有相对独立性的新兴交叉学科。

二、管理会计的形成与发展

1921 年，美国颁布《预算与会计法案》，“预算控制”思想被引入管理会计；1922 年，奎因坦斯（H. W. Quaintance）在其《管理会计：财务管理入门》一书中首次提出“管理会计”的名称；1952 年，国际会计师联合会年会正式采用“管理会计”来统称企业内部会计体系，标志着管理会计正式形成。自此，现代会计分为财务会计和管理会计两大分支，其中管理会计在西方得到广泛应用。管理会计的诞生是会计学科不断发展的必然结果，也是社会生产力发展到一定阶段的必然产物。纵观管理会计的形成与发展过程，可以概括为以下三个阶段。

（一）初期形成阶段

1. 形成时间

这一阶段从 20 世纪初到 20 世纪 50 年代，跨越半个世纪。

2. 主要代表人物与事件

弗雷德里克·温斯洛·泰勒（F. W. Taylor）是这一阶段的代表人物之一，他被誉为科学管理之父。早在 19 世纪，英国的工业革命促进了企业组织形式的发展，到 20 世纪初期，随着生产规模的日益扩大，企业间的竞争开始加剧，企业主们一方面要注重生产效率的提高，另一方面要加强成本的控制，以期获得最大利润。但由于人们缺乏管理现代大工业的方法和技术，生产效率低下等问题始终得不到有效解决，泰勒带领他的团队进行了一系列实验，他的研究大多专注于如何提高生产效率，降低成本来增加利润。其中比较著名的有“搬运生铁块试验”和“铁锹试验”。

“搬运生铁块试验”是由伯利恒钢铁公司产品搬运班组大约 75 名工人完成的。这一研究通过改进操作方法训练工人，最终使生铁块的搬运量提高 3 倍。“铁锹试验”是在研究铁锹负载后找到各种搬运不同原料时能够达到标准负载的铁锹的形状、规格，以及各种原料装锹效率最高的方法。通过研究改进，堆料场的劳动力从 400～600 人减少为 140 人，每个工人的日工资从 1.15 美元提高到 1.88 美元。

泰勒一生致力于科学管理，他的著作主要有《计件工资制》《车间管理》《科学管理原理》等。他认为科学管理的主要目标是谋求最高的劳动生产率和最高的工作效率，达成目标的重要手段是用科学化的、标准化的管理方法代替经验管理，制定标准，然后按标准办事。挑选一流工人，使用标准化设备、工具和材料，掌握标准化的操作方法，使用标准化的作业环境，从而生产出标准化的产品。这一系列任务不可能由某一个团队单独完成，因此，他还提出要将计划和执行两项职能分开实施。计划职能归管理当局负责，根据各项标准制订计划；工人或工头履行执行职能，按照管理部门制定的操作方法的指示，使用规定的标准工具从事实际操作。

3. 基本特征

在这一阶段，管理会计以成本控制为基本特征，以提高企业工作效率为目标，主要包括三个方面的内容。

（1）形成标准人工成本、材料成本、制造成本等一系列标准成本的概念。使成本计算由事后的计算和利用转为事前计算与事后分析相结合，这是现代会计管理职能的重要体现，被纳入“现代管理会计”的基本框架。

（2）提出预算要求，使得成本费用的发生与预算要求相符。首先将标准的人工成本、材料成本、制造费用以预算形式表现出来，在经营过程中，控制料、工、费的发生，达成预算的要求。

（3）基于标准成本，对实际发生成本额进行差异分析。在一定期间结束时，对实际发生的料、工、费与标准成本之间的差异进行计算分析，并以此查明差异形成的原因，以此来考核评价各有关方面的工作业绩，促使相关人员改进工作。

初期的管理会计是以科学管理理论为背景发展的，1912 年，美国会计学者奎因坦斯出版的专著《管理会计：财务管理入门》首次提出了“管理会计”术语。1924 年，詹姆斯·麦金西（James Oscar Mckinsey）出版了专著《管理会计》，同期，布利斯（Bliss）也出版了专著《通过会计进行管理》，这些著作被西方誉为早期管理会计学的代表作。这几部著作的出版标志着管理会计的理论体系已初具雏形，但这个阶段在研究管理会计问题时基本上还停留在“技术”层面，追求的主要是效率，重局部，轻整体。企业管理与外界关系、企业与工人的关系、工人与工人的关系等问题没有得到应有的解决。

（二）中期发展阶段

1. 形成时间

这一阶段形成时间为 20 世纪 50 年代到 20 世纪 80 年代。

2. 主要代表人物与事件

第二次世界大战后，世界经济进入了一个全新的发展时期。一方面，现代化科学技术推动社会生产力迅猛发展，生产高度自动化和社会化，产品更新周期大大缩短；另一方面，国际交流频繁，企业国际化程度加剧，出现了一系列新型企业组织形式，集团公司、跨国公司等相继出现。企业经营规模持续扩大，管理层次繁多，市场情况多变，企业间的竞争越来越激烈。在此情况下，以往单纯依靠大规模的技术革新已经无法应对外部市场的急剧变化，企业的管理人员意识到，要想在市场竞争中处于不败之地，一方面企业要展开科学化、合理化的内部控制管理，恰当、合理地评价员工业绩，调动员工的工作积极性，提高工作效率；另一方面要依据管理活动提供的信息对市场变化进行正确预测，在科学预测的基础上做出决策。

这一阶段对管理会计的研究达到了高峰，可谓“百家争鸣”，比较有代表性的有以下几位：一是乔治·埃尔顿·梅奥（George Elton Mayo），原籍澳大利亚的美国行为科学家，首次提出“行为科学”这一名称，并进行了长达九年的实验研究——“霍桑试验”。他提出，工人是“社会人”而不是“经济人”，企业中存在着非正式组织，新的领导能力体现在能否提高工人的满意度。行为学科研究人各种行为的规律性，分析人产生各种行为的客观原因和主观原因，强调生产过程中人的重要性，在这一时期逐步成为一门新兴的边缘学科。20世纪60年代以来，行为科学被应用于管理会计，使管理会计理论不断地得到丰富和充实，成为管理会计的理论支柱之一。二是以詹姆斯·马奇（James G. March）和赫伯特·西蒙（Herbert Simon）为代表的决策理论学派，该学派以社会系统论为基础，吸收了行为科学和系统论的观点，结合电子计算机技术和统筹学的方法而形成了一个独立的管理学派。传统的管理学派是把决策职能纳入计划职能当中的，而西蒙认为决策应贯穿于组织活动全部过程，进而提出了“管理的核心是决策”的命题。

另外，为了有效实施内部控制，美国各大企业普遍建立了专门行使控制职能的“总会计师制度”。1958年，美国会计学在一份研究报告中明确地指出了管理会计的基本方法，即标准成本计算预算管理、盈亏临界点分析、差量分析法、变动预算、边际分析等，从而构建了管理会计方法体系的基础。20世纪60年代，随着电子计算机和信息科学的发展，产生了“业绩会计”和“决策会计”，从而使管理会计的理论方法更加体系化了。

3. 基本特征

在这一阶段，各种管理理论和学派的诞生大大地推动了管理会计的发展，形成了以预测、决策为主要特征，以预算、控制、考核评价为手段，与企业现代化管理相适应的管理会计体系，完成了从执行性管理会计向决策性管理会计的转变。随着社会经济的发展和科学技术的进步，现代管理会计在企业管理中获得了重大的进展和创新。

（三）现代完善阶段

1. 形成时间

20世纪80年代至今。

2. 主要代表人物与事件

随着现代科学技术的迅速发展，全球性竞争日益激烈，经济结构、产业结构和产品结构都发生了巨大的变化，管理理论和实践进入一个新的时代，“战略管理会计”应运而生。著名管理学家西蒙（ Simmonds）是战略管理会计的主要代表人物之一，他于1981年首次提出了“战略管理会计”一词，意指为企业“战略管理”的会计。他认为战略管理会计应侧重于本企业与竞争对手的对比，收集对方关于生产产量、产品定价、成本构成及市场占比等方面的信息。战略管理会计的内容主要包括市场变化趋势的研究、产品定位的评估、战略预算的编制等。

到了20世纪80年代末，西方学者发现，不同企业的战略管理会计的侧重点有所不同。1987年，西蒙访问了持防卫型战略和开拓型战略的两类企业。他从调查问卷及访谈中发现，持防卫型战略的企业主要侧重于影响战略的不确定性因素的研究，对企业预算的编制和执行控制却不计分关注；而持开拓者战略的企业主要侧重于预测数据的收集整理、预算目标的制订及产品的生产量控制，而对成本的控制则比较宽松。

3. 基本特征

由于科学技术和社会经济的发展，企业生产经营内外部环境发生了显著变化，从而形成了主要以重视环境适应性为基本特征的战略管理会计阶段。战略管理会计的对象是价值流，它强调客户是否满意，同时关注价值贡献与价值流的横向联系，要求企业着眼于长远目标、注重整体性和全局利益。首先，战略管理会计注重从多重竞争地位的变化中把握企业未来发展方向，并以是否达成最终整体利益目标作为战略成败的标准；其次，战略管理会计收集整个产业价值链中企业上家和下家的信息，努力改善企业的经济环境，强调企业发展与环境变化的协调一致，以求得产业最优效益；最后，战略管理会计还要根据企业内外部环境的变化及时进行相应调整，以保持战略决策与环境相适应。

三、管理会计在我国的发展

管理会计工作是会计工作的重要组成部分，20 世纪 70 年代末，党的十一届三中全会发出改革开放的号召，到党的十四大，中央指出要建立社会主义市场经济体制，企业成为独立的商品生产者和经营者。在新的环境和条件下，国内许多学者对西方的管理会计产生了浓厚的兴趣，大量引进西方的理论。这一期间，出版了大量管理会计的著作和教材，各高校会计专业把管理会计作为主干课程学习，许多大中型企业也积极运用预测与决策、规划与控制、考核与评价等管理会计的工具与方法（主要是预测分析、决策分析等），形成了一个研究和推广应用管理会计的热潮。80 年代末，许多企业实行了责任会计制，形成以企业内部经济责任制为基础的责任会计体系；90 年代后，作业成本计算也开始在我国企业中被广泛应用，成本性态分析、盈亏临界点与本量利依存关系、经营决策经济效益的分析评价等，都属于管理会计的范畴。当时，河北邯郸钢铁公司实行的“模拟市场，成本否决”可谓管理会计在我国企业应用的典范。发展至今，包括全面预算管理、平衡记分卡等绩效评价方法，作业成本法、标准成本法等成本管理方法在内的管理会计工具方法陆续在我国企业中被广泛应用。

在此基础上，中华人民共和国财政部也开始从政策层面逐步规范管理会计的实施，2014 年 10 月，财政部发布《关于全面推进管理会计体系建设的指导意见》，就全面推进管理会计体系建设的重要性和紧迫性做出重要指示。意见中提出要建立与我国社会主义市场经济体制相适应的管理会计体系，使我国管理会计迈入世界先进行列。“十三五”期间，财政部积极构建管理会计指引体系：2016 年，财政部制定发布了《管理会计基本指引》。2017 年以来，财政部分批发布了系列管理会计应用指引。该指引体系包括 1 项管理会计基本指引和 34 项应用指引，分别按照战略管理、预算管理、成本管理、营运管理、投融资管理、绩效管理和其他领域，介绍了不同领域的管理会计工具方法，精准施策，切实增强标准的针对性、指导性、操作性。2019 年，财政部出版了《管理会计案例示范集》，具体展示了相关管理会计工具方法在不同行业、不同性质、不同规模单位中的应用，帮助相关人员全面理解和掌握管理会计应用指引，为单位应用相关管理会计工具方法提供参考。至此，我国以管理会计基本指引为统领、以管理会计应用指引为具体指导、以管理会计案例示范为补充的管理会计指引体系基本建成。2021 年 11 月，财政部印发《会计改革与发展“十四五”规划纲要》，继续为全面深化管理会计应用提供政策支持。

当今世界，以人工智能、大数据等为代表的新技术迅速崛起。数字化时代的到来，为管理会计的发展带来新的契机和前景，将带领管理会计走向更加成熟的未来。

政策指引

政策指引

全面深化管理会计应用，积极推动会计职能拓展——《会计改革与发展“十四五”规划纲要》系列解读之九

任务二　管理会计的主要内容

任务指南

通过本任务的学习，能够在理解基本假设的前提下，掌握管理会计基本目标和基本职能，了解为完成基本职能而需要采用的主要工作方法。

一、基本假设

管理会计基本假设是指在一定的社会经济环境下，根据客观的正常情况或趋势，对未经确认和无法正面论证的经济事务和会计事项做出合乎事理的判断，它是组织管理会计工作不可缺少的、系列前提条件的统称，对构建管理会计的基本理论体系具有重要意义。西方会计学者一直认为管理会计是各种技术方法的综合应用，忽略了对包括假设在内的管理会计理论的研究。当前，国内管理会计学研究虽已取得了一定的进展，但基本假设至今也未能形成统一的认知。参考国内各学者的观点，编者认为管理会计的基本假设可包括以下六项。

（一）会计多层主体假设

会计多层主体假设是对管理会计对象的空间范围和活动范围做出规定，明确服务于谁的问题。管理会计主要是向企业内部管理者提供有用的决策信息的会计，而企业内部管理还可划分为许多层级。因此，根据企业不同的管理形式的需要，管理会计的主体可以是企业整体，也可以是企业内部各层级的单位。

（二）企业持续经营假设

企业持续经营假设是对管理会计对象基本运行方式的规定，即企业及各层级单位的生产经营及投融资活动持续进行下去。只有基于一个持续稳定的环境。才能保证预测与决策、规划与控制、考核与评价等管理会计工作所使用的专门方法保持有效且稳定。

（三）合理会计分期假设

合理会计分期假设是指对管理会计对象的时间范围所作的限定。只有进行了会计分期，才能比较不同时期的利润、成本、资金量等内容，以便满足管理会计面向未来决策的需求。管理会计的分期假设具备一定的灵活性，可根据企业内部管理的实际需要，灵活地进行会计分期并编制内部报告，不必严格地受财务会计上的会计年度、季度或月份的约束（可以短到一天、一周，也可以长到十年、二十年）。

（四）货币时间价值假设

货币时间价值假设是指管理会计进行中长期决策时应考虑货币的时间价值因素，

即等量货币在不同时点上具有不同的价值。这一基本假设在财务管理和分析中已成为人们的共识，也符合市场经济的基本定律——只要货币用于流通，用于再生产，就会随着时间的推移而发生增值。此假设也是管理会计开展预测、决策、控制等各项工作的基础。

（五）成本性态可分假设

成本性态可分假设是指全部成本可以按其性态划分为固定成本和变动成本。成本性态是指成本总额与业务量之间的依存关系。管理会计工具的运用，如本量利分析、弹性预算编制方法、标准成本差异分析方法等都是建立在成本性态可分假设基础上的。由于固定成本和变动成本的划分并不是在所有情况下都是一定的，随着条件的改变，它们的划分也可能发生改变，并不具备绝对性。

（六）目标利润最大化假设

目标利润最大化假设是指企业在进行管理决策时，以目标利润为判定标准，假设在营运管理实施时能够实现目标利润，并选择目标利润最大化方案为决策的最优方案。管理会计中的许多方法都要运用这一判断标准，如固定资产更新决策、产品定价决策等。

二、基本目标

（一）管理会计最终目标

管理会计的最终目标是加强企业内部管理、提升整体竞争力，最终目标是提高企业的经济效益。

（二）管理会计分目标

为了达到最终目标，管理会计应实现以下两个分目标。

1. 为管理和决策提供信息

对货币性和非货币性信息进行整理和加工，为企业管理和决策提供有效信息，主要有：

（1）与预测、规划和考核评价相关的信息，包括企业历史数据信息和未来信息；

（2）与保证企业资产完整、安全，能使资源有效利用的相关信息；

（3）与股东、债权人及其他企业外部利益决策相关的信息。

2. 参与企业的经营管理

管理会计正在以各种方式积极参与到企业的经营管理中，并将会计的核算职能推向会计的管理职能。在实践过程中，管理会计通过企业战略的制定、预算的编制、经营决策方案的选择，从财务角度组织协调，参与企业管理，有利于企业在总体上兼顾长、中、短期利益的最优化运行，促进方案的落实。同时能使企业从全局出发，综合平衡各项决策和计划之间的协调配合。

三、基本职能

管理会计的基本职能是指管理会计在企业实践过程中客观存在的必然性所决定的内在功能。管理会计是管理科学与会计科学相结合的产物，因此，其职能与管理的职能和会计的职能密切相关。具体包括以下五个方面。

（一）预测职能

预测是指采用科学方法预计、推断客观事物未来发展的方向和程度的管理行为。管理会计的预测职能，主要是依据企业历史的或者现时的会计资料及其他有关资料，结合企业未来发展目标和经营方针，并在充分考虑市场经济规律和资源约束的前提下，采用科学的方法，有目的地预计和推测企业未来的销售、成本、利润以及资金量需求等重要指标的变动趋势，为企业管理决策提供有效的信息支持。预测职能是管理会计的基本职能，是其他职能顺利执行的前提基础。

（二）决策职能

决策是指对未来行动的目标或方向以及方法和手段做出决定的过程。一般来说，管理会计主要以提供与决策相关的信息的方式参与企业内部管理决策。首先依据历史数据信息结合预测职能提供的有效信息，对生产经营或投融资活动中的某些特定问题提出多个备选方案，再运用科学的工具、方法进行分析比较，做出财务评价，提供初步选择的最优方案，最终由管理者定夺。

（三）规划职能

规划是指对企业未来的生产经营活动进行科学的安排与筹划。规划职能又称为预算职能，是通过编制各种计划和预算实现的。管理会计在对有关指标进行预测和决策后，主要的工作是正确编制各项预算，即编制企业全面预算和各责任单位的责任预算。预算是经营管理决策的具体化，确定企业各方面应达成的主要目标，从而合理地组织开展企业的经济活动，并进行有效控制。预算也为后续的考核评价工作提供了依据。

（四）控制职能

控制是指为实现企业经营目标，在管理过程中，根据编制的预算标准，对执行过程中出现的偏差进行及时的调整纠正，控制职能是管理会计的重要职能之一。该职能的实施主要是根据前期编制的各级预算对企业的经济活动实时控制，将实际数据与预算数据进行分析比对，计算差异程度，找出差异产生的原因，及时调整企业的经营活动，从而确保经济活动正常进行，以期达到企业经营目标。

（五）考核评价职能

考核评价是指对企业各责任单位任务落实和执行情况等进行考核与评价的过程。考核评价是企业进行内部控制管理的一项重要举措，主要是根据各责任单位所编制的业绩报告，通过对实际数据与预算数据进行分析比对，找出差异产生的原因，明确责任归属，为企业奖惩制度的实施及改进工作措施提供依据。

管理会计的五大职能相互联系，彼此依存，构成一个完整的企业内部管理循环。其核心是以预测为前提、以决策为主体，通过合理规划配置企业资源，通过控制和考核评价调整企业活动，最终实现企业经营目标。

四、工作方法

管理会计方法是指为实现管理会计目标，发挥管理会计职能和作用，在企业管理实践中运用的手段和技术。随着管理会计职能的不断拓展，管理会计方法也得到了相应的更新和改进，现在，已基本形成了一套相对科学、完善的方法体系，见表 1-1。

表 1-1 管理会计的工作方法

职能分类	工作内容	工作方法
预测分析方法	销售预测	1. 定量分析法：算术平均法、移动加权平均法、指数平滑法、回归分析法等； 2. 定性分析法：判断分析法、调查分析法等
	成本预测	目标成本预测法、历史成本预测法、新产品成本预测法等
	利润预测	本量利分析法、销售增长比率法、利润增长比率法、资金利润率法等
	资金需求量预测	销售百分比法、回归分析法等
决策分析方法	短期决策（生产经营）	差量分析法、边际贡献分析法、成本平衡点法、经济批量法等
	短期决策（定价）	成本导向定价法、变动成本加成定价法、边际成本定价法、合同定价法等
	短期决策（存货）	经济批量和订点法、ABC 存货管理法等
	长期决策	净现值法、现值指数法、投资回收期法、内含报酬率法等
规划（预算）编制方法	经营预算	1. 固定预算和弹性预算； 2. 零基预算和增量预算； 3. 定期预算和滚动预算
	财务预算	
	专门决策预算	
控制、考核方法	成本控制	标准成本法、差异分析法、作业成本法等
	责任考核	责任中心划分法、内部转移价格法等

任务三 管理会计与财务会计的关系

微课 1-2：管理会计和财务会计的关系

任务指南

通过本任务的学习，掌握管理会计与财务会计的联系与区别，理解管理会计主要服务于企业内部管理需要。

管理会计是 20 世纪中期，在市场经济的发展、科学管理理论大量应用于企业经营的形势下，从传统的财务会计中分离出来的。管理会计与财务会计是现代会计的两大分支，分别服务于企业内部管理的需要和外部决策的需要，二者之间既有联系，又有区别。

一、二者的联系

管理会计与财务会计作为现代会计中的两大分支，在职能目标和信息数据来源上是相同的。管理会计对财务会计的资料进行深加工和再利用，使其服务于企业内部的经营管理的需要从而为改善内部的经营管理提供服务；财务会计通过一定的程序与方法，把不同会计时期的财务状况和经营结果通过会计报表的形式呈现出来。其数据信息既可以应用于外部，也可以服务于内部。二者共同为企业经营管理服务，相同点主要表现在以下四个方面。

（一）起源相同

管理会计和财务会计都是在传统会计中孕育、发展和分离出来的，二者作为会计管理的重要组成部分，相互依存、相互补充，共同构成企业会计系统。

（二）目标相同

管理会计和财务会计都是为企业管理服务，以提高企业经济效益、实现企业价值最大化为最终目标。

（三）信息同源

管理会计的基本信息大都源于财务会计，只是对企业财务会计资料进行加工利用，结合其他非财务信息进行对比分析，但有时也直接根据财务会计进行分析，形成管理会计报表数据。

（四）服务对象交叉

虽然管理会计与财务会计的服务对象有内外之分，但在许多情况下，管理会计的信息可为外部利益集团所利用，企业内部管理者对财务会计信息也十分关注。

二、二者的区别

（一）职能目标不同

管理会计的主要职能是根据历史数据信息进行预测，并实施有效的决策和规划，由此控制和评价现在的经济活动，它是规划未来的会计，属于经营管理型会计；而财务会计则是反映过去的会计，其职能侧重于核算和监督，属于报账型会计。

（二）服务对象不同

管理会计主要向企业内部各管理层提供有效的预测、决策、规划、控制和考核评价信息，主要目标是为企业内部管理服务，从这个意义上说，管理会计又可以称为“对内会计”；而财务会计除向内部管理者提供基本的财务信息外，最主要的是要定期向企业外部各利益关系人（股东、政府部门、债权人、债务人等）提供信息，又称为“对外会计”。

（三）约束条件不同

国内现有的管理会计并不完全受到准则和制度的约束，在处理具体问题时可使用多种科学管理理论与方法，具有很大的灵活性；而财务会计必须按照国家统一的会计制度来进行会计核算与监督，其处理方法只能在相关规定允许的范围内选用，以保证会计信息符合可靠性、可比性等要求，灵活性相对较小。

（四）工作程序不同

管理会计没有固定的工作程序可以遵循，企业可以根据自己的实际情况，灵活设计其管理会计工作流程，不同企业间差别较大。而财务会计必须执行固定的会计循环程序，从凭证的填制审核到登记账簿，直至编制财务报表，都必须按照既定的程序处理。通常情况下不得随意变更其工作内容或程序，如需变更，要严格执行变更程序，重要事项还要在财务报告中进行说明。因此，其工作具有一定的强制性和程序性，在实务中，同类企业间财务会计的工作流程具有较强的一致性。

（五）报告期间不同

管理会计报告的编制不受固定会计期间的限制，可以根据自身需要，选择一段时期编制报告；而财务会计反映的是一定期间内的财务状况、经营成果和资金变动情况，须按《会计法》规定的会计期间编制报告。

（六）会计主体层次不同

为适应管理的需要，管理会计的会计主体既可以以企业整体为单位，又可以以企业内部各责任单位为主体，录反映不同层次会计主体经营；而财务会计则以企业为会计主体，提供反映整个企业财务状况、经营成果和资金变动情况的会计资料，通常不以企业内部各责任单位为会计主体。

（七）信息精确程度不同

管理会计的工作主要是面向未来，而未来期间影响经济活动的不确定因素较多，加之管理会计对信息及时性的要求，决定了管理会计所提供的信息很难绝对精确，一般只能是相对精确；而财务会计反映已发生或已完成的经济活动，因此提供的信息应力求精确，数字必须平衡。

（八）计量尺度不同

为了适应不同管理活动的需要，管理会计不仅使用货币量度，还大量采用非货币量度，如实物量度、劳动量度、关系量度（如市场占有率、销售增长率）等；为了综合反映企业的全部经济活动，财务会计几乎全部使用货币量度。

拓展阅读

岗位规范——管理会计职业道德

美国管理会计师协会（The Institute of Management Accountants，以下简称“IMA”）是一家全球领先的国际管理会计师组织，成立于 1919 年。该协会在 1972 年设立了注册管理会计师（CMA）财会专业认证资格项目，目前获得全球 130 个国家认可。IMA 在 1982 年发布了管理会计师《职业道德守则公告》，是世界上较为完整的关于管理会计师职业道德的规定，后经多次补充和修订，于 2017 年发布了最新修订版，以下简称“新 IMA 职业道德守则公告”。

“新 IMA 职业道德守则公告”以首要核心职业道德——诚实（honesty）、公正（fairness）、客观（objectivity）、负责（responsibility）为原则，要求会员行为应该符合这些原则，鼓励组织内部的其他员工遵守这些原则。其次，每个 IMA 会员都要遵守四项具体职业标准：胜任能力（competence）、保密（confidentiality）、正直（integrity）和诚信（credibility），会员如不遵守这四项标准，IMA 将对其进行纪律处分。“新 IMA 职业道德守则公告”以核心原则为基础，并从内部和外部两方面为解决冲突的方法提供了具体指南，鼓励会计从业人员主动地解决问题，强调个人责任和对举报人的保护。

以下是管理会计职业道德标准的具体内容：

一、胜任能力

1. 通过提升知识和技能，保持适当水平的职业领导力和专业竞争能力；

2. 根据相关法律、法规和技术标准，认真履行职业责任；

3. 提供准确、清晰、简明和及时的决策支持信息和建议，识别和帮助管理风险；

4. 沟通专业限制或其他约束，避免其对负责领域的判断成功执行造成阻碍。

二、保密

1. 除授权和法律要求外，禁止披露工作过程中所获得的机密信息；

2. 告知相关方适当注意工作中所得信息的机密性，监督并确保相关方保守秘密；

3. 坚决杜绝利用保密信息获取不道德利益或非法利益。

三、正直

1. 避免介入实际或明显的利害冲突，应向任何可能的利害冲突方提出忠告；

2. 禁止从事任何损害职业道德的活动；

3. 杜绝从事或支持任何有损职业声誉的活动。

四、诚信

1. 公允而客观地传递信息；

2. 充分地披露会影响意向使用者理解报告，分析和建议的所有相关信息；

3. 按照组织内部政策或适用的法律，报告在信息、及时性、流程或内部控制方面的任何延误或缺陷。

理论冲刺

1. 简述管理会计形成与发展的原因。
2. 管理会计的具体职能有哪些？
3. 简述管理会计未来的发展趋势。

实训闯关

一、单项选择题

1. 被誉为科学管理之父的是（　　）。

A. 泰勒　　B. 艾默森

C. 奎因坦斯　　D. 亨·甘特

2. 在管理会计形成与发展过程中，首次提出“管理会计”一词是在（　　）。

A. 1902 年　　B. 1912 年

C. 1922 年　　D. 1952 年

3. 管理会计迅速成长和发展于（　　）。

A. 19 世纪 50 年代　　B. 20 世纪初

C. 20 世纪 50 年代　　D. 20 世纪 90 年代

4. 下列对管理会计与财务会计二者联系的说法中，不正确的是（　　）。

A. 二者基本信息同源　　B. 二者基本目标一致

C. 二者服务对象相同　　D. 二者起源相同

5. 下列不属于管理会计与财务会计区别的是（　　）。

A. 会计主体不同　　B. 报告期间不同

C. 职能目标不同　　D. 信息来源不同

6. 管理会计在初级形成阶段的基本特征是（　　）。

A. 以预测、决策为主　　B. 以成本控制为主

C. 以战略管理为主　　D. 以考核评价为主

7. 在现代企业会计系统中，管理会计又可称为（　　）。

A. 算活账的经营型会计　　B. 算呆账的报账型会计

C. 外部会计　　D. 责任会计

8. 管理会计重点服务的对象是（　　）。

A. 债权人股东　　B. 外部集团

C. 股东　　D. 企业内部的经营管理

9. 对管理会计对象的时间范围所作的限定的假设是（　　）。

A. 持续经营假设　　B. 合理会计分期假设

C. 货币时间价值假设　　D. 成本性态分析假设

10. “企业及各层级单位的生产经营及投融资活动将持续延续下去”描述的是（　　）。

A. 会计多层主体假设　　B. 企业持续经营假设

C. 货币时间价值假设　　D. 合理会计分期假设

二、多项选择题

1. 管理会计的工作方法按职能分类有（　　）。

A. 预测分析方法　　B. 决策分析方法

C. 规划（预算）编制方法　　D. 控制考核方法

2. 管理会计基本职能主要包括（　　）。

A. 参与经济决策　　B. 预测经济前景

C. 规划经营目标　　D. 控制经济活动

3. 管理会计与财务会计之间的区别有（　　）。

A. 职能目标不同　　B. 会计主体层级不同

C. 信息精确程度不同　　D. 约束条件不同

4. 可以将现代管理会计的发展趋势简单地概括为（　　）。

A. 职业化　　B. 社会化

C. 智能信息化　　D. 规范化

5. 下列各项中，可以作为管理会计主体的有（　　）。

A. 企业　　B. 车间

C. 销售部　　D. 班组

6. 管理会计初期形成阶段有（　　）出现。

A. 变动成本法　　B. 标准成本计算制度

C. 责任考评　　　　　　　　　　D. 预算控制

7. 下列各项中，属于管理会计基本假设的有（　　）。

A. 灵活分期假设　　　　　　　　B. 企业持续经营假设

C. 成本性态可分假设　　　　　　D. 货币时间价值假设

8. 管理会计的目标包括（　　）。

A. 为企业内部经营管理提供信息　　B. 参与企业的经营管理

C. 协助管理者指导和控制经营活动　D. 实现利润最大化

三、判断题

1. 管理会计是一门新兴的会计学科和知识体系。（　　）

2. 管理会计产生于 20 世纪前期。（　　）

3. 财务会计需要遵从特定的原则和要求对经济活动进行计量、记录和确认。（　　）

4. 按管理会计信息及时性特征，管理会计应每日提供企业经营管理所需信息。（　　）

5. 被誉为科学管理之父的是泰勒。（　　）

6. 标准成本法、预算控制、差异分析法的应用标志着管理会计初步形成。（　　）

项目二

成本管理分析

学习目标

1. 素质目标：培养严谨认真、条理清晰的数据处理和思维能力；
理解精细化管理思维，培养工匠精神。
2. 知识目标：理解成本性态的含义；
理解变动成本、固定成本、混合成本的定义及其特征；
熟悉变动成本法与完全成本法的主要区别；
探究不同成本法在利润方面产生差异的原因；
理解作业成本法、变动成本法的内涵；
掌握标准成本法下处理成本差异的方法。
3. 能力目标：能对混合成本进行分解；
能编制贡献式利润表；
能对标准系统进行成本差异分析。

思维导图

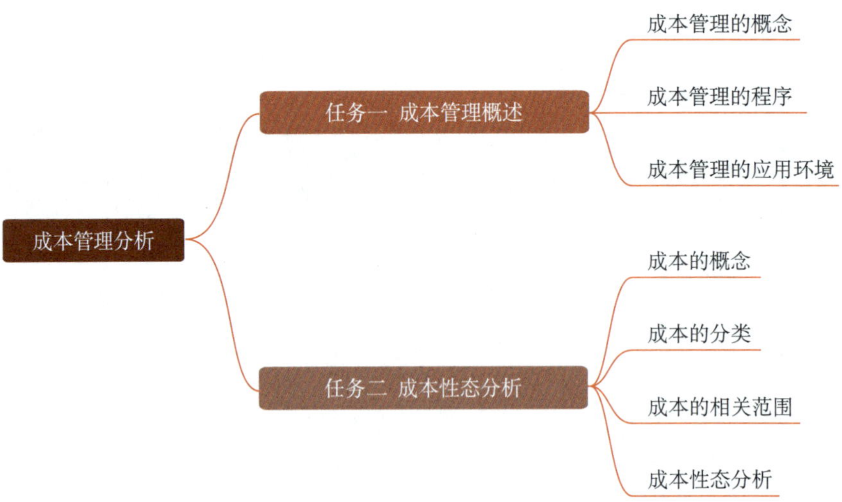

- 成本管理分析
  - 任务三　变动成本法
    - 变动成本法与完全成本法概述
    - 变动成本法与完全成本法的区别
    - 两种成本法下营业利润差额变动规律
    - 两种成本法的优缺点及综合运用
  - 任务四　标准成本法
    - 标准成本法概述
    - 标准成本的制定
    - 成本差异计算与动因分析
    - 制定标准成本的意义
  - 任务五　作业成本法
    - 作业成本法的概念
    - 作业成本法的优缺点及适用范围

案例导入

A服装厂的生产成本超支严重，为了解决成本超支问题，公司各部门的主管召开会议，在会议上大家吵得不可开交，会议不欢而散。这时生产部门主管找到财务负责人说："这是上月的成本计算单，你看到底是哪里出了问题？"财务负责人拿到清单后，召集财务部所有人开会进行分析。清单上写着，按照某品牌的生产要求生产羽绒服1 000件，实际完成900件，标准用料每件400元，实际耗用量每件480元，车间班长表示，羽绒质量不好，其他的费用并没有明显变化。财务部通过集体努力，用了一个晚上时间利用标准成本制度分析方法，交出一份成本差异分析报告，找出了公司生产成本超支的原因及责任人。

仔细阅读以上案例，并思考：

1. 在进行成本分析时需要用到哪些数据？
2. 如何选择合适的成本管理方法？
3. 不同的成本管理方法各自适合什么样的企业？

任务一　成本管理概述

任务指南

通过本任务的学习，了解成本管理的概念、一般程序及应用环境。为后续成本管理具体方法的学习打下基础。

一、成本管理的概念

成本管理是指企业在营运过程中实施成本预测、成本决策、成本计划、成本控制、成本核算、成本分析和成本考核等一系列管理活动的总称。

在成本管理过程中，成本预测是基础，也是开展其他活动的前提。在预测环节首先需要根据当下的情况对比分析，做出有效的成本决策，然后根据成本决策的具体内容制订相应的成本计划，同时在过程中认真进行成本核算，加强日常成本考核，进行成本控制。在日常过程中要积极进行成本分析，将考核指标层层分解，分阶段进行管理和考核，将企业和各个部门经济责任落实到位。

二、成本管理的程序

成本管理一般按照事前管理、事中管理、事后管理等程序进行。

事前管理主要是对未来的成本水平及其发展趋势所进行的预测与规划，一般包括成本预测、成本决策和成本计划等步骤。

事中管理主要是对营运过程中发生的成本进行监督和控制，并根据实际情况对成本预算进行必要的修正，即成本控制步骤。

事后管理主要是在成本发生之后进行的核算、分析和考核，一般包括成本核算、成本分析和成本考核等步骤。

三、成本管理的应用环境

成本管理的应用环境包括管理制度、流程以及相关外部环境等。为确保成本管理的有序开展，企业应建立健全成本管理的制度体系，包括费用审报制度、定额管理制度、责任成本制度等，加强存货的计量验收管理，建立存货的计量、验收、领退及清查制度。

企业应建立健全成本相关原始记录保管制度，加强和完善成本数据的收集、记录、传递、汇总和整理工作，确保成本基础信息记录真实、完整。此外，企业还应充分利用现代信息技术，规范成本管理流程，提高成本管理的效率。

任务二　成本性态分析

微课 2-1：成本性态分析

任务指南

通过本任务的学习，掌握管理会计中成本的分类，三种不同类型成本的基本概念及特征。理解成本性态分析的意义，并学会运用成本性态分析方法进行企业成本管理分析。

一、成本的概念

成本是企业在生产经营活动中或为达到一定的目的，耗费各项经济资源的一种货币表现，这些消耗主要表现在固定资产折旧费用、直接材料费用、行政管理费用、销售费用等方面。成本是衡量企业经营管理水平高低和经济效益好坏的综合性指标。

财务会计中成本的概念以历史成本为主，而管理会计中的成本概念比较重视成本形成的原因及成本发生的必要性，同时还需要考虑正在发生的或将来可能发生的成本，而财务会计只考虑过去已经发生的成本，这是两者在成本概念存在较大区别的地方。

二、成本的分类

（一）按经济用途分类（财务会计）

成本按经济用途分类，可以分为制造成本和非制造成本，这是财务会计上的传统分类方法。

1. 制造成本

制造成本又叫生产成本，是指企业在生产过程中发生的直接或间接计入产品成本的成本总称，具体包括直接材料、直接人工和制造费用。直接材料是指生产过程中直接构成产品实体的原材料成本；直接人工是指生产过程中对材料进行直接加工使其变成产品所耗费的人工成本；制造费用是指生产过程中发生的其他间接费用，如车间管理人员人工、机器折旧费用等。

2. 非制造成本

非制造成本又叫非生产成本，是指企业在运营过程中发生的相关费用，包括销售费用、管理费用和财务费用。销售费用是指在销售产品过程中发生的费用，如销售人员工资市场推广费用、销售差旅费等；管理费用是指企业行政管理机构为组织和管理企业生产运营而发生的费用，如行政办公相关费用、保险费用、研发费用等；财务费用是指企业为生产经营所需筹集资金而发生的费用，如借款的利息支出、汇兑损失、相关手续费等。

（二）按成本性态分类（管理会计）

成本性态是指在一定条件下成本的总额与业务量之间的依存关系，它反映了业务量变动与成本变动之间的内在联系。进行成本性态分析能为企业进行最优决策以及改善经营管理方针提供有价值的信息。

根据成本总额是否围绕业务量变化，可以将成本分为固定成本、变动成本和混合成本。

1. 固定成本

固定成本是指在一定时期，业务量在一定变动幅度内，成本总额并不随之变动而保持相对稳定的那部分成本，如固定资产折旧费（按直线法计提）、行政管理人员的工资、职工福利费、财产保险费等。

在企业正常经营的过程中，固定成本是必然会发生的。固定成本的总额不受业务量变动的影响，但就单位成本而言，在成本总额一定的情况下，业务量越小，单位产品所负担的固定成本就越高；随着业务量增大，单位产品所负担的固定成本就会平摊下来，从而降低，因此，单位固定成本与业务量呈反方向变动状态。

【例 2-1】 长林公司生产用的一台机器设备年生产能力在 2 000～8 000 件之间，按直线法计提折旧费，每年为 10 000 元，年生产量与折旧费之间的关系见表 2-1。

表 2-1　生产量与固定成本（折旧费）资料表

年份	生产量/件	固定成本总额/元	单位固定成本/元
2019	2 000	10 000	5.00
2020	4 000	10 000	2.50
2021	5 000	10 000	2.00
2022	8 000	10 000	1.25

从上表可以看出，固定成本呈现两个特征：

一是固定成本总额的不变性。固定成本的总额不随业务量的增减变化而变化，保持稳定状态。在平面直角坐标系上，y 轴为总成本，x 轴表示业务量，固定成本总额线是一条平行于 x 轴的横线，若固定成本总额用 a 表示，则固定成本总额的模型为 $y=a$，如图 2-1 所示。

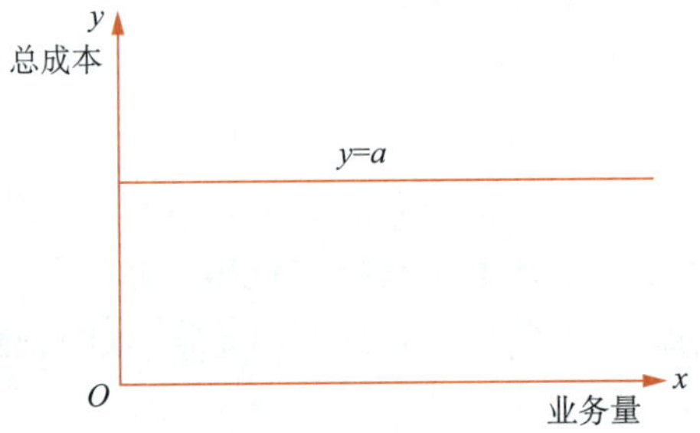

图 2-1　固定成本总额

二是单位固定成本的反方向变动性。由于固定成本总额的不变性，单位固定成本所负担的固定成本会随业务量的变动而呈反方向变动。在平面直角坐标系上，单位固定成本线是一条反比例曲线，则单位固定成本模型为 $y=\frac{a}{x}$，如图 2-2 所示。

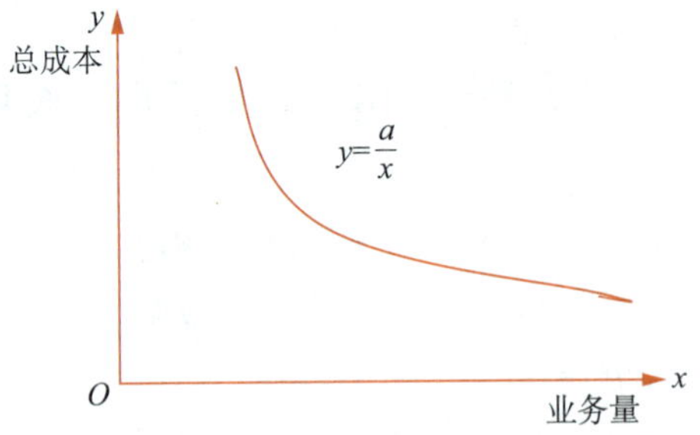

图 2-2　单位固定成本

固定成本按其发生数额大小是否受管理层短期决策的影响，可进一步划分为约束性固定成本和酌量性固定成本两类。

（1）约束性固定成本，是指发生数额不受管理层的决策行动影响的一类固定成本，如固定资产折旧费（按直线法计提）、财产保险费、行政管理人员工资等。此类固定成本的发生数额取决于企业经营规模大小和生产设备质量高低，是以前决策的结果体现，不能通过当前的短期决策而加以改变。

（2）酌量性固定成本，是指发生数额会受管理层的短期决策行动影响的一类固定成本，如企业的研发费用、广告宣传费、职工培训费等。企业想持续稳定发展，此类固定成本的发生是必然的，但由于这些支出未来给企业带来的经济效益难以估算，因此需要管理层的综合判断，对发生数额大小做出决策。

2. 变动成本

变动成本是指在一定时期，业务量在一定变动幅度内，成本总额随之呈正比例变动的成本，如直接材料、燃料以及动力，直接人工，随产量呈正比例变动的制造费用，按工作量法计提的折旧费，按销售收入比例提取的销售佣金，等等。

这类成本的发生额受到业务量的影响，但强调的对象是变动成本总额。就单位变动成本而言，在一定时期和一定业务量范围内则是保持不变的。

【例 2-2】某制药厂加工生产以首乌为主要原材料的药剂，首乌是该药剂的变动成本，每盒药剂需要用到首乌 1 000 克，每千克价格为 400 元，原材料首乌与药剂成本之间的关系见表 2-2。

表 2-2　生产量与变动成本资料表

年份	生产量/盒	变动成本总额/元	单位固定成本/元
2019	2 000	800 000	400
2020	3 000	1 200 000	400
2021	4 000	1 600 000	400
2022	5 000	2 000 000	400

从上表可以看出，变动成本呈现两个特征：

一是变动成本总额的正比例变动性。变动成本的总额随业务量的增减变化呈正比例变化。在平面直角坐标系上，y 轴为总成本，x 轴表示业务量，若单位变动成本用 b 表示，变动成本总额线是一条以单位变动成本为斜率的直线，则变动成本总额的模型为 $y=bx$，如图 2-3 所示。

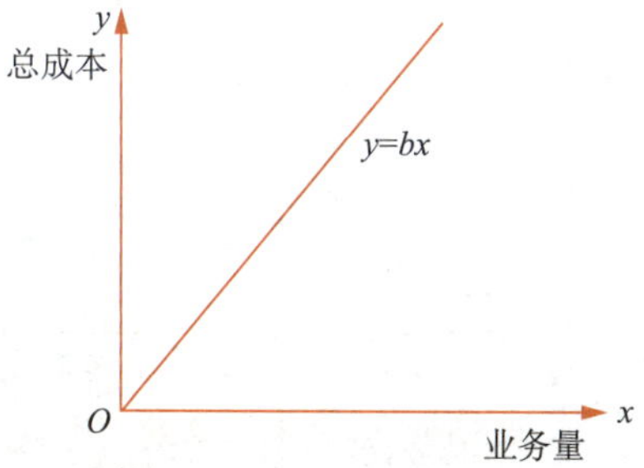

图 2-3　变动成本总额

二是单位变动成本的不变性。由于变动成本总额的随着业务量的变动呈正比例变动，所以单位变动成本会保持不变。在平面直角坐标系上，单位变动成本线是一条平行于 x 轴的直线，单位变动成本模型为 $y=b$，如图 2-4 所示。

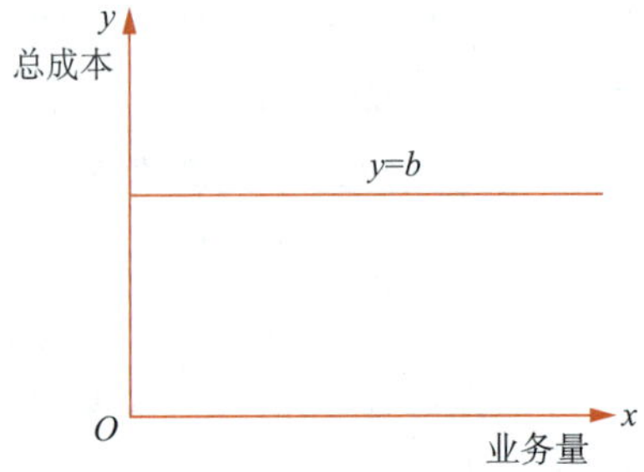

图 2-4　单位变动成本

变动成本按其发生的原因，可进一步划分为约束性变动成本和酌量性变动成本两类。

（1）约束性变动成本，也称技术性变动成本，是指其发生额受技术条件等客观因素影响的一类变动成本。这类成本是企业在运用生产能力时必然会发生的成本，随着生产能力的提升而增长，反之下降。例如，单耗相对稳定的外购零部件成本，计件生产的工人工资和福利费等都属于这类成本。

（2）酌量性变动成本，是指成本发生数额受管理层短期决策影响的一类变动成本。例如，按销售人员业绩百分比支付的奖金、新产品研制费（研发活动直接消耗的材料、燃料和动力费用等）、技术转让费等。

3. 混合成本

混合成本是指兼具固定成本与变动成本的特性，又介于两者之间，其成本总额会随业务量变动而变动，但又不呈正比例变动的那部分成本。其成本性态并不明显，可以将其分为四种类型。

（1）半固定成本又称阶梯式混合成本。它的特点是成本总额在一定业务量范围内保持不变，当业务量超过该范围时，总额会呈阶梯式上升，然后在此范围内又保持固定不变状态，直到业务量范围再被突破，发生新的跳跃式变动为止。其模型如图 2-5 所示。

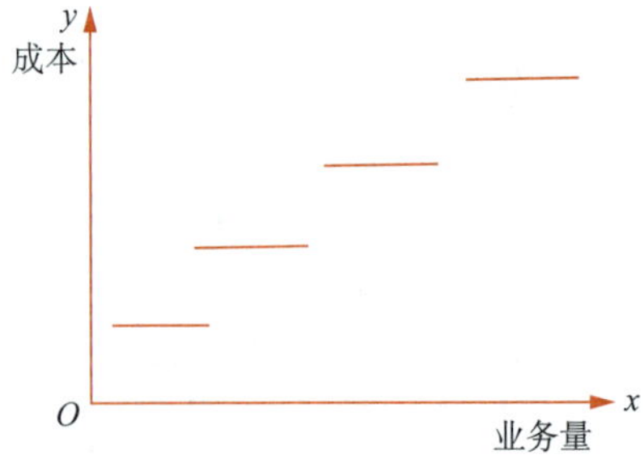

图 2-5　半固定成本

【例 2-3】 假定长林公司生产不超过 500 件产品时可由一名质检员完成检验工作，产量每增加 500 件就必须增加一名质检员，而且是在产量一旦突破 500 件的倍数时就必须增加，质检员每月工资为 4 000 元。以此类推，质检员工资成本在产量每超 500 件时，就会跳跃式增加 4 000 元，则质检员工资为该公司的半固定成本。

（2）半变动成本又称标准式混合成本。这类成本通常有个基数，相当于固定成本；随着业务量的增长，成本也随之增加，这部分增加的成本相当于变动成本。也就是说，当业务量为零时，成本为非零基数，随着业务量的增长，成本随之呈现变动成本性态。其模型如图 2-6 所示。

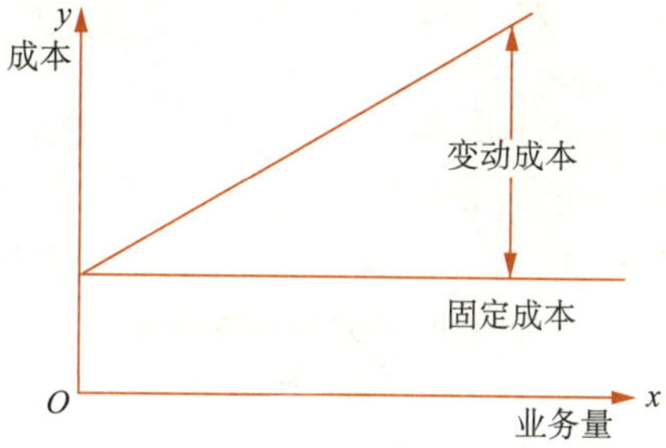

图 2-6　半变动成本

【例 2-4】长林公司租入客车开展运输业务，每月租金为 2 000 元/辆，客车每运行 1 千米，需再支付 1 元，客车运输量与租金支出关系见表 2-3。

表 2-3　运输量与租金资料表

运输量/千米	成本总额/元
0	2 000
1 000	3 000
2 000	4 000
3 000	5 000

（3）延期变动成本又称为低坡式混合成本。其成本总额在一定的业务量范围内保持稳定，超过特定业务量后，则随业务量正比例增长。其模型如图 2-7 所示。

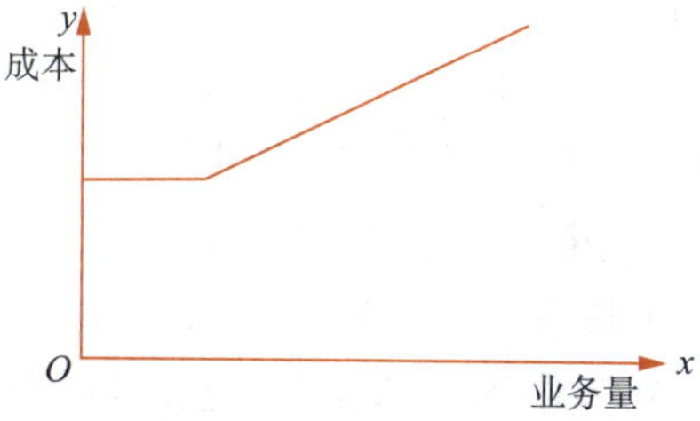

图 2-7　延期变动成本

【例 2-5】长林公司销售人员每月工资由两部分组成，当每月完成销量不超过 100 件时，领取基本工资 2 000 元；当销量超过 100 件时，每超过 1 件奖励 10 元。当月该销售人员完成销量 400 件，领取工资 5 000 元。

（4）曲线式混合成本是指成本随业务量变动而呈曲线形式增长或减少。这类成本类型按照曲线斜率的不同变动趋势，这类成本可分为递增型混合成本和递减型混合成本。其模型如图 2-8 所示。

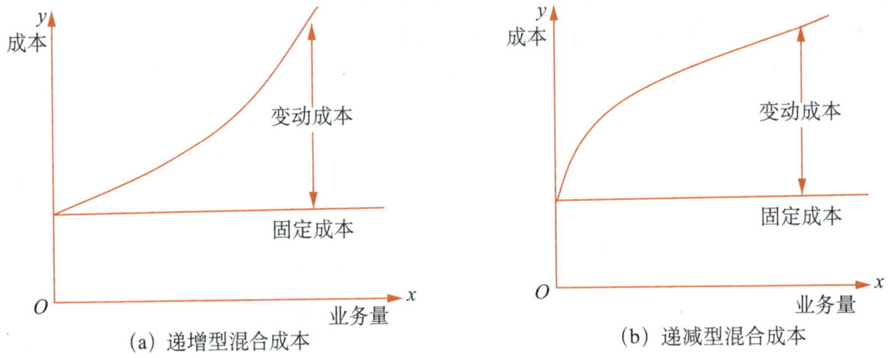

图 2-8 曲线式混合成本

三、成本的相关范围

成本相关范围的确定是进行成本性态分析的基础和前提条件，管理会计对相关范围的界定有广义和狭义之分，广义的相关范围是指不会改变固定成本、变动成本性态的期间和业务量的特定变动范围；狭义的相关范围仅考虑业务量因素的特定变动范围。

有了相关范围的界定，在一定期间和一定业务量的范围内，固定成本总额和单位变动成本呈现一种不变性，变动成本总额则呈现一种正比例变动的特征。一旦超出相关范围，以上特征就难以保持或存在。因此，无论是研究固定成本还是变动成本，都必须考虑到相关范围。由于相关范围的存在，成本的性态具有相对性、暂时性和可转化性的特点。在同一时期，不同企业之间的成本可能具备不同的性态；在同一时期，同一企业不同项目上的成本之间也可能实现相互转化。因此，进行成本性态分析不能机械照搬别人的结论，应该根据以上特征进行灵活分析。

四、成本性态分析

（一）成本性态分析的意义

成本性态分析是指在成本性态分类的基础上按照一定的程序和方法，最终将全部成本分解成变动成本和固定成本两部分，并建立 $y=a+bx$ 函数关系模型的过程。其中 y 为成本总额，a 为固定成本，b 为单位变动成本，x 为业务量。

成本性态分析既有定性分析法，又有定量分析法，成本按性态进行分类一般采用的是定性分析法，而成本性态分析可从定性和定量两方面揭示成本中各个组成部分与业务量之间的变化规律和内在联系，以便为企业内部管理服务。成本性态分析是管理会计的一项基础性工作，也为应用变动成本法、进行本量利分析、短期经营决策、开展全面预算等工作奠定基础。

（二）成本性态分析的程序

成本性态分析的程序是指对成本进行性态分析的步骤，一般可分为单步骤分析和多步骤分析。

单步骤分析是指在进行成本性态分析时，将总成本一次性分解为固定成本 a 和变动成本 bx 两部分，从而建立 $y=a+bx$ 总成本模型。

多步骤分析程序是指先将总成本按照成本性态划分为固定成本 a_1，变动成本 b_1x

和混合成本，然后再将混合成本进一步分解为固定成本 a_2 和变动成本 b_2x，最后将其汇集于原固定成本 $a_1+a_2=a$，以及变动成本 $b_1+b_2=b$，最终建立 $y=a+bx$ 总成本模型。

在单步骤分析程序中，是按一元线性假设，假定将总成本可以近似地用一元线性方程 $y=a+bx$ 来描述，无论是总成本还是混合成本，都是同一个业务量 x 的函数，简化分析过程。在多步骤分析程序中，是对混合成本进行确认后分解。可以看出，进行成本性态分析的关键是对混合成本进行分解，接下来介绍几种混合成本的分解方法。

（三）成本性态分析的方法

1. 会计分析法

会计分析法又叫直接分析法，是指对于混合成本的项目根据每项成本、费用的具体内容，通过经验判断分析其比较接近于变动成本还是固定成本的一种定性分析方法。例如，在某制造企业，生产成本下直接材料和直接人工两个明细账户，其成本的变动与业务量关系密切，直接归属于变动成本；企业发生的折旧费用、办公费用基本与业务量无关，归属于固定成本。对于人员工资、水电费、维修费等与两种典型成本性态差别较大的混合成本，根据其发生额进行比例分配，将其分为固定成本和变动成本。

会计分析法在实际工作中操作相对简单，有一定财务知识和业务能力的人员基本可以掌握，但分解方法比较粗略，容易产生误差。由于需要企业对有关成本资料进行有效掌握，会计分析法一般适用于管理会计工作开展得较好的企业。

2. 合同确认法

合同确认法是指通过检查与交易单位签订的合同中支付费用的具体标准和性质来确定固定成本和变动成本的一种分析方法。将无论业务量是多少均需支付的部分归属于固定成本；将按业务量来计算支付金额的部分归属于变动成本。

3. 技术测定法

技术测定法又叫工程法，是根据生产过程中各种材料和人工成本消耗量的技术测定来划分固定成本和变动成本的方法，主要考虑企业生产过程中投入与产出的关系。其基本做法是把材料、工时的投入量与产品产量进行对比分析，将与产量有关的部分归属于变动成本，将与产量无关的部分归属于固定成本。该方法的特点是划分比较准确，能够较精确地区分固定成本和变动成本。然而，这种方法需要大量的工作量和详细的技术测算，因此适用于投入产出关系比较稳定的新企业或新产品的成本性态分析。

4. 历史资料分析法

历史资料分析法是指根据企业过去一定时间发生的成本和业务活动量数据，运用一定的数学及统计的方法进行计算分析，从而确定固定成本和单位成本的数值，建立成本函数方程的定量分析方法。历史资料分析法包括高低点法（High-Low Method）、散布图法（Scattergraph Method）和回归直线法（Regression Line Method）三种。

（1）高低点法（High-Low Method）

高低点法是根据过去一定时期内业务量的最高点和最低点以及与之相对应的成本的最高点和最低点，来测算混合成本中固定成本和变动成本数值的一种成本分解方法。需要注意的是，选择高低点坐标需要根据业务量的高低点找到与之相对应的成本的高低点。具体步骤如下：

第一步：以业务量数据为标准，找到业务量（x）和成本（y）的最高点和最低点。

第二步：计算单位变动成本（b）。

$$b=\frac{y_{高}-y_{低}}{x_{高}-x_{低}}$$

第三步：计算固定成本（a），将 b 代入最高点或最低点。

$$a=y_{高}-bx_{高}=y_{低}-bx_{低}$$

第四步：建立成本性态模型。

$$y=a+bx$$

【例 2-6】长林公司生产的 A 产品 2022 年 1—6 月的产量及成本资料见表 2-4，该成本为混合成本。

要求：用高低点法将该公司的成本分解为固定成本和变动成本，并建立成本性态模型。

表 2-4　A 产品产量与成本资料表

月份	产量/件	混合成本/元
1	40	8 800
2	42	9 100
3	45	9 600
4	43	9 300
5	46	9 800
6	50	10 500
合计	**266**	**57 100**

解：确定高低点，见表 2-5。

表 2-5　高低点相关数据

项目	最高点（6 月份）	最低点（1 月份）
产量（x）	50	40
混合成本（y）	10 500	8 800

$$b=\frac{y_{高}-y_{低}}{x_{高}-x_{低}}=\frac{10\ 500-8\ 800}{50-40}=170（元/件）$$

$$a=y_{高}-bx_{高}=10\ 500-170\times50=2\ 000\text{（元）}$$

依此建立的成本性态模型为：$y=2\ 000+170x$

需要注意的是，高低点的选择应当以业务量的高低为依据。高点坐标为最高的业务量与同期成本，低点坐标为最低的业务量与同期成本。b 的经济意义取决于分析对象的内容：若分析对象是总成本，则 b 为单位变动成本；若分析对象是混合成本，则 b 为混合成本中变动部分的单位额。a 的经济意义取决于分析对象的内容：若分析对象是总成本，则 a 为固定成本；若分析对象是混合成本，则 a 为混合成本中的固定部分。

采用高低点法来估计成本操作起来十分简便，但它只选择了最高点和最低点的两组数据，建立的成本性态模型很可能不具有代表性，容易导致较大计算误差，只能适用于所选数据相关范围内的业务量，若超过这一范围则并不适用。

（2）散布图法

散布图法是将一定时期的成本数据在坐标图上逐一标明，形成散布图，然后通过目测，在各个成本点之间做出一条集中反映成本变动趋势的直线，相交于 y 轴的点为固定成本，进而确定变动成本的一种方法。

【例 2-7】沿用【例 2-6】的成本数据，采用散布图法进行成本估计。

具体步骤如下：

第一步：将各期业务量与相应混合成本的坐标标注在平面直角坐标图上。如图 2-9 所示。

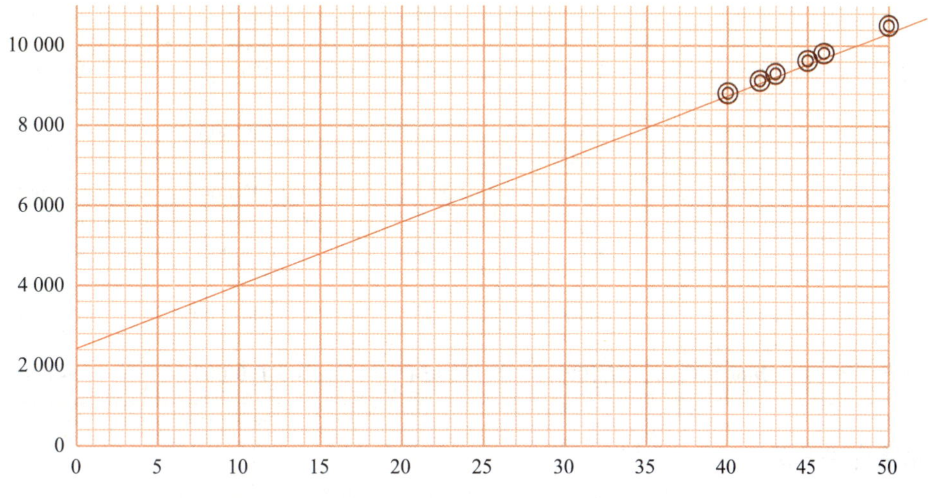

图 2-9　散布图法示意图

第二步：目测画一条直线，使其尽可能通过或接近所有坐标点。

第三步：找到相交于 y 轴的点，即固定成本总额 a。在本例中，a 为 2 200，它就是固定成本的平均值。

第四步：在直线上任取一点 P，假设其坐标值为（x，y）。将它们代入 $b=(y-a)\div x$ 计算单位变动成本 b。如取产量 x 为 50，在图上查得对应的 y 点为 10 500，据此计算 $b=\dfrac{y-a}{x}=\dfrac{10\ 500-2\ 200}{50}=166$。

第五步：将 a、b 值代入公式，得出成本一般模型：$y=a+bx$。

所以，本例中成本性态模型为：$y=2\ 200+166x$。

散布图法的优点在于考虑了全部的历史数据资料，但由于成本的直线是根据目测所画，会存在一定的视觉误差，因此所获取的结果往往因人而异，这也是其主要缺点。

(3) 回归直线法

回归直线法是通过分析自变量（如业务量、材料价格、人工费用等）与因变量（即成本）之间的历史数据关系，建立数学模型（如线性回归模型、非线性回归模型等），并利用该模型来预测未来成本的一种方法。其核心在于寻找自变量与因变量之间的数学关系式，即回归方程：$y=a+bx$。其中，a 和 b 的计算公式如下：

$$b=\frac{n\sum xy-\sum x\sum y}{n\sum x^2-(\sum x)^2}$$

$$a=\frac{\sum y-b\sum x}{n}$$

【例 2-8】 现仍沿用【例 2-6】成本数据，采用回归直线法估计成本。先对资料数据进行计算，见表 2-6。

表 2-6　回归直线法相关数据计算表

月份	产量/件	混合成本/元	x^2	y^2	xy
1	40	8 800	1 600	77 440 000	352 000
2	42	9 100	1 764	82 810 000	382 200
3	45	9 600	2 025	92 160 000	432 000
4	43	9 300	1 849	86 490 000	399 900
5	46	9 800	2 116	96 040 000	450 800
6	50	10 500	2 500	110 250 000	525 000
合计	**266**	**57 100**	**11 854**	**545 190 000**	**2 541 900**

根据资料计算如下：

$$b=\frac{n\sum xy-\sum x\sum y}{n\sum x^2-(\sum x)^2}=\frac{6\times 2\ 541\ 900-266\times 57\ 100}{6\times 11\ 854-266^2}\approx 170.65$$

$$a=\frac{\sum y-b\sum x}{n}=\frac{57\ 100-170.65\times 266}{6}\approx 1\ 951.18$$

根据求得的 a、b 值，建立成本性态模型：$y=1\ 951.18+170.65x$。

采用回归直线法计算结果比高低点法和散布图法更为精确，只是计算过程比较繁琐，可运用 Excel 软件来辅助进行。

任务三　变动成本法

任务指南

通过本任务的学习，掌握变动成本法与完全成本法的区别，理解这两种成本法的主要区别在于产品成本和期间成本的构成内容不同。基于以上区别，理解两种成本法下营业利润差额变动规律。根据两种成本法的优缺点，学会在企业经营管理中灵活运用这两种方法。

一、变动成本法与完全成本法概述

（一）变动成本法的含义

变动成本法是指在计算产品成本时，以成本性态分析为前提，只将变动生产成本作为产品成本的构成内容，而将固定生产成本及非生产成本视为期间成本，按贡献式程序确定损益的成本计算方法。

变动成本法将全部成本按成本性态分为固定成本和变动成本，变动成本分为变动生产成本和变动非生产成本，其中将产品生产过程中所消耗的直接材料、直接人工和间接发生的变动制造费用作为产品成本，而将全部的固定成本和变动的非生产成本作为期间成本，其成本构成如图 2-10 所示。

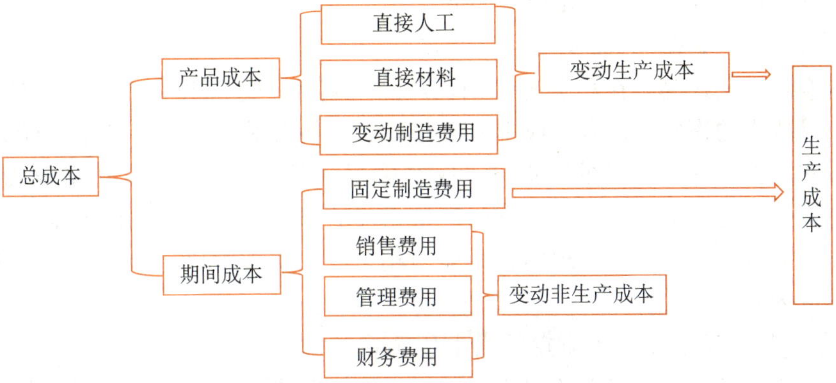

图 2-10　变动成本法成本构成图

政策指引

管理会计应用指引第 303 号——变动成本法

政策指引

（二）完全成本法的含义

完全成本法是指在计算产品成本时，以成本按经济用途分类为前提，将全部生产成本作为产品成本的构成内容，只将非生产成本视为期间成本，按传统职能式程序确定损益的成本计算方法。完全成本法包括直接生产成本、辅助生产成本和制造费用等。

完全成本法将全部成本按经济用途分为生产成本和非生产成本，生产成本包括基本生产成本、辅助生产成本和制造费用，非生产成本包括销售费用、管理费用和财务费用。其中将产品生产过程中所消耗的直接材料、直接人工、制造费用全部计入产品成本，而将全部的销售费用、管理费用和财务费用作为期间成本处理，其成本构成如图 2-11 所示。

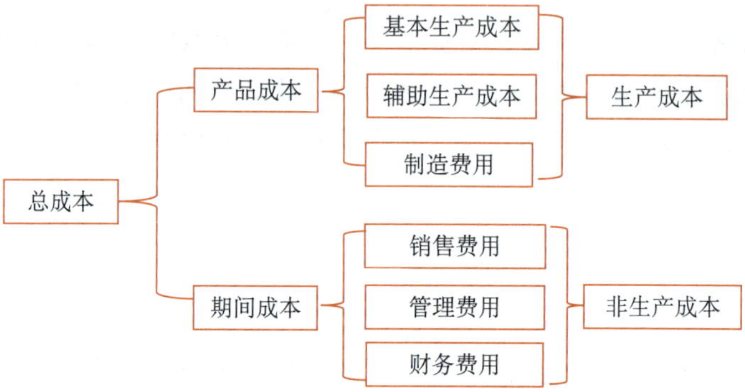

图 2-11　完全成本法成本构成图

（三）变动成本法的理论依据

在变动成本法下，将企业生产过程中间接产生的制造费用分为固定制造费用和变动制造费用，仅将其中的变动制造费用计入产品成本，这与现行会计规则有所不同，引起会计学界的争议。但管理会计理论认为，变动成本法比完全成本法更能提供广泛而实用的经济信息，能更好地揭示产品对企业的贡献大小，强调销售环节的重要性，适用于企业内部管理，主要理论依据如下。

1. 产品成本只应该包括变动生产成本

管理会计理论认为，在相关范围内，产品与其成本之间存在着密切的依存关系，产品是产品成本的物质承担者，成本总额与产量密切相关。在生产技术和能力没有调整、成本水平保持基本不变的前提下，成本总额应当随着产量的变化呈正比例变动。在此理解下，变动成本法认为，只有与产量相关的那部分变动性生产成本，能随产品实体的流动而流动，当产品实现销售时能与相关收入实现配比、得以补偿，才能构成产品成本的内容。

2. 固定制造费用应当作为期间成本处理

产品的生产成本包括固定的制造费用，固定制造费用是企业为提供一定生产经营条件、保持一定生产能力而发生的费用。管理会计理论认为，在相关范围内，固定制造费用的发生与实际产品产量的多少并无因果联系，不会随着产量的增加而增加，也不会随着产量的减少而减少，换言之，当期产量为零时，固定制造费用仍然会发生。它的发生虽然与产量无关，但与企业生产经营持续期间有关，定期地创造可供企业利用的生产能量，其产生的效益随时间的推移而消逝，不能递延到下期，只能于发生当期计入利润表，由当期收入来补偿。因此，变动成本法认为，固定制造费用这一特征与期间成本的关系更为密切，应作为期间成本处理。

二、变动成本法与完全成本法的区别

本节将变动成本法与完全成本法加以比较，以揭示二者之间的区别。变动成本法与完全成本法的主要区别，可以概括为以下六个方面。

（一）应用的前提条件不同

变动成本法的前提是将成本按照成本性态分类，把全部成本分为变动成本和固定成本两部分。其中直接材料和直接人工属于变动成本，具有混合成本性态的制造费用按其与业务量之间的关系划分为变动制造费用和固定制造费用，销售费用和管理费用同样划分为变动部分和固定部分，财务费用为固定成本属性。

完全成本法的前提是将成本按照经济职能分类，把全部成本分为生产成本和非生产成本。其中在生产领域中为生产产品而发生的全部成本计入生产成本，销售费用、管理费用和财务费用则属于非生产成本。

（二）产品成本和期间成本的构成内容不同

在产品成本和期间成本的构成内容上，变动成本法和完全成本法主要的区别在于对固定制造费用的处理上。变动成本法下，产品成本只包括变动生产成本，固定制造费用作为期间成本处理；完全成本法下，产品成本则包括全部生产成本，只有非生产成本作为期间成本处理。具体区别见表 2-7。

表 2-7　变动成本法和完全成本法构成内容的区别

项目	变动成本法	完全成本法
成本划分的类别	变动成本： 变动生产成本： 　直接材料 　直接人工 　变动制造费用 变动非生产成本： 　变动销售费用 　变动管理费用	生产成本： 　直接材料 　直接人工 　制造费用
	固定成本： 固定生产成本： 　固定制造费用 固定非生产成本： 　固定销售费用 　固定管理费用 　固定财务费用	非生产成本： 　销售费用 　管理费用 　财务费用
产品成本包含的内容	直接材料 直接人工 变动制造费用	直接材料 直接人工 制造费用
期间成本包含的内容	变动非生产成本： 　变动销售费用 　变动管理费用 固定成本： 　固定制造费用 　固定销售费用 　固定管理费用 　固定财务费用	销售费用 管理费用 财务费用

微课 2-2：变动成本法例题解析

【例 2-9】长林公司只生产一种产品，其 2022 年的业务量、售价与成本资料见表 2-8。要求：分别用变动成本法和完全成本法计算该公司的产品成本和期间成本。

表 2-8 长林公司 2022 年业务量、售价与成本资料表

业务量及销售资料		成本资料/元	
期初存货量	0 件	直接材料	20 000
本年产量	5 000 件	直接人工	10 000
本年销售量	3 000 件	变动制造费用	25 000
期末存货量	2 000 件	固定制造费用	10 000
销售单价	20 元	变动销售费用	5 000
		固定销售费用	2 000
		变动管理费用	2 000
		固定管理费用	1 000

解：根据上述资料分别按变动成本法和完全成本法计算的产品成本和期间成本，见表 2-9。

表 2-9 产品成本和期间成本计算表

单位：元

总成本	项目	变动成本法		完全成本法	
		总成本	单位成本	总成本	单位成本
产品成本	直接材料	20 000	4	20 000	4
	直接人工	10 000	2	10 000	2
	变动制造费用	25 000	5	25 000	5
	固定制造费用			10 000	2
	合计	**55 000**	**11**	**65 000**	**13**
期间成本	固定制造费用	10 000			
	销售费用：				
	变动销售费用	5 000		5 000	
	固定销售费用	2 000		2 000	
	管理费用：				
	变动管理费用	2 000		2 000	
	固定管理费用	1 000		1 000	
	合计	**20 000**		**10 000**	

从表 2-9 可以看出，变动成本法和完全成本法两种方式下产品成本和期间成本的构成内容有所不同，其区别主要在于对固定制造费用的处理，变动成本法将其划入期间成本核算，完全成本法则是计入产品成本中。

（三）产品存货成本和销货成本的水平不同

由于变动成本法与完全成本法下产品成本的构成内容不同，当本期产生销售量并形成一定存货量的情况下，本期生产产品的成本最终会转为销货成本和存货成本。这是因为，在变动成本法下，固定制造费用是作为期间费用处理，直接计入当期利润表，计入产品成本的只是变动性的生产成本。而在完全成本法下，固定制造费用会在当期全部计入生产产品的成本中，同样的情况下，由期末存货分担的固定制造费用会被吸收递延至下期，而另一部分由已销产品分担的固定制造费用会计入当期利润表。这样必然会导致在两种成本法下，产品的存货成本和销货成本的水平不同。

需要注意的是，在进行销货成本计算时，两种成本法所采用的方法也有所不同。变动成本法下，在相关范围内，由于成本性态中单位变动成本不变，单位产品成本将保持一定的稳定状态，当期销货成本可以采用以下公式计算：

本期销货成本＝单位销货成本×当期销售量①

而在完全成本法下，当期产生的固定制造费用会按当期产量分摊至单位产品成本中，由于存在前后各期产量不一的情况，各期产品的单位成本也会存在差异，在产量大于销量的情况下，部分固定生产成本被期末存货吸收递延至下期。因此，一旦存在期初存货，当期的销货成本只能采取以下公式计算：

本期销货成本＝期初存货成本＋本期产生的产品成本－期末存货成本②

②为销货成本计算的一般公式，同样适用于变动成本法下销货成本的计算。同时，在没有期初存货的情况下，完全成本法下计算当期销货成本也可采用①（注：本书对存货的计价均采用先进先出法）。

【例 2-10】沿用【例 2-9】的业务量、售价与成本资料，分别按变动成本法和完全成本法计算确定期末存货成本和本期销货成本。计算结果见表 2-10。

表 2-10　期末存货成本和本期销货成本计算表

单位：元

项目	变动成本法	完全成本法
期初存货成本	0	0
本期产品成本	55 000（5 000×11）	65 000（5 000×13）
可供销售产品成本	55 000	65 000
单位产品成本	11	13
期末存货量	2 000	2 000
期末存货成本	22 000（2 000×11）	26 000（2 000×13）
本期销货成本	33 000	39 000

从表 2-10 可以看出，按变动成本法计算的期末存货成本比按完全成本法计算的期末存货成本少 4 000 元，销货成本相比少了 6 000 元。这个差异的产生是因为变动成本法下的本期产品成本并不含固定生产成本（固定制造费用）10 000 元，而完全成本法下的本期产品成本则包含固定生产成本（固定制造费用）10 000 元。在本期产量为 5 000 件时，完全成本法下的每件产品单位成本中多分摊了 2 元，因此，按变动成本法计算的期末存货成本就比按完全成本法计算的期末存货成本少 4 000（2 000×2）元，本期销货成本相比则少 6 000（3 000×2）元。

（四）营业利润计算方法不同

1. 在变动成本法下，营业利润应按以下两步计算。

（1）计算边际贡献

边际贡献是指销售收入扣除变动成本后的余额。其中，销售收入等于当期销售量乘销售单价；变动成本包括变动生产成本（直接材料、直接人工和变动制造费用）与变动非生产成本（变动销售费用和变动管理费用），变动生产成本也可以直接用单位变动生产成本乘销售量计算。

边际贡献＝销售收入－变动成本

（2）计算营业利润

营业利润是指边际贡献扣除固定成本后的金额。其中，固定成本包括固定生产成本（固定制造费用）和固定非生产成本（固定销售费用、管理费用和财务费用）。

营业利润＝边际贡献－固定成本

2. 在完全成本法下，营业利润则按以下两步计算。

（1）计算销售毛利

销售毛利是指销售收入扣除销售成本后的金额。其中，销售收入等于当期销售量乘销售单价；销货成本等于期初存货成本加上本期生产成本扣除期末存货成本后的金额。

销售毛利＝销售收入－销货成本

（2）计算营业利润

营业利润是指销售毛利扣除期间成本后的金额。其中，期间成本包括销售费用、管理费用和财务费用。

营业利润＝销售毛利－期间成本

（五）利润表的格式不同

变动成本法采用的是贡献式利润表，完全成本法采用的是传统式利润表。格式差异见表 2-11。

表 2-11　两种成本法下利润表格式

贡献式利润表	传统式利润表
销售收入 　减：变动成本 　　　变动生产成本 　　　变动销售费用	销售收入 　减：销货成本 　　　期初存货成本 　　　本期生产成本

续表

贡献式利润表	传统式利润表
变动管理费用	可供销售的产品成本
变动成本合计	减：期末存货成本
(1) 边际贡献	**本期销货成本合计**
减：固定成本	(1) 销售毛利
固定制造费用	减：期间成本
固定销售费用	销售费用
固定管理费用	管理费用
固定财务费用	财务费用
固定成本合计	**期间成本合计**
(2) 营业利润	(2) 营业利润

【例 2-11】 现仍沿用【例 2-9】的数据，分别按变动成本法和完全成本法编制利润表，见表 2-12。

表 2-12　两种成本法下利润表编制

单位：元

贡献式利润表		传统式利润表	
销售收入（20×3 000）	60 000	销售收入（20×3 000）	60 000
减：变动成本		减：销货成本	
变动生产成本（11×3 000）	33 000	期初存货成本	0
变动销售费用	5 000	本期生产成本	65 000
变动管理费用	2 000	可供销售的产品成本	65 000
变动成本合计	**40 000**	减：期末存货成本	26 000
(1) 边际贡献	20 000	**本期销货成本合计**	**39 000**
减：固定成本		(1) 销售毛利	21 000
固定制造费用	10 000	减：期间成本	
固定销售费用	2 000	销售费用	7 000
固定管理费用	1 000	管理费用	3 000
固定成本合计	**13 000**	**期间成本合计**	**10 000**
(2) 营业利润	7 000	(2) 营业利润	11 000

从表 2-12 的计算结果可以看出，两种成本法下计算的营业利润相差 4 000 元，其根本原因在于本期发生的固定制造费用采用的分配方法不同，在完全成本法下将其计入本期产品单位成本中，其中有 4 000 元的固定制造费用计入期末存货成本，并随之结转至下个会计年度，因此按完全成本法计算的营业利润比按变动成本法计算的要多。

（六）适用范围不同

完全成本法主要遵循《会计法》和《企业会计准则》，是标准的成本计算方法，将企业一定期间内发生的全部生产费用进行汇总，以此计算产品总成本、单位产品成本，主要适用于企业财务会计编制对外的财务报表。而变动成本法主要是为企业加强内部管理，改善经营决策的需要而产生的，在实施管理过程中要有目的性对成本进行规划和控制，主要适用于管理会计编制企业的内部管理报表。

三、两种成本法下营业利润差额变动规律

在管理会计中，将某一期分别按照变动成本法和完全成本法所确定的营业利润之差，称为该期两种成本法下营业利润的广义差额。用公式表示为：

$$\Delta P_{(差)}=P_{(完)}-P_{(变)}$$

$\Delta P_{(差)}$是某期两种成本法下营业利润的广义差额，$P_{(完)}$是完全成本法所确定的营业利润，$P_{(变)}$是变动成本法所确定的营业利润。通过前面的学习，我们可以得知，利用以上公式计算的营业利润广义差额可能大于、小于或等于零。其中，不等于零的差额又称为狭义差额。

接下来根据不同的产销量关系举例，分析两种方法产生分期营业利润差额的变动规律，并寻求其形成原因。

【例 2-12】 长林公司生产 A 产品，连续三年的产销量、成本及售价等资料见表 2-13，存货按先进先出法计价。

要求：根据资料分别按两种成本法计算各期营业利润。

表 2-13　A 产品产销量、成本及售价资料表

业务量	第一年	第二年	第三年
期初存货量	0 件	0 件	2 000 件
本期生产量	6 000 件	8 000 件	4 000 件
本期销售量	6 000 件	6 000 件	6 000 件
期末存货量	0 件	2 000 件	0 件
单价、成本资料	单价：20 元/件 单位变动生产成本：4 元 固定制造费用：24 000 元 固定销售及管理费用：6 000 元		

解：第一步：根据以上资料，首先进行两种成本法下产品的单位成本计算，见表 2-14。

表 2-14　两种成本法下单位成本

项目	变动成本法			完全成本法		
	第一年	第二年	第三年	第一年	第二年	第三年
单位产品成本	4 元	4 元	4 元	4＋24 000÷6 000＝8（元）	4＋24 000÷8 000＝7（元）	4＋24 000÷4 000＝10（元）
期末存货成本	0 元	4×2 000＝8 000 元	0 元	0 元	7×2 000＝14 000（元）	0 元
期初存货成本	0 元	0 元	8 000 元	0 元	0 元	14 000 元

第二步：编制两种方法下的各期利润表，见表 2-15、表 2-16。

表 2-15 变动成本法下的贡献式利润表

单位：元

项目	第一年	第二年	第三年
销售收入（单价×销量）	60 000	60 000	60 000
减：变动成本（按销量）	24 000	24 000	24 000
（1）边际贡献	36 000	36 000	36 000
减：固定成本	30 000	30 000	30 000
（2）营业利润	6 000	6 000	6 000

表 2-16 完全成本法下的传统式利润表

单位：元

项目	第一年	第二年	第三年
销售收入（单价×销量）	60 000	60 000	60 000
减：变动成本（按销量）	48 000	42 000	54 000
（1）边际贡献	12 000	18 000	6 000
减：固定成本	6 000	6 000	6 000
（2）营业利润	6 000	12 000	0

（一）两种成本法产生营业利润差额的变动规律

从上述案例可以看出，两种成本法下所确定的营业利润金额大小与当期产量及销量之间关系密切，具体如下：

（1）在销量稳定、产量变动的情况下，变动成本法所确定的各期营业利润相等，完全成本法所确定的各期营业利润不相等。

（2）当某期产品的产量大于销售量时，$P_{(完)}>P_{(变)}$。

（3）当某期产品的产量等于销售量时，$P_{(完)}=P_{(变)}$。

（4）当某期产品的产量小于销售量时，$P_{(完)}<P_{(变)}$。

（5）从长期来看，在多个经营期内，随着产销趋向平衡状态，用两种方法计算的营业利润总额不会产生显著的差异。

（二）两种成本法产生营业利润差额的原因

分析两种成本法下所确定的分期营业利润产生差额的根本原因，主要考虑单价、销售量、变动生产成本、非生产成本、固定生产成本等因素。

无论在哪种成本法下，单价、销售量均为已知常数，计算出来的销售收入金额一致，不会导致营业利润计算的差异；无论在哪种成本法下，变动的生产成本均属于其产品成本的组成部分，不会导致营业利润计算的差异；非生产成本在变动成本法下分为变动非生产成本和固定非生产成本，在完全成本法下属于期间成本，无论在哪种成本法下，只是在利润表的位置和补偿途径方面有所区别，同样不会导致营业利润计算的差异。

固定生产成本（固定制造费用）是导致分期营业利润产生差异的根本原因。

1. 两种成本法下计入当期利润表的固定制造费用的金额出现了差异

在变动成本法下，计入当期利润表的是当期发生的全部固定制造费用；而完全成本法下，计入当期利润表的固定制造费用数额，不仅受到当期发生的固定制造费用水平的影响，而且受到期末存货和期初存货水平的影响。

2. 差异的金额源于完全成本法下期末存货吸收的固定制造费用与期初存货释放的固定制造费用水平不同

在其他条件不变的前提下，两种成本法计入当期利润表的固定制造费用的数额不同，一定会使两种成本法计算的当期税前净利润产生差异。

上述关系可以用以下公式证明：

完全成本法计入当期利润表的固定制造费用＝期初存货释放的固定制造费用＋本期发生的固定制造费用－期末存货吸收的固定制造费用

变动成本法计入当期利润表的固定制造费用＝本期发生的固定制造费用

两种成本法计入当期利润表的固定制造费用的差额＝完全成本法期末存货吸收的固定制造费用－完全成本法期初存货释放的固定制造费用

（三）两种成本法营业利润的相互转换

根据上面的公式，我们可以得出下列用完全成本法与变动成本法计算的营业利润之间相互转换的公式：

$$P_{(完)}=P_{(变)}+（完全成本法期末存货吸收的固定制造费用－完全成本法期初存货释放的固定制造费用）$$

$$P_{(变)}=P_{(完)}-（完全成本法期末存货吸收的固定制造费用－完全成本法期初存货释放的固定制造费用）$$

四、两种成本法的优缺点及综合运用

（一）完全成本法的评价

1. 完全成本法的优点

（1）符合传统成本的概念。完全成本法下的产品成本符合国际会计准则和我国会计准则的要求，能满足企业直接对外提供财务报告的需要。

（2）刺激企业加速发展生产的积极性。在完全成本法下，固定生产成本计入产品成本，单位产品成本由单位变动生产成本和单位固定生产成本构成，其中，单位固定生产成本等于固定生产成本总额除以当期产量。由此可见，在单位变动成本和固定生产成本总额不变的前提下，单位产品成本完全受到当期产量的影响，提高产量可以降低单位产品成本，从而降低当期销货成本，提高营业利润。因此，采用完全成本法有利于调动企业生产的积极性。

2. 完全成本法的缺点

虽然完全成本法有以上优点，但是从适应企业内部管理的角度看，也存在诸多缺点。

（1）完全成本法的单位产品成本不仅不能反映生产部门的真实业绩，而且会掩盖或夸大其生产业绩。

（2）采用完全成本法所确定的分期营业利润，其结果往往难以被管理部门所理解。例如，各期虽然销售量、单价、单位变动成本和固定成本总额不变，但只要产量不同，所计算的营业利润就有很大差别，甚至会促使企业片面追求高产量，盲目生产市场不需要的产品，造成产品积压和浪费。

（3）采用完全成本法时，产品成本中包含固定制造费用，在成本计算过程中必须要对固定成本进行分配，而对固定成本的分配往往需要经过繁杂的计算，而且受会计主管人员的主观影响，所以对成本的计算不够精确。

（二）变动成本法的评价

1. 变动成本法的优点

（1）更符合"收入费用配比原则"的要求。"收入费用配比原则"是会计原则之一，是指以权责发生制会计核算为基础，在一定会计期间所取得的收入应与为取得该收入所发生的费用、成本相匹配，以便正确计算在该会计期间所获得的净损益。变动成本法按照成本性态将总成本分成变动成本和固定成本，将变动的生产成本作为产品成本，同时认为固定制造费用是企业为了维持正常生产能力所必须负担的、与生产能力的利用程度无关的、只会随着时间的推移而丧失的成本，将其列为期间成本。销售及管理费用同样列入期间成本，在确认当期营业利润时全额扣除。较完全成本法而言，变动成本法更符合"收入费用配比原则"，有利于正确评价企业的经营业绩。

（2）能促进企业管理当局重视销售，防止盲目生产。在变动成本法下，产量的高低与存货的增减对企业的营业利润没有影响，在销售单价、单位变动成本、固定成本总额不变的情况下，营业利润将随销售量的增长而增长。这样就会促使企业管理当局重视销售，防止生产的盲目扩大，实现以销定产。

（3）有利于进行成本控制分析与业绩评价。变动生产成本的高低能直接反映采购、生产等部门的工作成绩，同时变动成本的相应责任也应归属于这些部门，并通过制定标准成本和建立弹性预算对其进行日常控制。例如，直接材料、直接人工和变动制造费用会从产品的变动生产成本指标上反映出来；固定生产成本的高低责任主要归属于企业各级管理部门，可以通过制定相关费用预算进行控制。明确责任后，采用科学的控制方法全面降低企业成本，并以此对各责任部门的工作业绩进行评价。

（4）简化了成本核算工作，便于增强日常管理。变动成本法把固定生产成本（固定制造费用）列作期间成本，从当期边际贡献中全额扣除，节省了间接费用的分配手续。采用变动成本法不仅降低了产品成本计算的工作量，同时避免了间接费用分配的主观随意性，使会计人员从繁重的核算工作中解放出来，便于增强日常管理。

（5）有利于企业进行科学预测和短期经营决策。变动成本法能收集和整理出产品单位变动成本、固定成本总额、边际贡献等信息，这是企业开展本量利分析的前提条件，为企业进行科学预测、短期经营决策、全面预算管理打下基础，最终帮助企业提高经济效益。

2. 变动成本法的缺点

(1) 不符合传统成本的概念。按照传统成本观念，产品成本是企业在生产过程中发生的全部生产成本，不仅包括变动生产成本，还包括固定生产成本。这种观念得到了国际会计准则及我国会计准则的认可，企业对外编制的财务报表也须符合这一要求，而变动成本法计算的产品成本仅含变动生产成本，这显然不符合传统成本概念及会计准则的要求。

(2) 成本的分类不精确。将成本划分为固定成本和变动成本在很大程度上是基于假设，而非精确的计算，这可能导致管理决策时使用的成本信息不够精确。

(3) 不能适应长期决策的需要。变动成本法主要适用于短期经营决策，在前提假设中，单位变动成本和固定成本总额一定范围内保持不变性，而对于涉及较长远的战略规划，由于受到外部环境及企业内部环境等因素的影响，这些条件肯定会发生变化，决策方案需要进一步调整和补充。

(三) 变动成本法与完全成本法的综合运用

综上所述，两种成本法各有优缺点，在企业的经营管理中都起着非常重要的作用，完全成本法主要满足对外提供会计信息的需要，而变动成本法主要满足内部加强管理的需要，二者的作用是不能相互替代的。企业在实际应用中可以采用最佳的结合使用方式，以满足企业未来发展的需求。具体方法如下：

1. 日常的成本核算体系以完全成本法为主，变动成本法为辅。

2. 增设“变动生产成本”“固定生产成本”“变动制造费用”“固定制造费用”等账户，月末同时采用两种方法进行生产成本分析，以满足企业内部经营管理的需要。

3. 期末按完全成本法编制传统式利润表，结合前面两种成本法下营业利润相互转换公式计算出变动成本法下的营业利润，既可为内部管理者提供与销售业绩相关的有用信息，又可满足对外编报财务报表的要求。

任务四　标准成本法

微课 2-3：标准成本法

任务指南

通过本任务的学习，理解标准成本法的概念，掌握其制度程序和要求，并能够进行成本差异的计算和分析。

一、标准成本法概述

(一) 标准成本法的概念

标准成本法是指企业按照事先制定的标准成本，通过比较标准成本与实际成本，计算和分析成本差异、揭示成本差异动因，进而实施成本控制、评价经营业绩的一种成本管理方法。

政策指引

政策指引

管理会计应用指引第 302 号——标准成本法

（二）标准成本法的应用环境

标准成本法的使用对于内外环境都有要求。首先要求企业内部成立由采购、生产、技术、营销、财务、人力资源、信息等有关部门组成的跨部门团队，由专门成立的部门负责标准成本的制定、分解、下达、分析等；其次要求企业能够及时、准确地取得标准成本制定所需要的各种财务和非财务信息；最后要求有较稳定的外部市场经营环境，且市场对产品的需求相对平稳。

（三）标准成本法的应用程序

标准成本法的应用程序如图 2-12 所示。

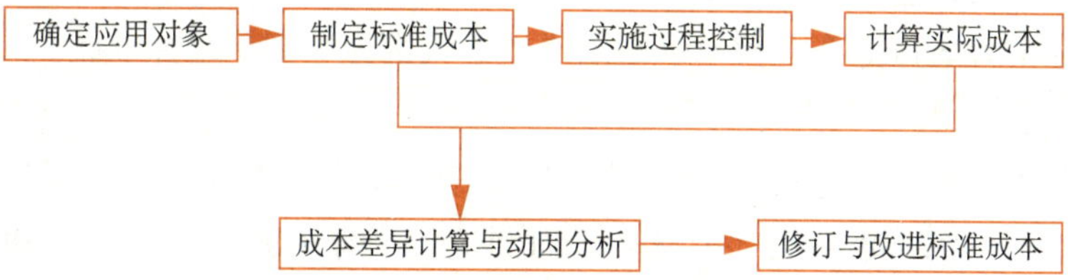

图 2-12　标准成本法的应用程序图

二、标准成本的制定

（一）标准成本的概念

标准成本是指按照事先制定的成本项目，在已经达到的生产技术水平和有效经营管理条件下应当达到的单位产品成本目标。标准成本与预算成本不同，二者既有联系，又有区别。标准成本属于单位成本的范畴，而预算成本属于总成本的范畴。在标准成本会计中，标准成本总额是按标准成本编制的预算成本，而预算成本是一定业务量与标准成本的乘积。变动性成本各项目都应该制定单位产品的标准成本，而固定性费用项目只能制定预算成本。

一般标准成本有理想标准成本、正常标准成本和现实标准成本三种。

理想标准成本是指最佳状态下所能达到的标准成本状态。最佳状态指生产设备情况最优且管理上无任何差错行为。

正常标准成本是指在过去一段时期内实际成本平均值的基础上，剔除了生产经营活动中不正常因素的影响，并考虑未来的变动趋势而制定的标准成本。

现实标准成本是指结合最近可能的生产要素情况以及实际的生产经营能力而制定的标准成本。考虑企业的实际情况又对企业未来成本管理提出合理要求，具有一定的可操作性。因此现实标准成本是企业首选标准。

标准成本在实际工作中有两种含义。

1. 单位产品的标准成本

它是根据单位产品的标准消耗量和标准单价计算出来的，也称成本标准。其计算公式为：

成本标准=单位产品标准成本=单位产品标准消耗量×标准单价

2. 实际产量的标准成本总额

它是根据产品的实际产量和单位产品的标准成本计算出来的。其计算公式为：

标准成本总额=实际产量×单位产品标准成本

产品标准成本的内容包括直接材料标准成本、直接人工标准成本和制造费用标准成本。

制定标准成本的程序包括确定直接材料和直接人工的标准成本、确定制造费用的标准成本、确定单位产品的标准成本。

在制定标准成本时，无论是哪个成本项目，都需要分别确定其用量标准和价格标准，二者的乘积就是该项目的成本标准。其计算公式为：

成本标准=用量标准×价格标准

产品成本主要由直接材料、直接人工和制造费用等成本项目构成，所以，应按照不同成本项目的性态区分变动成本和固定成本，分别为它们制定标准成本。

（二）标准成本的制定

成本分为直接材料、直接人工和制造费用三个部分。按照标准成本我们将其分为直接材料标准成本和直接人工标准成本。而制造费用分为固定制造费用和变动制造费用，因此分为了变动制造费用标准成本和固定制造费用标准成本。其中，固定制造费用只能编制预算总额，其余三项由用量标准和价格标准共同构成。

1. 直接材料标准成本

直接材料标准成本是生产单位产品所需的各种直接材料的标准用量与正常情况下这些材料的价格乘积。直接材料的用量标准应由产品设计部与生产部结合单位所生产产品的具体情况综合设定，主要需要考虑材料在使用过程发生的必要损耗。直接材料的价格标准是指正常情况下取得该材料应付的单位价格，包含材料购置成本以及相关采购费用。直接材料价格标准通常由材料采购部门按材料的品种分别制定。

单位产品耗用直接材料标准成本计算公式为：

单位产品直接材料标准成本=直接材料用量标准×直接材料价格标准

【例 2-13】长林公司生产 A 产品直接材料用量标准见表 2-17。

表 2-17　A 产品直接材料用量标准表

标准	甲材料	乙材料
用量标准/（千克/件）：		
产品用量	5.00	6.20
允许损耗量	0.60	0.80
单位产品标准用量	**5.60**	**7.00**
价格标准/（元/千克）：		
发票单价	7.00	10.00
运费	0.80	1.00

续表

标准	甲材料	乙材料
保险费	0.04	0.10
装卸检验费	0.56	0.70
材料标准单价	**8.40**	**11.80**
成本标准/（元/件）：		
甲材料	47.04	
乙材料		82.60
单位产品直接材料标准成本/（元/件）	**129.64**	

2. 直接人工标准成本

直接人工标准成本是单位产品的直接人工工时标准与小时工资率标准的乘积，不同工资制度下影响直接工资标准成本的因素也不同。在采用计件工资形式的企业中，直接工资标准成本表现为计件工资单价；在采用计时工资形式的企业中，直接工资标准成本是由直接人工工时用量标准和小时工资率标准两个因素决定的。小时工资率标准是指生产工人每消耗一个标准工时应分配的工资成本，属于价格标准。其计算公式为：

小时工资率标准＝预计直接人工工资总额÷标准工时总数

其中，标准工时总数等于企业在充分利用现有生产能力的条件下，单位产品工时消耗定额与可能达到的最大产量的乘积。直接人工工时用量标准是指单位产品应发生的标准工时，也称单位产品工时消耗定额。它是指企业在现有生产技术条件下，考虑提高生产率的要求，生产单位产品所耗用的直接生产工人的工时数，包括有效作业时间、必要的休息和生理上所需的时间，以及机器设备的停工修理时间和不可避免的废品生产时间。

确定了工时标准和小时工资率标准后，就可以按下式计算直接人工标准成本：

直接人工标准成本＝工时标准×小时工资率标准

【例 2-14】 长林公司的 A 产品经过两个车间生产，每人每月工作 22 天，每天工作 8 小时，其直接人工用量标准见表 2-18。

表 2-18　A 产品直接人工用量标准表

标准	第一车间	第二车间
用量标准/（小时/件）：		
理想作业时间	2.00	3.00
调整设备时间	0.40	0.20
其他	0.10	0.10
单位产品工时标准	**2.50**	**3.30**

续表

标准	第一车间	第二车间
价格标准/（元/小时）：		
基本生产工人人数/人	25	40
每人每月工时/小时	176.00	176.00
出勤率	99%	98%
每人平均可用工时/小时	174.00	172.48
月总工时/小时	4 350.00	6 899.20
每月工资总额/元	30 015.00	51 744.00
小时工资率标准/元	6.90	7.50
成本标准/（元/件）：	17.25	24.75
单位产品直接人工标准成本/（元/件）	**42.00**	

3. 变动制造费用标准成本

变动制造费用是指随产量变化而呈正比例变化的制造费用，它包含两方面含义，一方面是标准用量，另一方面是标准价格。其中，标准用量可以是单位产量的燃料、动力、辅助材料等标准用量，也可以是产品的直接人工标准工时，或者是单位产品的标准机器工时。标准价格是单位工时变动制造费用的标准分配率，它根据变动制造费用预算和直接人工总工时计算求得。相关计算公式如下：

变动制造费用标准分配率＝变动制造费用预算总额一直接人工标准总工时

变动制造费用标准成本＝单位产品直接人工标准工时×变动制造费用标准分配率

【例 2-15】长林公司的 A 产品经过两个车间生产，其变动制造费用标准见表 2-19。

表 2-19　A 产品变动制造费用标准成本表

项目	第一车间	第二车间
变动制造费用预算/元：		
运输	2 000.00	3 000.00
电力	600.00	800.00
消耗材料	1 400.00	2 200.00
间接人工	5 000.00	6 000.00
燃料	600.00	2 500.00
其他	400.00	1 500.00
小计	**10 000.00**	**16 000.00**
生产量标准（人工工时）	4 000.00	10 000.00
变动制造费用标准分配率/（元/小时）	2.50	1.60

续表

项目	第一车间	第二车间
变动制造费用标准用量（人工工时）	2.60	3.30
车间变动制造费用标准成本/元	**5.10**	**4.90**
单位产品变动制造费用标准成本/元	**10.00**	

4. 固定制造费用标准成本

固定制造费用主要是指在一定范围内不会随着产品产量发生改变，始终保持稳定不变的费用，如厂房设备的折旧费、维修费、租赁费等费用，如图 2-13 所示。企业如果采用变动成本法计算产品成本，固定制造费用则不需要计入产品成本，直接计入当期利润表冲减当期利润，因此也就不需要制定固定制造费用标准成本。

图 2-13　固定制造费用示意图

5. 单位产品标准成本

有了上述各项内容的标准成本后，企业通常要为每一产品设置一张标准成本卡，并在卡中分别列明各项成本的数量标准与价格标准，通过直接汇总的方法来求得单位产品的标准成本。标准成本卡见表 2-20。

表 2-20　标准成本卡

品名：　　　　　　　　　　　　日期：

计量单位：　　　　　　　　　　单位：元

项目	数量标准	价格标准	标准成本
直接材料			
直接人工			
变动制造费用			
单位变动费用			
固定制造费用			
单位产品标准成本			

微课2-4：成本差异的计算与分析

三、成本差异计算与动因分析

标准成本是一种目标成本，是企业在生产环节所希望达到的理想标准。但是由于种种因素，实际成本往往会与标准成本有差异，实际成本与标准成本之间的差额称为标准成本差异或者成本差异。成本差异通常由数量和价格两个方面组成，因此成本差异也分为数量差异和价格差异。成本差异分为顺差和逆差，当实际成本＞标准成本时，成本差异为逆差，用 U 表示；反之则称为顺差，用 F 表示。

（一）成本差异的种类

1. 直接材料成本差异

直接材料成本差异又称为用量差异，是指由于特定成本项目的实际耗用量与标准耗用量不一致而导致的成本差异，该差异可分解为直接材料价格差异和直接材料数量差异。其中，直接材料价格差异是指直接材料实际价格偏离标准价格所形成的差异，而直接材料数量差异是指直接材料实际消耗量偏离标准消耗量所形成的差异。其计算公式如下：

直接材料成本差异＝实际成本－标准成本
＝实际耗用量×实际单价－标准耗用量×标准单价

或

直接材料成本差异＝直接材料价格差异＋直接材料数量差异
直接材料价格差异＝实际耗用量×（实际单价－标准单价）
直接材料数量差异＝（实际耗用量－标准耗用量）×标准单价

【例2-16】 长林公司本月生产B产品500件，实际耗用材料3 000千克，材料单价为1.8元/千克；单位产品的直接材料标准耗用量为5.5千克，材料的标准价格为2.2元/千克。

解：直接材料价格差异＝3 000×(1.8－2.2)＝－1 200（元）
直接材料数量差异＝(3 000－500×5.5)×2.2＝550（元）
直接材料成本差异＝实际成本－标准成本
＝3 000×1.8－500×5.5×2.2＝－650（元）

或

直接材料成本差异＝直接材料价格差异＋直接材料数量差异
＝(－1 200)＋550＝－650（元）

(1) B产品材料数量差异为550元，为逆差。

(2) B产品材料价格差异为－1 200元，为顺差。

结论：材料的数量差异为超支550元，价格差异为节约1 200元，从而使得本月产品直接材料总成本节约了650元。

直接材料价格差异形成的原因：一是供求关系的变动，二是因生产上的临时需要而进行的紧急采购或小批量采购、运输方式的变化等引起的材料采购价格上升。直接材料价格差异通常由采购部门负责。因为同一种物资材料可在不同地点采购，买价、运杂费都不同，采购时是否按经济批量法采购也会影响价格差异的方向和大小。在分析时要剔除物价上涨的影响，并明确区分造成差异的外部非管理原因和内部管理原因，以及导致直接材料价格差异的主要原因和次要原因，以便对症下药，提出改进措施。

直接材料的数量差异应由生产部门负责。一般情况下，产品耗用材料数量的多少、加工时损耗多少，企业的生产部门大致是能够控制的。造成材料数量超支差的原因有的是不合理用料、技术不熟练、违反操作规程和出现质量事故等，也有的是采购部门因其他原因购进了低质量的材料或规格与型号不符的材料，仓储人员不负责任地验收等而引起加工损耗和浪费，造成实际耗用增加。进行用量差异分析就是要找出造成差异的真正具体原因。

2. 直接人工成本差异

直接人工成本差异是指在实际产量下实际人工总成本与按标准计算的人工总成本的差异额。其计算公式如下：

直接人工成本差异＝实际直接人工总成本－按实际产量计算的标准人工总成本
＝直接人工效率差异＋直接人工工资率差异

从上述公式中可以发现，影响直接人工成本差异的主要原因是人工效率以及工资率。

【例 2-17】接上例，长林公司本月生产 B 产品工时定额为 20 小时，小时工资率标准为 8 元。本月实际直接人工总工时为 13 000 小时，实际直接人工总成本为 80 000 元（保留两位小数）。

解：直接人工效率差异＝(13 000－20×500)×8＝24 000（元），即工人劳动效率有待提高，直接人工成本超支 24 000 元；

直接人工工资率差异＝(80 000÷13 000－8)×13 000≈－24 050（元），即直接人工工资水平也有待提高，直接人工成本节约约 24 050 元。

结论：本月的直接人工成本节约了约 50 元。

直接人工工资率差异的形成原因包括工资率调整、出勤率变化、直接生产工人升级或降级使用、加班或雇用临时工、奖励制度未产生实效等，一般由人力资源部门管控，具体原因可能会涉及生产部门或其他部门。

直接人工效率差异的形成原因包括工作环境、工人的经验、劳动情绪、机器工具选用、设备先进程度、生产计划安排、产量规模、材料质量不高等，主要由生产部门负责。

3. 变动制造费用差异

变动制造费用差异是指在实际产量下实际变动制造费用与标准变动制造费用之间的差额，该差异可分解为变动制造费用的效率差异和耗费差异。其计算公式如下：

变动制造费用差异＝实际变动制造费用－按实际产量计算的标准变动制造费用
＝变动制造费用效率差异＋变动制造费用耗费差异

变动制造费用效率差异＝（实际工时－工时标准）×标准分配率×实际产量

变动制造费用耗费差异＝（实际分配率－标准分配率）×实际总工时

变动制造费用效率差异就是工时用量差异，其含义与直接人工用量差异基本相同，是由于实际工时脱离了标准工时，多用工时导致的费用增加，因此其形成原因与人工效率差异相似；变动制造费用耗费差异是实际支出与按实际工时和标准费率计算的预算数之间的差额，由部门经理负责，与直接人工工资水平差异大致相似。

【例 2-18】 接上例，长林公司本月生产 B 产品 500 件，实际工时总额为 900 小时，实际发生变动制造费用 2 970 元；产品标准工时为 2 小时/件，变动制造费用标准分配率为 3 元/小时。

要求：计算分析变动制造费用差异。

解：变动制造费用耗费差异＝900×(2 970÷900－3)＝270（元）

变动制造费用效率差异＝(900－500×2)×3＝－300（元）

变动制造费用差异＝2 970－500×2×3＝－30（元）

或

变动制造费用差异＝变动制造费用耗费差异＋变动制造费用效率差异＝270＋(－300)＝－30（元）

4. 固定制造费用差异的计算与分析

在一定的范围内，固定制造费用不会随业务量的变化而变化，是相对稳定的。这就决定了对固定制造费用进行控制的方法与变动制造费用不同。固定制造费用差异是指在实际产量下固定制造费用实际发生额与其标准发生额之间的差额。其计算公式如下：

固定制造费用差异＝实际固定制造费用－按实际产量计算的标准固定制造费用

＝实际固定制造费用－实际产量的标准总工时×标准分配率

其中，标准分配率＝固定制造费用预算总额÷预算产量的标准总工时。

通常对固定制造费用采用二因素分析法和三因素分析法两种方法进行分析。

(1) 二因素分析法

二因素分析法是指将影响固定制造费用的差异分为耗费差异和能量差异。耗费差异是指固定制造费用的实际数与固定制造费用预算数的差额。其计算公式如下：

固定制造费用耗费差异＝固定制造费用实际数－固定制造费用预算数

能量差异是指固定制造费用预算数与固定制造费用标准成本的差额，即生产能量与实际业务量的标准工时的差额用标准分配率计算的金额。其计算公式如下：

固定制造费用能量差异＝固定制造费用预算数－固定制造费用标准成本

＝固定制造费用标准分配率×生产能量－固定制造费用标准分配率×实际产量标准工时

＝(生产能量－实际产量标准工时)×固定制造费用标准分配率

【例 2-19】 接上例，长林公司本月生产 B 产品 500 件，实际工时为 900 小时，发生固定制造费用 1 440 元；企业生产能量为 1 200 小时；产品标准工时为 2 小时/件，固定制造费用标准分配率为 1.5 元/小时。

解：固定制造费用耗费差异＝1 440－1 200×1.5＝－360（元）

固定制造费用能量差异＝(1 200－500×2)×1.5＝300（元）

固定制造费用成本差异＝实际固定制造费用－标准固定制造费用

＝1 440－500×2×1.5＝－60（元）

或

固定制造费用成本差异＝耗费差异＋能量差异＝(－360)＋300＝－60（元）

(2) 三因素分析法

三因素分析法是指将影响固定制造费用的差异分为耗费差异、效率差异和闲置能量差异三部分。耗费差异的计算与二因素分析法相同，不同的是将二因素分析法中的“能量差异”进一步分为两部分，一部分是实际工时未达到标准能量而形成的闲置能量差异，另一部分是实际工时脱离标准工时而形成的效率差异。其计算公式如下：

固定制造费用闲置能量差异＝固定制造费用预算－实际工时×固定制造费用标准分配率

＝(生产能量－实际工时)×固定制造费用标准分配率

固定制造费用效率差异＝实际工时×固定制造费用标准分配率－实际产量标准工时×固定制造费用标准分配率

＝(实际工时－实际产量标准工时)×固定制造费用标准分配率

【例 2-20】 接上例，长林公司本月生产B产品500件，实际工时为900小时，发生固定制造费用1 440元；企业生产能量为1 200小时；产品标准工时为2小时/件，固定制造费用标准分配率为1.5元/小时。

解：固定制造费用耗费差异＝1 440－1 200×1.5＝－360（元）

固定制造费用闲置能量差异＝(1 200－900)×1.5＝450（元）

固定制造费用效率差异＝(900－500×2)×1.5＝－150（元）

固定制造费用成本差异＝实际固定制造费用－标准固定制造费用

＝1 440－500×2×1.5＝－60（元）

或

固定制造费用成本差异＝耗费差异＋闲置能量差异＋效率差异

＝（－360）＋450＋（－150）＝－60（元）

三因素分析法的闲置能量差异（450元）与效率差异（－150元）之和为300元，与二因素分析法中的“能量差异”金额相同。

四、制定标准成本的意义

(一) 便于企业编制预算

标准成本是一种预计成本、目标成本，因而可以以此作为编制预算的依据。

(二) 便于企业日常考核

标准成本是事先制定的、在正常生产经营条件下应当发生的成本，又因标准成本的各成本项目都是依据预计的数量标准和价格标准确定的，因此可以通过确定每个成本项目实际脱离标准成本的差异及其责任归属，来评价各部门的工作业绩，分清其管理责任，确定其经营活动的效果。

(三) 便于企业进行成本控制

企业可以通过对日常经营活动的反映和计算，找出实际成本与标准成本总额之间的差异，并分析其差异产生的原因，以便进行成本控制。

(四) 为企业经营决策提供有用信息

标准成本是一种预计的目标成本，它剔除了各种不合理的因素，因此在评价不同投资方案的经济效果、进行经营决策时，就有了新的重要参考依据。

任务五 作业成本法

任务指南

通过本任务的学习，理解作业成本法的概念，掌握成本动因。

一、作业成本法概述

（一）作业成本法的概念

作业成本法是指以“作业消耗资源、产出消耗作业”为原则，按照资源动因将资源费用追溯或分配至各项作业，计算出作业成本，然后再根据作业动因，将作业成本追溯或分配至各成本对象，最终完成成本计算的成本管理方法。

政策指引

政策指引

管理会计应用指引第 304 号——作业成本法

（二）作业成本法的运用

1. 作业

作业成本法的首要工作就是作业的认定。作业是指企业基于特定目的重复执行的任务或活动，是连接资源和成本对象的桥梁。按不同的分类方法可以分为以下三类。

（1）消耗对象：主要作业和次要作业；

（2）对顾客价值的贡献：增值作业和非增值作业；

（3）受益对象、层次和重要性：产量级作业、批别级作业、品种级作业、客户级作业和设施级作业。

2. 资源

执行任何一项作业都要耗费一定的资源，企业作业活动系统所涉及的人力、物力、财力都属于资源。一个企业的资源包括直接材料、直接人工、间接的制造费用。在作业成本法下，资源就是分配对象。资源分配给作业，作业再分配给产品，企业为执行每一种作业所消耗的资源费用的总和，构成该种作业的总成本。

3. 作业中心设计

作业中心设计是指企业将认定的所有作业按照一定的标准进行分类，形成不同的作业中心，作为资源费用追溯或分配对象的过程。作业中心（又称成本库）可以是某一项具体的作业，也可以是若干个相互联系的能够实现某种特定功能的作业的集合。

4. 成本动因

成本动因是指诱导成本发生的原因，是成本对象与其直接关联的作业和最终关联的资源之间的中介，成本动因通常以作业活动耗费的资源来进行度量。在作业成本法下，成本动因是成本分配的依据，按其在资源流动中所处的位置和作用，成本动因可分为资源动因和作业动因。

(1) 资源动因是引起资源耗用的成本动因，反映了资源耗用与作业量之间的因果关系。资源动因的选择与计量为将各项资源费用归集到作业中心提供了依据。其计算公式如下：

资源动因分配率＝资源费用÷各作业消耗的资源动因数量

分配到某作业成本库的该项资源＝该成本库各作业消耗的资源动因数量×资源动因分配率

某作业成本库耗用的资源费用＝∑（该成本库各作业消耗的资源动因数量×资源动因分配率）

【例 2-21】某公司 8 月份人工费支出为 100 000 元，其主要作业可以划分为采购、生产、销售和管理，从事上述四项作业的人数分别为 3 人、9 人、5 人和 3 人。

要求：计算每项作业的人工成本。

解：上述的资源消耗为 100 000 元，资源动因为作业人数，则：

资源动因（人工费）分配率＝100 000÷(3＋9＋5＋3)＝5 000（元/人）

采购作业分配的人工费用＝3×5 000＝15 000（元）

生产作业分配的人工费用＝9×5 000＝45 000（元）

销售作业分配的人工费用＝5×5 000＝25 000（元）

管理作业分配的人工费用＝3×5 000＝15 000（元）

(2) 作业动因是引起作业耗用的成本动因，反映了作业耗用与最终产出之间的因果关系，是将作业成本分配到流程、产品、分销渠道、客户等成本对象的依据。其计算公式如下：

作业动因分配率＝作业成本÷该作业动因数量

分配到某产品的该项作业成本＝该产品耗用的作业动因数量×作业动因分配率

某产品耗用的作业成本＝∑（该产品耗用的作业动因数量×作业动因分配率）

【例 2-22】接上例，某公司 8 月份人工费支出为 100 000 元，其中采购支出为 15 000 元，该企业生产甲、乙、丙三种产品，采购次数分别为 1 次、2 次、3 次。

要求：计算甲、乙、丙三种产品分配的采购作业成本。

解：作业动因为采购次数，成本计算对象为甲、乙、丙三种产品，则：

作业动因分配率＝15 000÷(1＋2＋3)＝2 500（元/次）

甲产品分配的采购作业成本＝1×2 500＝2 500（元）

乙产品分配的采购作业成本＝2×2 500＝5 000（元）

丙产品分配的采购作业成本＝3×2 500＝7 500（元）

二、作业成本法的优缺点及适用范围

（一）作业成本法的优缺点

作业成本法的优点包括：①能够提供更加准确的各维度成本信息，有助于企业提高产品定价、作业与流程改进、客户服务等决策的准确性；②改善和强化成本控制，促进绩效管理的改进和完善；③推进作业基础预算，提高作业、流程、作业链管理的能力。

作业成本法的缺点包括：①部分作业的识别、划分、合并与认定，成本动因的选择以及成本动因计量方法的选择等均存在较大的主观性；②操作较为复杂，开发和维护费用较高。

（二）作业成本法的适用范围

作业成本法适用于作业类型较多且作业链较长的企业；同一生产线生产多种产品的企业；规模较大且管理层对产品成本准确性要求较高的企业；产品、客户和生产过程多样化的企业。

拓展阅读

价值链成本——战略视角下的成本管理

1985年，哈佛大学商学院战略学家迈克尔·波特（Michael E. Porter）提出价值链概念，强调价值链是产品从原材料采购到售后环节的一系列企业价值活动的组合。价值链会计可在整个价值链的结构中进行创建与重建后，实现低成本竞争优势。20世纪后，随着产业进步和企业价值活动越发紧密，价值链被扩展成更大的系统，包括企业的产品设计、制造、营销、配送、售后过程，企业与供应商、供应商之间、企业与客户的关系也加入进来。

价值链成本管理是基于价值链管理、战略管理、作业成本管理等理论建立起来的成本管理体系。它突破了以往以节约成本为主的成本管理方式，把成本管理扩展到整个价值链中。一方面强调成本管理要围绕企业的竞争战略来开展，深入战略层面对成本动因进行分析、管理和控制，使企业成本具备长期竞争优势；另一方面强调成本管理要有利于价值链的构建和优化，关注企业与价值链中供应商、经销商等相关企业之间的链接关系，实现合作共赢。

价值链成本管理主要通过以下途径来实现：

1. 管理会计工具

管理会计工具包括作业分析、价值链分析、生命周期成本分析、顾客价值分析和业务流程重组等。这是价值链成本管理的理论基础，也是具体实施的保障。

2. 信息技术手段

信息技术手段是价值链成本管理的支撑平台。

3. ERP系统

这是价值链成本管理的核心功能模块。ERP系统中的标准成本能详细描述核心企业的成本规划，把价值链上的供应商、客户，生产前的设计及售后服务都以虚拟物料的形式嵌入到BOM清单中，通过有效收集、加工和利用相关信息，实现价值链协调控制。

理论冲刺

1. 简述固定成本的含义。
2. 成本性态分析与成本按其性态分类有什么不同点？

3. 变动成本法的缺点有哪些?

4. 标准成本系统的制定程序有哪些?

实训闯关

一、单项选择题

1. 在财务会计中，应当将制造费用归属于（　　）。

A. 销售费用　　B. 非生产成本

C. 加工成本　　D. 生产成本

2. 阶梯式混合成本又叫（　　）。

A. 固定成本　　B. 半固定成本

C. 半变动成本　　D. 曲线式成本

3. 在管理会计中，狭义相关范围是指（　　）。

A. 时间的变动范围　　B. 市场容量的变动范围

C. 成本的变动范围　　D. 业务量的变动范围

4. 下列项目中，不可能递延到下期的成本是（　　）。

A. 期间成本　　B. 产品成本

C. 间接成本　　D. 直接成本

5. 当业务量变动时，在相关范围内，单位固定成本将（　　）。

A. 呈正比例变动　　B. 呈反比例变动

C. 固定不变　　D. 降低

6. 在变动成本法下，销售收入减去变动成本等于（　　）。

A. 边际贡献　　B. 税前利润

C. 税后利润　　D. 销售毛利

7. 下列项目中，不能列入变动成本法下产品成本的是（　　）。

A. 直接人工　　B. 直接材料

C. 固定制造费用　　D. 变动制造费用

8. 已知 2022 年某企业按变动成本法计算的营业利润为 20 000 元，假定 2023 年销量与 2022 年相同，产品单价及成本水平都不变，但产量有所提高。则 2023 年按变动成本法计算的营业利润（　　）。

A. 必然大于 20 000 元　　B. 必然等于 20 000 元

C. 必然小于 20 000 元　　D. 可能等于 20 000 元

9. 下列成本项目中，不属于约束性固定成本的是（　　）。

A. 经营性租赁费　　B. 折旧费

C. 广告费　　D. 管理人员工资

10. 成本按其性态分为（　　）。

A. 可控成本与不可控成本　　B. 机会成本与假设成本

C. 产品成本与时期成本　　D. 固定成本与变动成本

11. 成本性态分析中的高低点法，在选择时以（　　）为标准。

A. 固定成本　　B. 变动成本　　C. 业务量　　D. 以上均可

12. 完全成本法下的期间成本是指（　　）。

A. 直接材料　　B. 直接人工　　C. 制造费用　　D. 非生产成本

13. 企业的电话费及水、电、煤气等费用属于（　　）。

A. 半固定成本　　B. 半变动成本

C. 延期变动成本　　D. 曲线式混合成本

14. 在历史资料分析法中，计算结果最为准确的是（　　）。

A. 高低点法　　B. 散布图法

C. 回归直线法　　D. 会计分析法

15. 本产品本期按完全成本法计算的单位产品成本是 15 元，本期产量为 500 件，销量为 400 件，固定生产成本为 1 000 元，则按变动成本法计算的本期单位产品成本为（　　）元。

A. 15　　B. 13　　C. 12.5　　D. 10

16. 在标准成本制度下，分析计算各成本项目价格差异用量的基础是（　　）。

A. 实际产量下的实际用量　　B. 标准产量下的实际用量

C. 实际产量下的标准用量　　D. 标准产量下的标准用量

17. 不可以套用“用量差异”和“价格差异”模式的成本项目是（　　）。

A. 变动制造费用　　B. 直接材料

C. 期间费用　　D. 直接人工

18. 下列各项中，属于用量标准的是（　　）。

A. 原材料价格　　B. 小时工资率

C. 材料消耗量　　D. 小时制造费用

19. 标准成本控制的重点是（　　）。

A. 标准成本的制定　　B. 成本差异账务处理

C. 成本控制　　D. 成本差异的计算分析

20. 固定制造费用的实际金额与预算金额之间的差额称为（　　）。

A. 闲置能量差异　　B. 能量差异

C. 效率差异　　D. 预算差异

二、多项选择题

1. 在完全成本法下，期间费用包括（　　）。

A. 销售费用　　B. 变动制造费用

C. 固定制造费用　　D. 管理费用

2. 在变动成本法下，期间成本包括（　　）。

A. 变动销售费用　　B. 变动管理费用

C. 变动制造费用　　D. 固定制造费用

3. 在变动成本法下，确定产品变动成本主要依据（　　）进行计算。

A. 直接材料　　B. 直接人工

C. 变动销售及管理费用　　D. 变动制造费用

4. 固定成本的特征包括（　　）。

A. 总额的不变性　　B. 总额的正比例变动性

C. 单位的不变性　　D. 单位的反比例变动性

5. 变动成本的特征包括（　　）。

A. 总额的不变性　　B. 总额的正比例变动性

C. 单位的不变性　　D. 单位的反比例变动性

6. 下列各项中，属于酌量性固定成本的是（　　）。

A. 新产品开发费　　B. 厂房租金

C. 管理人员工资　　D. 员工培训费

7. 由于相关范围的存在，使得成本性态具有以下特点，即（　　）。

A. 相对性　　B. 暂时性

C. 正比例变动性　　D. 不变性

8. 下列各项中，一般应纳入变动成本的有（　　）。

A. 直接材料　　B. 行政管理人员工资

C. 按生产量法计提的固定资产折旧费　　D. 直接人工

9. 三因素分析法中将影响固定制造费用成本差异分解为（　　）。

A. 耗费差异　　B. 生产能力差异

C. 效率差异　　D. 闲置能量差异

10. 影响直接材料耗用量差异的因素有（　　）。

A. 工人的技术熟练程度　　B. 材料质量设备的完好程度

C. 废品率的高低　　D. 设备的完好程度

11. 下列各项中，属于标准成本控制系统前提和关键的是（　　）。

A. 标准成本的制定　　B. 成本差异的分析

C. 成本差异的计算　　D. 成本差异账务处理

12. 下列说法错误的是（　　）。

A. 在标准成本控制下的成本差异是指实际成本与标准成本的差异

B. 在标准成本控制下的成本差异是指实际成本与计划成本的差异

C. 在标准成本控制下的成本差异是指预算成本与标准成本的差异

D. 在标准成本控制下的成本差异是指实际成本与预算成本的差异

三、判断题

1. 阶梯式混合成本又可称为半变动成本。（　　）

2. 在历史资料分析方法中，计算结果最为准确的方法是散布图法。（　　）

3. 在不改变企业生产经营能力的前提下，降低固定成本总额的措施通常是指降低酌量性固定成本。（　　）

4. 在运用回归直线法进行成本性态分析时，首先要确定 b，然后才能计算出 a。（　　）

5. 运用高低点法进行成本性态分析时，高点的选择应当以最高的业务量和最高的

成本为依据。 （ ）

6. 计算价格差异要以实际数量为基础。 （ ）

7. 变动制造费用效率差异＝（实际工时－工时标准）×标准分配率×实际产量。 （ ）

8. 在实际中得到了最广泛应用的是现实标准成本。 （ ）

9. 变动制造费用效率差异实际上反映的是产品制造过程中的材料利用问题。 （ ）

10. 成本差异是实际成本脱离标准成本的差异。 （ ）

四、计算分析题

1. 某企业本期有关资料如下：单位直接材料成本 20 元，单位直接人工成本 10 元，单位变动制造费用 8 元，固定制造费用总额 5 000 元，单位变动销售与管理费用 5 元，固定销售与管理费用 1 000 元。期初存货量为零，本期生产量 2 000 件，销售量 700 件，单位售价 50 元。

要求：分别按两种成本法的有关公式计算下列指标：（1）单位产品成本；（2）期间成本；（3）销货成本；（4）营业利润。

2. 某企业生产的甲产品 2019 年 6～11 月份的产量及总成本资料见表 2-21。

表 2-21　甲产品资料表

	6 月	7 月	8 月	9 月	10 月	11 月
产量/件	41	43	46	44	47	51
总成本/元	8 900	9 200	9 700	9 400	9 900	10 600

要求：利用高低点法进行成本性态分析。

3. 利伟公司 2020 年开始投产，只生产经营一种甲产品，其市场销售价为 25 元/件。当年投产并完工 8 000 件，销售 5 500 件，期末产成品为 2 000 件。当年发生的有关成本费用资料如下：

（1）直接材料 50 000 元；

（2）直接人工 20 000 元；

（3）变动制造费用 10 000 元；

（4）固定制造费用 20 000 元；

（5）变动销售费用 1 000 元；

（6）固定销售费用 1 300 元；

（7）变动管理费用 500 元；

（8）固定管理费用 4 300 元；

（9）变动财务费用 0 元；

（10）固定财务费用 2 000 元。

要求：分别按变动成本法和完全成本法计算当期发生的产品成本和期间成本。

4. 接第 3 题，该企业的存货计价采用先进先出法。

要求：分别按变动成本法和完全成本法计算甲产品的期末存货成本。

5. 某厂连续两年的产销量、成本和售价等资料见表 2-22。

表 2-22　某厂资料表

	第一年	第二年
生产量/件	10 000	12 000
销售量/件	10 000	8 000
单位产品变动成本/元	20	20
固定制造费用/元	50 000	50 000
销售和管理成本/元	20 000	20 000
单价/元	50	50

该厂按变动成本法计算的营业利润第一年为 200 000 元，第二年为 150 000 元，存货按先进先出法计价。

要求：用利润差额计算法计算完全成本法的各年营业利润。

6. 某企业生产甲产品，单位产品耗用的直接材料标准成本资料见表 2-23。

表 2-23　单位产品资料表

成本项目	价格标准	用量标准	标准成本
直接材料	0.4 元/千克	5 千克/件	2 元/件

直接材料实际购进量是 4 000 千克，单价 0.45 元/千克；本月生产产品 450 件，使用材料 3 000 千克。

要求：(1) 计算该企业生产甲产品所耗用直接材料的实际成本与标准成本的差异；(2) 将差异总额进行分解。

7. 某企业月固定制造费用预算总额为 100 000 元，固定制造费用标准分配率为 10 元/小时，本月制造费用实际开支额为 85 000 元，生产 A 产品 4 000 个，其单位产品标准工时为 2 小时/个，实际用工 7 400 小时。

要求：用二因素分析法和三因素分析法进行固定制造费用差异分析。

8. 某企业产销甲产品，对 W 材料的消耗定额为 120 千克，材料价格标准为 5 元/千克。9 月份实际产品产量为 2 000 件。W 材料的实际领用量为 198 000 千克，实际材料总成本为 122 760 元。

要求：(1) 计算直接材料成本总差异；(2) 计算直接材料数量差异；(3) 计算直接材料价格差异。

9. 某企业生产 A 产品，单位产品标准工时为 4 小时，工资率标准为 7 元/小时。月计划产量 1 260 件，实际产量为 1 260 件。实际总工时为 4 530 小时，实际工资总额为 33 217 元。

要求：(1) 计算直接人工成本总差异；(2) 计算直接人工效率差异；(3) 计算直接人工工资率差异。

10. 某企业生产 A 产品，单位产品标准工时为 4 小时，工资率标准为 7 元/小时。

月计划产量 1 260 件，实际产量为 1 260 件。实际总工时为 4 530 小时，实际工资总额为 33 217 元，该企业本月变动制造费用预算为 19 200 元，实际发生变动制造费用 21 000 元。

要求：(1) 计算变动制造费用总差异；(2) 计算变动制造费用效率差异；(3) 计算变动制造费用耗费差异。

项目三

本量利分析

学习目标

1. 素质目标：培养正确的职业价值观，形成职业认同感，具备职业洞察力，树立责任意识。
2. 知识目标：了解本量利分析的概念、基本假设；
   掌握本量利分析的基本原理及边际贡献指标的计算方法。
3. 能力目标：能根据本量利分析的基本原理，进行本量利分析；
   能正确计算出企业不同情况下的保本点和保利点；
   能对企业经营安全程度进行正确的评价。

思维导图

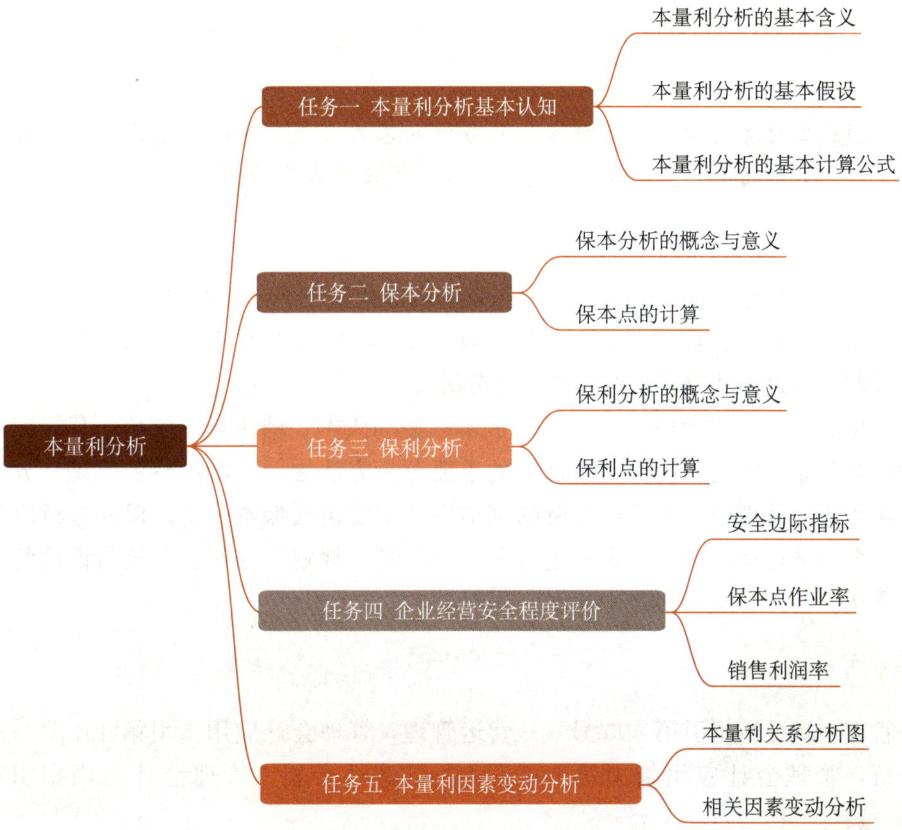

案例导入

某小镇有一座加油站，加油站内设立一个小超市，该超市在小镇的销售额每周可达到 30 000 元。另外，来加油的顾客也常常会光顾超市。加油站经理估计，车主平均每在汽油上花费 200 元，便会花费 15 元购买超市商品，而且在汽油价格及销售量波动时，这一比例仍保持不变。已知汽油的边际贡献率为 15%，超市商品的边际贡献率为 20%；现行汽油的销售价格为 0.9 元/公升，每周预计汽油销售量为 50 000 公升；场地每周的固定成本为 2 000 元，员工的工资每周固定为 4 000 元。根据乡镇规划，近期将对附近区域进行道路修建，预计将会造成销售量减少40%。

仔细阅读以上案例，并思考：

1. 该加油站现行每周的利润是多少？
2. 该加油站需要达到多少销售量才能保本？
3. 在乡镇规划实施后，加油站是否还能盈利？
4. 为了恢复到之前的利润水平，加油站可以采取哪些措施？

任务一　本量利分析基本认知

任务指南

通过本任务的学习，理解本量利分析的基本含义，了解其基本前提假设。进行基本公式的推导计算，学习边际贡献率、变动成本率等相关指标。

一、本量利分析的基本含义

本量利分析是“成本—业务量—利润分析”的简称，也叫 CVP 分析（Cost Volume Profit Analysis），它是以成本性态分析为基础，研究企业在相关范围内的成本、业务量和利润三者之间依存关系的一种定量分析方法。

本量利分析以数学模型揭示固定成本、变动成本、销售量、单价、利润等变量之间的内在联系，它是现代管理会计学的重要分析方法之一，所提供的原理、方法常常被运用于企业管理中。本量利分析的基本内容主要包括保本分析、保利分析以及企业经营安全性分析评价，是为企业进行预测与决策、规划与控制、考核与评价的一种工具和方法。

政策指引

政策指引

管理会计应用指引第 400 号——营运管理，管理会计应用指引第 401 号——本量利分析，管理会计应用指引第 402 号——敏感性分析，管理会计应用指引第 403 号——边际分析

二、本量利分析的基本假设

微课 3-1：本量利分析前提假设

本量利分析是一种定量分析方法，需建立一定的假设前提。在实际工作中，由于各种因素的影响，如果没有设定相关范围，本量利分析的结果就会出现误差，将会影响预测和决策的结果。因此，利用本量利分析法进行决策时，必须满足以下假条件。

（一）成本性态分析假设

此假设是指本量利分析中的“本”即总成本，依照成本性态划分为变动成本与固定成本两大类，形成相关成本性态模型：变动成本模型为 $y=bx$，固定成本模型为 $y=a$。

（二）相关范围假设

此假设是指在一定期间和一定业务量的范围内，固定成本总额和单位变动成本呈现一种不变性，变动成本总额则呈现一种正比例变动的特征。一旦超出相关范围，以上特征就难以保持或存在。在相关范围内，企业总成本可建立 $y=a+bx$ 的模型。

（三）线性关系假设

此假设是指在本量利分析中，通常涉及两个线性关系。其一是销售收入线性方程，即 $y=px$，假设销售单价为常数，销售收入与销售量之间呈线性关系。其二是总成本线性方程，假设单位变动成本和固定成本总额为常数，总成本与业务量之间呈线性关系。

（四）产销平衡与品种结构稳定假设

产销平衡假设是假设生产和销售总是能达到平衡，企业生产出来的产品都能顺利销售出去，企业当期没有存货。品种结构稳定假设是指企业在进行多品种生产时，单一产品的销售额占总销售额的比重保持稳定状态。

除以上假设外，本量利分析方法是在变动成本法的基础之上进行成本利润的核算，其中的利润一般指息税前利润。有了以上一系列假设，可以建立相关数学模型，为更好地揭示成本—业务量—利润之间的依存关系提供了方便，使得本量利分析方法更为广泛地应用于企业实际工作中。

三、本量利分析的基本计算公式

（一）基本公式

以成本性态分析为基础，变动成本法下，本量利分析的基本计算公式如下：

$$P_{利}=(p-b)x-a$$

其中，$P_{利}$为目标利润，p 代表销售单价，b 代表混合成本中单位变动成本，x 代表业务量，a 代表固定成本总额。

该公式的推导过程为：

目标利润＝销售收入－成本总额

＝销售收入－（变动成本总额＋固定成本总额）

＝销售单价×销售量－单位变动成本×销售量－固定成本总额

＝销售量×（销售单价－单位变动成本）－固定成本总额

（二）边际贡献指标

在本量利分析中，边际贡献是一个非常重要的指标，通常用其来确定生产决策最优方案、衡量企业经济效益等。边际贡献又称为贡献边际、毛益贡献、边际效应、边际利润等。它通常有三种表现形式。

1. 单位边际贡献

单位边际贡献为正指标，反映的是企业每增加一个单位的产品所创造的经济效益。其计算公式如下：

$$cm=p-b$$

其中，cm 为单位边际贡献，p 代表销售单价，b 代表单位变动成本。

2. 边际贡献总额

边际贡献总额为正指标，是企业产品销售收入总额扣除变动成本总额后的余额。它反映的是一定时期内企业销售产品创造的总体经济效益，体现了产品在企业营业净利润中做出的贡献。其计算公式为：

$$\begin{aligned}Tcm&=px-bx\\&=(p-b)x\end{aligned}$$

其中，Tcm 为边际贡献总额（简称边际贡献），p 代表销售单价，b 代表单位变动成本，x 为销售量。

将边际贡献代入本量利分析基本计算公式，则：

$$P_{利}=Tcm-a$$

由此可见，在固定成本总额不变的情况下，边际贡献的大小直接影响企业的息税前利润，当边际贡献大于固定成本总额时企业才能产生利润，当边际贡献小于固定成本总额时企业会产生亏损。

3. 边际贡献率

边际贡献率为正指标，是指产品边际贡献占销售收入的比重，或者是单位边际贡献占销售单价的比重。可以理解为每增加一元销售收入所带来边际贡献的大小，反映产品给企业做出贡献的能力。其计算公式如下：

$$cmR=\frac{Tcm}{px}\times100\%$$

或

$$cmR=\frac{cm}{p}\times100\%$$

其中，cmR 为边际贡献率，Tcm 为边际贡献，cm 为单位边际贡献，p 代表销售单价，x 为销售量。

【例 3-1】长林公司只生产 A 产品，销售单价为 60 元，2022 年 10 月实现的销售量为 12 000 件，该产品单位变动成本为 48 元，发生固定成本总额为 50 000 元。

要求：计算长林公司 10 月 A 产品的单位边际贡献、边际贡献总额和边际贡献率。

解：单位边际贡献 $cm=p-b=60-48=12$（元）

边际贡献 $Tcm\times x=12\times 12\ 000=144\ 000$（元）

边际贡献率 $cmR=\frac{cm}{p}\times 100\%=\frac{12}{60}\times 100\%=20\%$

（三）变动成本率指标

在本量利分析中，变动成本率也是一项非常重要的指标，是指产品变动成本总额占销售收入的比重，或者是单位变动成本占销售单价的比重。可以理解为每增加一元销售收入所增加变动成本的大小。其计算公式如下：

$$bR=\frac{bx}{px}\times 100\%$$

或

$$bR=\frac{b}{p}\times 100\%$$

其中，bR 为变动成本率，b 为单位变动成本，p 代表销售单价，x 为销售量。

从上面的计算公式可以看出，边际贡献率和变动成本率均表现为边际贡献总额和变动成本总额占销售收入的比重。从上述计算公式可以看出，销售收入等于边际贡献总额与变动成本总额之和，因此可以推导出以下关系式：

$$cmR+bR=1$$

边际贡献率与变动成本率是一种互补关系，产品边际贡献率高，则变动成本率越低，企业盈利能力强；反之，变动成本率越高，边际贡献率越低，企业盈利能力弱。

【例 3-2】 延用【例 3-1】的数据，计算长林公司 10 月 A 产品的变动成本率及利润，思考变动成本率与边际贡献率的关系。

解：变动成本率（bR）$=\frac{bx}{px}\times 100\%=\frac{48\times 12\ 000}{60\times 12\ 000}\times 100\%=80\%$

或

变动成本率（bR）$=\frac{b}{p}\times 100\%=\frac{48}{60}\times 100\%=80\%$

利润$(EBIT)=(p-b)x-a=(60-48)\times 12\ 000-50\ 000=94\ 000$（元）

从计算结果可以看出：边际贡献率＋变动成本率$=20\%+80\%=1$

任务二　保本分析

任务指南

通过本任务的学习，理解保本分析的含义，掌握单一品种下保本点指标的计算，学会运用加权平均边际贡献率法进行多品种下的保本分析，为下一个任务保利分析做准备。

一、保本分析的概念与意义

（一）保本分析的概念

保本分析是基于本量利分析基本公式下进行的盈亏平衡分析，又称为盈亏平衡点分析。基本内容为分析确定产品的保本点、保本额等信息，从而对企业经营的安全程度进行评价。

保本点分析以成本性态分析和变动成本法为基础，其关键是保本点的确定。保本点是指企业经营状态刚好达到收支相等、盈亏平衡的业务量临界点，又称盈亏平衡点、损益临界点，此时企业利润为零。基于本量利基本公式推导，在保本点状态下，企业销售收入总额刚好等于变动成本总额与固定成本总额之和，即：

$$px=bx+a$$

将公式进一步推导为：

$$(p-b)x=a$$

可以看出，在保本点的边际贡献总额刚好可以弥补固定成本的亏损。

（二）保本分析的意义

企业通过运用保本分析，可以对未来生产经营活动进行有效的决策。当未来的生产经营规模超过所确定的保本点，表示该经营活动会为企业带来一定的营业利润，因此它就是可行的；反之，企业会遭受亏损，则是不可行的。

保本点有两种具体的表现形式：一是保本点的销售量，二是保本点的销售额。

二、保本点的计算

（一）单一品种下保本点的计算

单一品种下保本点的计算方法有图示法、基本等式法、边际贡献法等。

1. 图示法

图示法是指通过绘制直角坐标系图来确定保本点的一种方法。在直角坐标系中绘制出两条线，一条为总成本线，一条为销售收入线，两条线的相交点即为保本点，保本点在横轴和纵轴上的坐标对应保本量和保本额的数值。这种方法的依据是，当总收入等于总成本时，企业刚好保本。作图步骤如下：

(1) 建立平面直角坐标系：横轴 x 表示销售业务量，纵轴 y 表示总成本和销售收入；

(2) 绘制总成本线：以固定成本总额 a 为截距，以单位变动成本 b 为斜率，画出总成本线 $y=a+bx$；

(3) 绘制销售收入线：以原点 O 为出发点，以单价 p 为斜率，在坐标图上画出销售收入线 $y=px$；

(4) 找到保本点：当单价 p 大于单位变动成本 b 时，销售收入线与总成本线会相交于点（x_0，y_0）即保本点。其中 x_0 为保本点的保本量，y_0 为保本额的值，如图 3-1 所示。

这种方法的优点在于各项指标能直观地在坐标图中找到，容易理解。但保本图的绘图程序较为复杂，且保本保本数值需要在数轴上读出，结果可能不十分准确。

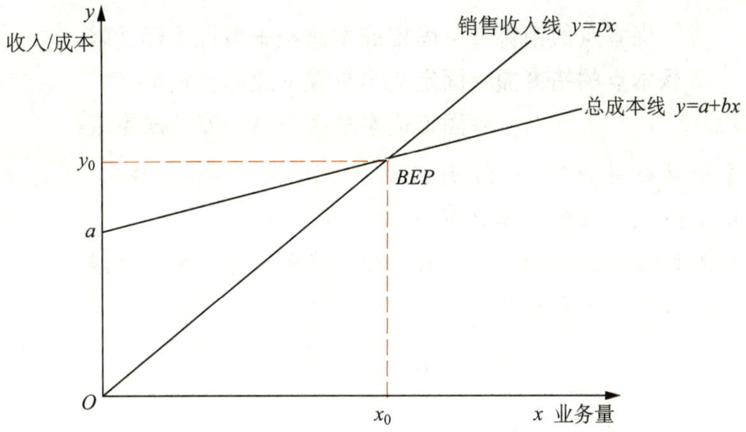

图 3-1　保本图

2. 基本等式法

基本等式法是指在本量利基本公式的基础上，根据保本点的定义，先确定保本量，再计算保本额的一种方法。本量利基本公式如下：

$$P_{利}=px-bx-a$$

当 $P_{利}$ 为零时，$px=bx+a$。

整理后得出：

$$x=\frac{a}{p-b}$$

即：

保本点的销售量＝固定成本总额÷（单价－单位变动成本）

保本点的销售额＝销售单价×保本点的销售量

【例 3-3】长林公司 2022 年 11 月只生产甲产品（单位：件），销售单价为 60 元，单位变动成本为 48 元，固定成本总额为 60 000 元。

要求：用基本等式法计算公司 11 月份保本点的销售量和销售额。

解：保本点的销售量$=\frac{a}{p-b}=\frac{60\ 000}{60-48}=5\ 000$（件）

保本点的销售额$=p\times\frac{a}{p-b}=60\times5\ 000=300\ 000$（元）

3. 边际贡献法

边际贡献法是根据边际贡献与业务量、利润之间的关系计算保本点的销售量和销售额的一种方法。当产品的边际贡献总额刚好弥补固定成本亏损时，企业处于盈亏平衡状态，达到盈亏临界点。其计算公式如下：

$$Tcm=a$$

$$Tcm=cm\cdot x$$

整理后得出：

$$x=\frac{a}{cm}$$

即：

保本点的销售量＝固定成本总额÷单位边际贡献

保本点的销售额＝固定成本总额÷边际贡献率

＝固定成本总额÷(1－变动成本率)

【例 3-4】 长林公司 2022 年 11 月只生产甲产品（单位：件），销售单价为 60 元，单位变动成本为 48 元，固定成本总额为 60 000 元。

要求：用边际贡献法计算公司 11 月份保本点的销售量和销售额。

解：$cm=p-b=60-48=12$（元）

$$cmR=\frac{cm}{p}\times 100\%=\frac{12}{60}\times 100\%=20\%$$

$$保本点的销售量=\frac{a}{cm}=\frac{60\ 000}{12}=5\ 000（件）$$

$$保本点的销售额=\frac{a}{cmR}=\frac{60\ 000}{20\%}=300\ 000（元）$$

微课 3-2：多品种下保本点计算例题解析

（二）多品种下保本点的计算

在前一部分的内容中，我们是以企业产销单一品种为基础进行的保本分析，但在实际生活中，绝大多数企业不只产销一种产品。在这种情况下，单一品种下的保本分析方法就不再适用，需要进一步研究适用于多品种条件下保本分析方法。

在多品种条件下通常有分算法、加权平均边际贡献率法、联合单位法、主要产品法等，这里主要介绍加权平均边际贡献率法。

简单来说，加权平均边际贡献率法是用各产品的边际贡献率乘以各产品的销售比重。其中各产品的销售比重是各产品销售额占全部销售额的比重，以此作为权数进行加权平均，计算出企业在多产品条件下的综合创收能力，从而计算出多品种保本额和保本量的一种方法。其计算步骤如下：

第一步：计算全部产品的销售总额。

$$销售总额=\sum(各产品的销售单价\times 各产品的销售量)$$

第二步：计算各产品的销售比重。

$$某产品的销售比重=\frac{某产品的销售额}{销售总额}\times 100\%$$

第三步：计算各产品的边际贡献率。

$$某产品的边际贡献率=\frac{某产品边际贡献}{某产品销售额}\times 100\%$$

或

$$某产品的边际贡献率=\frac{某产品单位边际贡献}{某产品销售单价}\times 100\%$$

第四步：计算加权平均边际贡献率。

$$加权平均边际贡献率=\sum(各产品的边际贡献率\times 各产品的销售比重)$$

第五步：计算综合保本额。

$$综合保本额=\frac{固定成本总额}{加权平均边际贡献率}$$

第六步：计算各产品的保本销售额和保本销售量。

$$某产品的保本销售额=综合保本额\times某产品的销售比重$$

$$某产品的保本销售量=\frac{某产品的保本销售额}{某产品销售单价}$$

【例 3-5】 长林公司计划生产销售甲、乙、丙三种产品，计划期固定成本总额为 24 000 元。其他资料见表 3-1。

要求：采用加权平均边际贡献率法计算三种产品的综合保本额及各产品的保本销售额和保本销售量。

表 3-1 长林公司三种产品相关资料表

项目	甲产品	乙产品	丙产品
产品销售量/件	2 000	1 600	800
单价/元	30	40	60
单位变动成本/元	20	28	45

解：根据多品种保本额计算步骤。

第一步：计算全部产品的销售总额。

销售总额$=\sum$（各产品的销售单价×各产品的销售量）

$=2\ 000\times30+1\ 600\times40+800\times60=60\ 000+64\ 000+48\ 000=172\ 000$（元）

第二步：计算各产品的销售比重。

某产品销售比重=某产品的销售额÷销售总额×100%

甲产品销售比重$=60\ 000\div172\ 000\times100\%=34.88\%$

乙产品销售比重$=64\ 000\div172\ 000\times100\%=37.21\%$

丙产品销售比重$=48\ 000\div172\ 000\times100\%=27.91\%$

第三步：计算各产品的边际贡献率。

某产品的边际贡献率=某产品单位边际贡献÷某产品销售单价×100%

甲产品边际贡献率$=(30-20)\div30\times100\%=33.33\%$

乙产品边际贡献率$=(40-28)\div40\times100\%=30\%$

丙产品边际贡献率$=(60-45)\div60\times100\%=25\%$

第四步：计算加权平均边际贡献率。

加权平均边际贡献率$=\sum$（各产品的边际贡献率×各产品的销售比重）

$=34.88\%\times33.33\%+37.21\%\times30\%+27.91\%\times25\%$

$=29.77\%$

第五步：计算综合保本额。

综合保本额＝固定成本总额÷加权平均边际贡献率

＝24 000÷29.77%

＝80 618.07（元）

第六步：计算各产品的保本销售额和保本销售量。

某产品的保本销售额＝综合保本额×某产品的销售比重

甲产品的保本销售额＝80 618.07×34.88%＝28 119.58（元）

乙产品的保本销售额＝80 618.07×37.21%＝29 997.98（元）

丙产品的保本销售额＝80 618.07×27.91%＝22 500.50（元）

某产品的保本销售量＝某产品的保本销售额÷某产品销售单价

甲产品的保本销售量＝28 119.58÷30＝937（件）

乙产品的保本销售量＝29 997.98÷40＝750（件）

丙产品的保本销售量＝22 500.50÷60＝375（件）

任务三　保利分析

任务指南

通过本任务的学习，理解保利分析的含义，认识到保利分析在企业经营管理中的重要作用。在考虑所得税影响的前提下进行单一品种下保利点指标的计算。

一、保利分析的概念与意义

（一）保利分析的概念

保本分析是在企业盈亏平衡、利润为零的前提下进行的，但在现实经济活动中，企业生产发展的目标一定是尽可能实现最大的利润。为保证目标利润的实现，企业需要在保本分析的基础上进一步开展保利分析。所谓保利分析，是指在保本分析的基础上，研究当企业实现目标利润时应完成的业务量、应控制的成本，以及应达到的价格水平等具体状况。

（二）保利分析的意义

企业在进行保利分析时，需以预测目标利润为前提。所谓目标利润，是指企业在未来计划期内，通过生产销售应该达到的最优利润目标。目标利润值的预测，一般是在调查研究的基础上，通过了解企业历史利润水平和当前同行业社会平均利润率水平，结合企业在计划期内能实现的生产能力、生产条件等因素，由企业管理层确定。

通过进行保利分析，能充分揭示成本、业务量和利润之间的依存关系，确定为了实现目标利润而应该达到的目标销售量和目标销售额，从而以销定产，使企业明确短期经营方向。保利点有两种具体的表现形式：一是保利点的销售量；二是保利点的销售额。

二、保利点的计算

（一）单一品种下保利点的计算

1. 税前目标利润保利点的确定

当目标利润确定后，就可以确定保利点的销售量和销售额。在本量利分析中，“利润”一般为息税前利润，所以在不考虑所得税的影响前提下，通过对本量利基本公式进行变形，可以得出实现税前目标利润的基本公式：

$$保利点的销售量=\frac{固定成本+目标利润}{单价-单位变动成本}$$

$$保利点的销售额=单价\times保利点的销售量$$

$$=\frac{固定成本+目标利润}{边际贡献率}$$

【例 3-6】 长林公司只生产甲产品（单位：件），销售单价为 60 元，单位变动成本为 48 元，固定成本总额为 400 000 元，计划期年度目标利润为 200 000 元。

要求：计算计划期保利点的销售量和销售额。

解：保利点的销售量=(固定成本+目标利润)÷(单价−单位变动成本)

=(400 000+200 000)÷(60−48)=50 000（件）

保利点的销售额=单价×保利点的销售量

=60×50 000=3 000 000（元）

2. 税后目标利润保利点的确定

对于企业的投资者而言，企业所实现的税后利润才归属投资者，它是投资者取得投资报酬、实现资本保值增值的重要保证，也是企业提取盈余公积、分配股利、形成企业内部积累的重要依据。因此，企业的税后目标利润以及确定税后目标利润实现的保利分析更受投资者关注，也更受企业管理人员的重视。税后目标利润的基本计算公式如下：

$$税后目标利润=税前目标利润\times（1-所得税税率）$$

因此，税后目标利润保利点的销售量和销售额的计算公式分别为：

$$保利点的销售量=\frac{固定成本+\dfrac{税后目标利润}{1-所得税税率}}{单价-单位变动成本}$$

$$保利点的销售额=单价\times保利点的销售量$$

$$=\frac{固定成本+\dfrac{税后目标利润}{1-所得税税率}}{边际贡献率}$$

【例 3-7】 沿用【例 3-6】的资料，假设长林公司计划期税后年度目标利润为 150 000 元，所得税税率为 25%。

要求：计算计划期保利点的销售量和销售额。

解：保利点的销售量=[400 000+150 000÷(1−25%)]÷(60−48)=50 000（件）

保利点的销售额=60×50 000=3 000 000（元）

由以上计算结果可知，只要目标税后利润=目标利润×(1−所得税税率)，则税前税后保利点业务量是一致的。

（二）多品种下保利点的计算

对于生产多品种的企业，以加权平均边际贡献率法对保利点的计算进行说明，具体计算步骤与保本点计算基本相同，其中前四步完全一致，第五步和第六步为：

第五步：计算综合保利额。

$$\text{综合保利额}=\frac{\text{固定成本}+\text{目标利润}}{\text{加权平均边际贡献率}}$$

第六步：计算各产品的保利点销售额和销售量。

某产品的保利销售额＝综合保利额×某产品的销售比重

$$\text{某产品的保利销售量}=\frac{\text{某产品的保利销售额}}{\text{某产品销售单价}}$$

【例 3-8】 沿用【例 3-5】的资料，假设长林公司计划期预计目标利润为 30 000 元。

要求：采用加权平均边际贡献率法计算三种产品的综合保利额及各产品的保利销售额和销售量。

解：第一步至第四步与【例 3-5】中相同。

第五步：计算综合保利额。

综合保本额＝(固定成本总额＋目标利润)÷加权平均边际贡献率

＝(24 000＋30 000)÷29.77%

＝181 390.66（元）

第六步：计算各产品的保利销售额和保利销售量。

某产品的保利销售额＝综合保利额×某产品的销售比重

甲产品的保利销售额＝181 390.66×34.88%＝63 269.06（元）

乙产品的保利销售额＝181 390.66×37.21%＝67 495.46（元）

丙产品的保利销售额＝181 390.66×27.91%＝50 626.13（元）

某产品的保利销售量＝某产品的保利销售额÷某产品销售单价

甲产品的保利销售量＝63 269.06÷30＝2 109（件）

乙产品的保利销售量＝67 495.46÷40＝1 687（件）

丙产品的保利销售量＝50 626.13÷60＝844（件）

任务四　企业经营安全程度评价

微课 3-3：安全边际分析

任务指南

通过本任务的学习，能运用安全边际率、保本点作业率、销售利润率等指标对企业经营安全程度进行分析和评价。

结合本量利分析，还可以从利润大小的角度来评价企业目前的经营安全程度，企业的经营安全程度决定着企业是否能在激烈的市场竞争中占据优势。评价企业经营安全程度的指标主要有：安全边际率、保本点作业率、销售利润率等。

一、安全边际指标

（一）安全边际

安全边际是指企业实际（预计）的销售量或销售额与保本销售量或销售额之间的差额。这个差额表示的是企业达不到预计销售目标而又不至于亏损的范围有多大。安全边际有两种表现形式：一是安全边际量，用实物量表示其大小；二是安全边际额，用实物价值数额表示其大小。其计算公式如下：

安全边际量＝实际（预计）销售量－保本销售量

安全边际额＝实际（预计）销售额－保本销售额

＝销售单价×安全边际量

安全边际量和安全边际额为正指标，可用来评价同一企业不同时期经营安全程度的变化情况。安全边际越大，说明经营能力越强，所获利润越高，企业经营就越安全；反之，则说明企业经营越危险。

（二）安全边际率

用于评价企业经营安全性的还有一个相对数指标——安全边际率，即安全边际量或安全边际额与实际（预计）销售量或销售额的比率。其计算公式如下：

$$安全边际率=\frac{安全边际量}{实际(预计)销售量}\times 100\%$$

$$安全边际率=\frac{安全边际额}{实际(预计)销售额}\times 100\%$$

安全边际率为正指标，安全边际率越高，说明企业经营越安全；反之，说明企业经营越危险。

根据企业实际经营安全等级及安全边际率历史数据，可以对经营安全程度进行一定的区间划分，一般评价标准见表 3-2。

表 3-2　企业经营安全程度的一般标准评价表

安全边际率	40%以上	30%～40%	20%～30%	10%～20%	10%以下
经营安全状态	很安全	安全	比较安全	值得关注	危险

【例 3-9】长林公司只生产甲产品（单位：件），销售单价为 60 元，单位变动成本为 48 元，固定成本总额为 600 000 元，预计计划期期间产销甲产品 80 000 件。

要求：计算该公司计划期期间经营甲产品的安全边际及安全边际率。

解：(1) 计算保本销售量（额）

保本销售量＝固定成本总额÷(单价－单位变动成本)

＝600 000÷(60－48)＝50 000（件）

保本销售额＝60×50 000＝3 000 000（元）

(2) 计算安全边际（率）

安全边际量＝80 000－50 000＝30 000（件）

安全边际额＝60×80 000－3 000 000＝1 800 000（元）

安全边际率＝30 000÷80 000＝37.5％

或

安全边际率＝1 800 000÷(60×80 000)＝37.5％

二、保本点作业率

保本点作业率又称盈亏临界点作业率或危险率，是指保本点的销售量（额）占实际（预计）情况下的销售量（额）的百分比，反映企业在保本状态下生产经营能力的利用程度。其计算公式如下：

$$\text{保本点作业率}=\frac{\text{保本销售量}}{\text{实际(预计)销售量}}\times 100\%$$

$$\text{保本点作业率}=\frac{\text{保本销售额}}{\text{实际(预计)销售额}}\times 100\%$$

保本点作业率为逆指标，该指标数值越低，说明企业经营越安全；反之，则说明企业经营越危险。

从上面的公式我们可以分析得出，保本点作业率与安全边际率同样存在互补关系。即：

保本点作业率＋安全边际率＝1

【例 3-10】沿用【例 3-9】的资料及有关计算结果，假定该公司实际产销甲产品 80 000 件。

要求：计算其保本点作业率。

解：保本点作业率＝50 000÷80 000＝62.5％

或

保本作业率＝3 000 000÷(60×80 000)＝62.5％

三、销售利润率

销售利润率是指销售利润与实际（预计）销售额的比率。其计算公式如下：

$$\text{销售利润率}=\frac{\text{利润}}{\text{实际(预计)销售额}}\times 100\%$$

销售利润为正指标，该指标数值越高，说明企业盈利能力越强，经营越安全；反之，则说明企业经营越危险。

从安全边际的角度不难看出，企业的利润来源于安全边际内的销售量（额），固定成本带来的亏损已经被保本点的销售量（额）所弥补，因此安全边际内的销售额减去安全边际内的变动成本即为企业的利润，因此，销售利润还可以用以下公式计算：

利润＝安全边际量×单位边际贡献

＝安全边际额×边际贡献率

将利润公式代入销售利润率公式，可以推导出：

销售利润率＝安全边际率×边际贡献率

【例 3-11】沿用【例 3-9】和【例 3-10】的资料及有关计算结果，计算长林企业的本期销售利润，并预计下期销售利润率。

解：(1) 利润＝安全边际量×单位边际贡献＝30 000×(60－48)＝360 000（元）

＝安全边际额×边际贡献率＝1 800 000×[(60－48)÷60×100%]

＝1 800 000×20%＝360 000（元）

(2) 销售利润率＝利润÷销售收入＝360 000÷(60×80 000)×100%＝7.5%

＝安全边际率×边际贡献率＝37.5%×20%＝7.5%

任务五　本量利因素变动分析

任务指南

通过本任务的学习，能结合三种不同的关系图，进一步理解本量利之间的依存关系，并通过相关因素的变化对利润的影响，帮助企业从中找到降本增效的方法和途径。

一、本量利关系分析图

微课 3-4：本量利关系图

通过平面直角坐标系上相关成本、收入函数线或利润区间来反映本量利关系的图形，称为本量利关系分析图。它能够将各影响因素的变动对利润的影响直观地体现出来，动态揭示本量利之间的相互依存关系。根据管理会计工作的需要，通常采用以下三种方式绘制本量利关系分析图。

（一）传统式本量利图

传统式本量利图是最常见的，其特点是将固定成本和变动成本分别体现，突出固定成本的不变性以及变动成本正比例变动的特征。其绘制步骤如下：

1. 建立平面直角坐标系：以横轴 x 表示业务量，纵轴 y 表示销售收入和成本；

2. 绘制销售收入线：以原点 O 为出发点，以单价 p 为斜率，绘制出销售收入线 $y=px$；

3. 绘制固定成本线：在纵轴 y 上以固定成本 a 为截距，绘制一条平行于横轴 x 的固定成本线 $y=a$；

4. 绘制总成本线：以坐标点（0，a）为出发点，以单位变动成本 b 为斜率，绘制出总成本线：$y=a+bx$；

5. 找到保本点、安全边际、亏损区和盈利区：销售收入线和总成本线的交点为保本点 BEP，此点垂直于 x 轴的点为保本点的销售量 x_0，垂直于 y 轴的点为保本点的销售额 y_0。当销售量大于保本点，会产生安全边际，即 x_0 到 x_1 的距离为安全边际量，y_0 到 y_1 的距离为安全边际额。当销售量小于保本点时，两线相交区域为亏损区；当销售量大于保本点时，两线相交区域为盈利区。

图 3-2 直观且形象地展示了有关因素之间的相互关系，具体表现在以下几个方面：

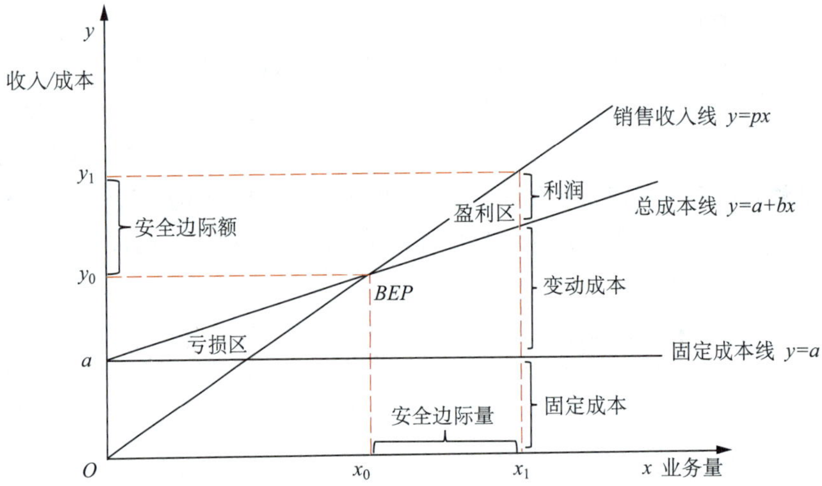

图 3-2　传统式本量利图

1. 在保本点不变的情况下，实际或预计销售量越大，则安全边际越大，利润区范围也就越大；

2. 在业务量不变的情况下，保本点越小，则安全边际越大，利润区范围也就越大；

3. 在总成本不变的情况下，保本点受销售单价变动的影响，销售单价越高，保本点越低；反之，保本点越高；

4. 在销售收入不变的情况下，保本点受到单位变动成本和固定成本总额的影响，单位变动成本或固定成本总额越小，保本点越低；反之，保本点越高。

（二）边际贡献式本量利图

边际贡献式本量利图着重展示边际贡献、固定成本总额与保本点之间的关系，其特点是将固定成本置于变动成本之上，体现通过销售收入和变动成本总额得到边际贡献的过程。其绘制步骤如下：

1. 建立平面直角坐标系：以横轴 x 表示业务量，纵轴 y 表示销售收入和成本；

2. 绘制变动成本线：以原点 O 为出发点，以单位变动成本 b 为斜率，绘制出变动成本线 $y=bx$；

3. 绘制总成本线：以坐标点（O，a）为出发点，绘制一条平行于变动成本线的总成本线 $y=a+bx$；

4. 绘制销售收入线：以原点 O 为出发点，以单价 p 为斜率，绘制出销售收入线 $y=px$；

5. 找到保本点、安全边际、边际贡献、亏损区和盈利区：从实际（预计）业务量 x_1 点出发到销售收入线，减去变动成本，得到的区域即为边际贡献。

图 3-3 清楚地展示了边际贡献的形成过程，主要表现在以下两个方面：

1. 当销售单价大于单位变动成本时，必然会产生边际贡献；

2. 边际贡献总额首先要弥补补偿固定成本，才能产生利润。

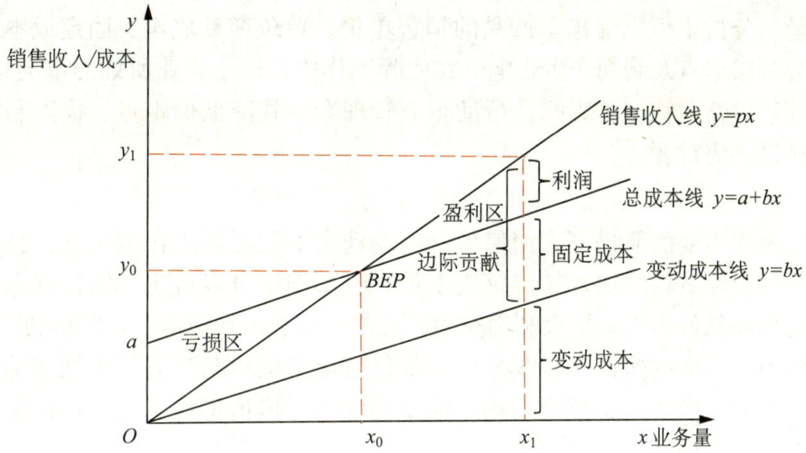

图 3-3 边际贡献式本量利图

（三）利润—业务量式本量利图

利润—业务量式本量利图着重揭示利润与业务量的相互关系，其特点是可以简单明了地展示利润信息（图 3-4）。其绘制步骤如下：

1. 建立平面直角坐标系：以横轴 x 表示业务量，纵轴 y 表示利润；

2. 绘制固定成本线：在纵轴 y 上以固定成本 $-a$ 为截距，绘制一条平行于横轴 x 的固定成本线 $y=-a$；

3. 绘制利润线：以坐标点（0，$-a$）为出发点，以单位边际贡献 cm 为斜率，绘制出利润线 $y=cmx-a$；

4. 找到保本点、亏损区和盈利区：利润线与 x 轴的交点即为保本点，在这一点上，企业边际贡献刚好弥补固定成本的亏损，不亏不盈。

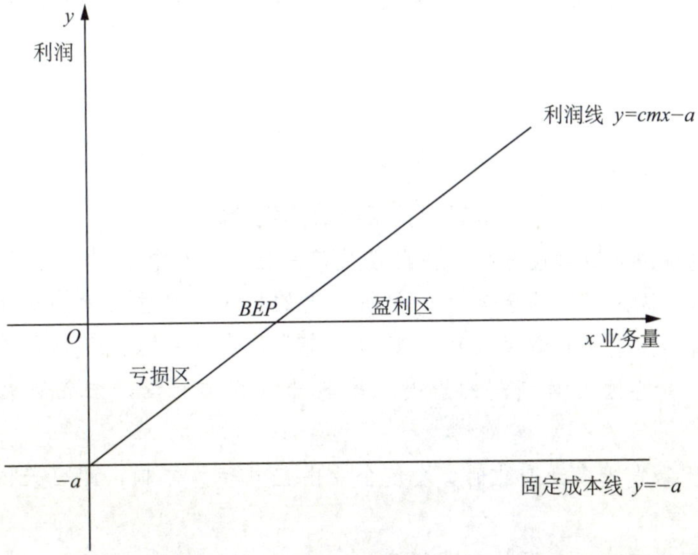

图 3-4 利润—业务量式本量利图

二、相关因素变动分析

从本量利分析中可以看出，产品的销售单价、单位变动成本、固定成本、业务量的变动都会对保本点及利润产生影响。在实际工作中，由于企业所处的市场竞争激烈，研究这些因素对营运管理的影响，帮助企业管理者寻找降低保本点、提高利润的途径与举措就显得尤为重要。

（一）单一条件下引起利润正比例变动的因素

在其他因素不变的前提下，销售单价的变动会引起利润正比例变动：当提高销售单价时，单位边际贡献增加，从传统式本量利分析图中可以看出，销售收入线的斜率增加，从而会降低保本点，扩大利润空间；反之，则会提高保本点，缩小利润空间。

在其他因素不变的前提下，业务量的变化也会直接引起利润正比例变动：当提高业务量时，利润空间扩大；反之，则利润空间缩小。但值得注意的是，销售量的变化不会引起保本点的变动。

（二）单一条件下引起利润反比例变动的因素

在其他因素不变的前提下，单位变动成本的变动会引起利润反比例变动：当单位变动成本增加时，单位边际贡献相应减少，从边际贡献式本量利分析图中可以看出，单位变动成本的斜率增加，总成本线向上倾斜，保本点上升，边际贡献减少，从而缩小利润空间；反之，则会降低保本点，扩大利润空间。

在其他因素不变的前提下，固定成本的变动会引起利润反比例变动：当固定成本增加时，从边际贡献式本量利分析图中可以看出，总成本线会整体向上平移，保本点上升，边际贡献减少，从而缩小利润空间；反之，则会降低保本点，扩大利润空间。

（三）各因素同时变动的影响

在实际工作中，假设其他因素不变的前提往往不存在，在现实的经济活动中，一项因素变动，而其他因素都不变，仅仅存在于假定中。在激励的市场环境中，企业管理决策者需要同时对几项影响因素做出调整，比如同时改变销售单价和成本。那么，还需要结合各因素的影响敏感系数，根据具体的市场环境进行综合考量，以此促使企业利润最大化。

拓展阅读

微课 3－5：敏感性分析的具体运用

本量利关系中敏感性分析

本量利关系中的敏感性分析，主要涉及盈亏临界点和利润对业务量、销售单价、单位变动成本、固定成本等因素的变化所做出的反应。有些因素的变化使利润呈正比例变动，有些因素使利润呈反比例变动；有些因素的一点点变动就能引起利润较大幅度变动，有些因素对利润的影响强度较小。归纳来说，主要研究两个方面的问题：

1. 有关因素发生多大变化时，会使企业由盈利转为亏损，即有关因素临界值的确定；

2. 有关因素变化对利润的影响程度。

一、有关因素临界值的确定

销售量、销售单价、单位变动成本、固定成本的变化都会对利润产生影响，当这些因素对利润的影响达到一定程度时，刚好达到盈亏临界点，此时利润为零。敏感性分析的目的就是确定能引起这种变化的各因素变化的临界值。具体来说，确定临界值就是计算出销售量和单价的最小允许值，单位变动成本和固定成本的最大允许值。

根据本量利的基本公式 $P=(p-b)x-a$，设 $P=0$，即可推导出各因素的临界值公式：

销售量的最小允许值：$X_{\min}=\dfrac{a}{p-b}$

销售单价的最小允许值：$P_{\min}=b+\dfrac{a}{x}$

单位变动成本的最大允许值：$B_{\max}=p-\dfrac{a}{x}$

固定成本的最大允许值：$A_{\max}=(p-b)x$

二、有关因素变动化利润的影响程度

反映利润敏感程度的指标称为敏感系数。其计算公式如下：

$$\text{敏感系数}=\frac{\text{目标值变化百分比}}{\text{因素值变化百分比}}$$

在以上公式中，利润就是目标值，销售量、销售单价、单位变动成本、固定成本四项影响因素都可以为因素值。在企业正常盈利时，本量利关系中的敏感系数有以下规律：

1. 销售单价的敏感系数总是最高的；

2. 销售单价的敏感系数与单位变动成本的敏感系数的绝对值之差等于销售量的敏感系数；

3. 销售量的敏感系数与固定成本的敏感系数绝对值之差等于 1。

理论冲刺

1. 边际贡献率指标的含义是什么？它和变动成本率的关系如何？
2. 什么是保本点？什么是保利点？
3. 影响保本点的因素有哪些？

实训闯关

一、单项选择题

1. 生产单一品种产品企业，保本销售额等于（　　）。

A. 固定成本总额÷边际贡献率

B. 保本销售量×单位利润

C. 固定成本总额÷（单价－单位变动成本）

D. 固定成本总额÷综合边际贡献率

2. 某企业生产 A 产品，每月固定成本 1 000 元，A 产品单价 10 元，计划销售量

600 件，欲实现目标利润 800 元，其单位变动成本为（　　）元。

A. 8　　B. 9　　C. 10　　D. 7

3. 从保本图上得知，对单一产品分析（　　）。

A. 单位变动成本越小，总成本斜率越大，保本点越低

B. 单位变动成本越大，总成本斜率越小，保本点越高

C. 单位变动成本越小，总成本斜率越小，保本点越高

D. 单位变动成本越大，总成本斜率越大，保本点越高

4. 单价单独变动时，会使安全边际（　　）。

A. 不变　　B. 同方向变动

C. 不一定变动　　D. 反方向变动

5. 某企业只生产一种产品，单价 6 元，单位变动生产成本 4 元，单位销售和管理变动成本 0.5 元，销量为 500 件，则其产品边际贡献为（　　）元。

A. 650　　B. 950　　C. 850　　D. 750

6. 下列因素中，导致保本销售量上升的是（　　）。

A. 销售量上升　　B. 固定成本下降

C. 产品单价下降　　D. 产品单位变动成本下降

7. 已知产品销售单价为 24 元，保本销售量为 150 件，销售额可达 4 800 元，则安全边际率为（　　）。

A. 25%　　B. 33.33%　　C. 50%　　D. 20%

8. 下列因素单独变动时，不对保利点产生影响的是（　　）。

A. 单价　　B. 销售量　　C. 成本水平　　D. 目标利润

9. 在下列指标中，可据以判断企业经营安全程度的指标是（　　）。

A. 保本点作业率　　B. 边际贡献

C. 保本量　　D. 保本额

10. 如果产品的单价与单位变动成本上升的百分率相同，其他因素不变，则保本销售量（　　）。

A. 上升　　B. 不变　　C. 不确定　　D. 下降

11. 在本量利分析中，必须假定产品成本的计算基础是（　　）。

A. 完全成本法　　B. 吸收成本法

C. 变动成本法　　D. 制造成本法

12. 保本点作业率与安全边际率之间的关系是（　　）。

A. 二者之和等于 1　　B. 二者相等

C. 前者一般大于后者　　D. 后者一般大于前者

13. 销售量不变，保本点越高，则能实现的利润（　　）。

A. 越小　　B. 不变　　C. 越大　　D. 不一定

14. 某企业只生产一种产品，月计划销售量 600 件，单位变动成本 6 元，月固定成本 1 000 元，欲实现利润 1 640 元，则单价应为（　　）元。

A. 14.60　　B. 16.40　　C. 10.60　　D. 10.40

15. 销售收入为 20 万元，边际贡献率为 60%，其变动成本总额为（　　）万元。

A. 12　　B. 4　　C. 16　　D. 8

二、多项选择题

1. 当企业生产经营处于保本点时（　　）。

A. 边际贡献总额等于固定成本总额　　B. 边际贡献总额等于利润

C. 边际贡献率等于变动成本率　　D. 利润等于零

2. 评价企业经营安全程度的指标主要有（　　）。

A. 安全边际量　　B. 安全边际额

C. 保本点作业率　　D. 安全边际率

3. 根据企业经营安全性检验标准，在以下不相关的情况中，能够断定企业的经营安全程度为“很安全”的有（　　）。

A. 保本点作业率小于 60%　　B. 保本点作业率等于安全边际率

C. 保本点作业率小于安全边际率　　D. 安全边际率大于 40%

4. 在生产单一品种的条件下，对保本点、保利点和实现目标税后利润都有影响的因素包括（　　）。

A. 固定成本总额　　B. 单位变动成本

C. 销售单价　　D. 销量

5. 提高企业经营安全性的途径包括（　　）。

A. 扩大销量　　B. 降低固定成本

C. 降低销售单价　　D. 降低单位变动成本

6. 下列各项的变动能使综合保本点下降的有（　　）。

A. 边际贡献率较低的产品所占销售比重上升

B. 边际贡献率较高的产品所占销售比重上升

C. 边际贡献率较低的产品所占销售比重下降

D. 边际贡献率较高的产品所占销售比重下降

7. 某产品销售单价为 8 元，固定成本总额为 2 000 元，单位变动成本为 5 元，计划产销量为 600 件，要实现 400 元的利润，可采取的措施有（　　）。

A. 减少固定成本总额 600 元　　B. 提高销售单价 1 元

C. 提高产销量 200 件　　D. 降低单位变动成本 1 元

8. 下列两个指标之和为 1 的有（　　）。

A. 安全边际率与边际贡献率　　B. 安全边际率与保本点作业率

C. 保本点作业率与变动成本率　　D. 变动成本率与边际贡献率

9. 下列各因素单独变化对保本点的影响，正确的有（　　）。

A. 销售单价降低，保本点上升　　B. 销量上升，保本点不变

C. 单位变动成本降低，保本点上升　　D. 固定成本总额下降，保本点下降

10. 下列各项中，与保本点无关的因素有（　　）。

A. 销售单价　　B. 单位变动成本

C. 销量　　D. 目标利润

三、判断题

1. 企业生产经营多种产品时，无法使用本量利分析法。（　）

2. 在保本点不变的情况下，如产品销售超过保本点一个单位的业务量，即可获得一单位边际贡献的盈利。（　）

3. 安全边际指标的大小与固定成本总额无关，与单位边际贡献有关。（　）

4. 销售利润率只和边际贡献率有关，不受安全边际率的影响。（　）

5. 在其他因素不变的情况下，目标利润变动将使保本点业务量发生相应变动，但保利点业务量将保持不变。（　）

6. 安全边际量是指保本点以上的销量。（　）

7. 若销售单价与单位变动成本呈同方向、同比例变动，则单一品种的产品保本点业务量不变。（　）

8. 本量利分析要求成本线与收入线都必须是直线。（　）

四、计算分析题

1. 某公司只生产一种产品，2022 年销售收入为 2 000 万元，税前利润为 200 万元，变动成本率为 60%。

要求：(1) 计算该公司 2022 年的固定成本；

(2) 假定 2023 年该公司只追加 20 万元的广告费，其他条件均不变，试计算 2023 年的固定成本。

(3) 计算 2023 年该公司的保本销售额。

2. 某公司 2022 年销售收入为 180 000 元，销售成本为 160 000 元，其中固定成本为 88 000 元，若 2023 年计划增加广告费 3 200 元，产品单价仍为 20 元。

要求：(1) 预测 2023 年该公司的保本点；

(2) 若 2023 年计划实现目标利润 52 800 元，则目标销售额应为多少？

3. 某公司 2023 年预计销售某种产品 50 000 件，若该产品变动成本率为 50%，安全边际率为 20%，单位边际贡献为 15 元。

要求：(1) 预测 2023 年该公司的保本销售额；

(2) 2023 年该公司可获得多少税前利润？

4. 某公司只销售一种产品，2022 年单位变动成本为 15 元，变动成本总额为 63 000 元，共获税前利润 18 000 元，若该公司计划于 2023 年维持销售单价不变，变动成本率仍维持 2022 年的 20%。

要求：(1) 预测 2023 年该公司的保本销售量；

(2) 若 2023 年的计划销售量比 2022 年提高 8%，则可获得多少税前利润？

5. 某公司产销一种产品，产品单价为 20 元，单位直接材料变动成本 4 元，单位直接人工变动成本 7 元，单位变动制造费用 3 元。

要求：(1) 若每月销售额为 26 000 元时可以保本，计算当年固定成本总额；

(2) 若直接人工增加 10%，要维持目前的边际贡献率，则单位售价应提高多少？

项目四

预测分析

学习目标

1. 素质目标：培育严谨细致、爱岗敬业的工作作风，培养勇于研究探索的创新精神。
2. 知识目标：掌握销售量和销售额的预测方法；
   掌握利润的预测方法；
   掌握成本的预测方法；
   掌握资金需要量的预测方法。
3. 能力目标：能预测企业的销售量和销售额；
   能预测企业的利润；
   能预测企业的成本；
   能预测企业的资金需要量。

思维导图

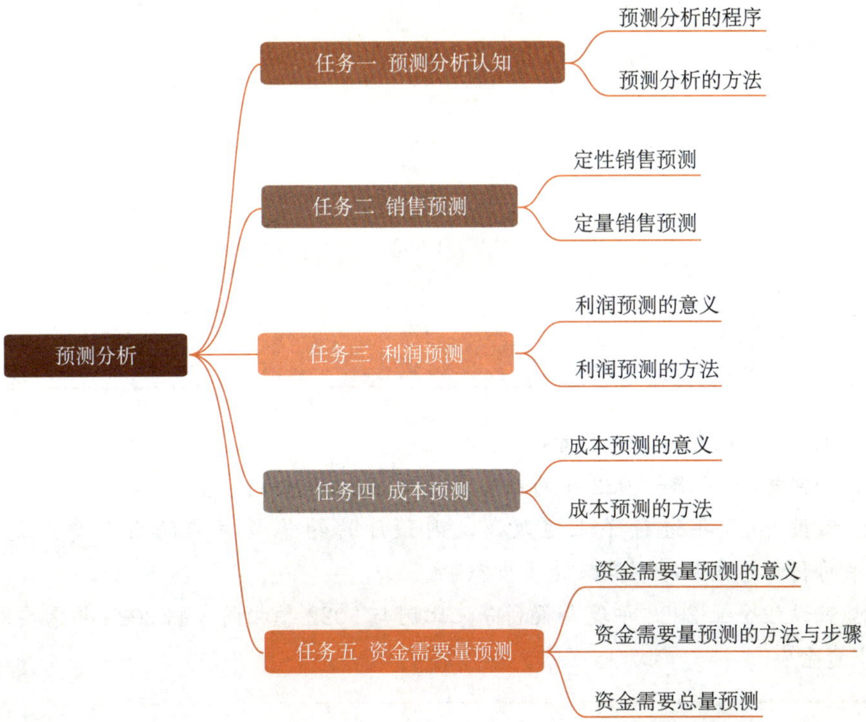

案例导入

中海公司是一家灯具生产企业，主营业务是生产销售日光灯，日光灯生产设备的最大生产能力为300万件。该厂2022年的日光灯销售量为135万件，销售单价为10元，实现的利润为500万元。2022年年底，公司在经营发展大会上，经过全体管理人员以及全体员工的充分论证，对日光灯的生产提出了几项改革措施：更换玻璃采购厂家，每件日光灯可节约0.5元的原材料费用；改变镇流器功能，估计每件日光灯增加0.4元的成本；减少厂部办公人员125人，全年可减少开支90万元；采取技术革新，在现有设备条件下减少一线工人25人，全年可减少开支24万元。该企业近5年来的销售资料见表4-1。

表4-1　近5年销售资料

单位：万件

年度	2018	2019	2020	2021	2022
销售量	85	95	115	138	135

该企业2022年的有关财务数据见表4-2。

表4-2　2022年有关财务数据占销售额的百分比

单位：万元

项目	金额	占销售额的百分比
流动资产	472.5	35%
非流动资产	527.5	无稳定关系
资产合计	1 000	无稳定关系
流动负债	270	20%
非流动负债	330	无稳定关系
实收资本	250	无稳定关系
留存收益	150	无稳定关系
所有者权益合计	1 000	无稳定关系
销售额	1 350	100%
利润总额	500	37%
净利润	335	24.8%
现金股利	134	9.9%

仔细阅读以上案例，并思考：

1. 如何根据2018—2022年的销售量预测2023年的销售量？

2. 假设2023年进行了上述改革，则预计的销售量对应的成本费用是多少？2023年的利润总额和净利润又是多少？

3. 假设该企业2023年现金股利分配比例与2022年相同，则2023年需要对外筹集多少资金？

任务一　预测分析认知

任务指南

通过本任务的学习，了解预测职能在企业经营管理中的作用，熟悉预测分析的步骤及方法。

预测分析是指企业根据历史数据和现有信息，运用科学的方法和技术，对企业未来的经济活动进行预计和推断。

企业要想在市场竞争中立于不败之地，就必须做好经营预测，经营预测是运用预测学原理和方法，结合成本性态、本量利分析等管理会计方法对企业未来的经营过程与经营结果开展预测的过程，包括销售预测、成本预测、利润预测和资金需要量预测。结合当前业财融合的理念，可靠的预测分析需要销售部门和财务部门协作共同完成。

一、预测分析的程序

（一）确定预测对象

预测分析必须先确定预测的对象，确定预测对象是进行预测分析的第一步，也是至关重要的一步。预测对象的选择直接决定了后续数据收集、预测方法选择以及预测结果的应用范围。只有明确预测对象，才能有针对性地开展预测分析工作。

（二）收集整理资料

根据确定的预测对象，要收集有关计划资料和实际资料，按照一定方法对资料进行整理、加工、归纳，从中发现各个因素的相互关系。

（三）选择合适的预测方法

根据预测的目的、选取资料的情况以及预测费用来选择预测的方法。不同的预测对象要选择不同的预测方法。

（四）分析预测误差

运用合适的预测方法得出结果后，还要对各种不确定性因素进行分析，说明预测结果的可能变化幅度和预测误差。

（五）评价预测结果

做出预测以后，将实际情况与预测结果进行比较、分析，找到产生差异的原因，及时修订预测数据和调整预测方法，提高预测的准确性和可靠性。

二、预测分析的方法

预测分析方法大致可以分为两大类：定性分析法和定量分析法。

（一）定量分析法

定量分析法则是基于历史数据和统计模型，通过数学运算得出预测结果的方法。它更加客观和精确，能够为企业提供更为准确的预测信息。又称为数量分析法。具体包括趋势预测分析法和因果预测分析法。

1. 趋势预测分析法

趋势预测分析法，亦称时间序列预测分析法，是一种基于历史数据和时间序列分析的预测方法。它根据事业发展的连续性原理，通过数理统计方法将过去的历史资料按时间顺序排列，并运用一定的数字模型来预计、推测未来某一时间段内的产（销）量或产（销）额。这种方法在财务管理、市场分析、销售预测等多个领域有着广泛的应用。包括平均法和时间序列回归分析法。

2. 因果预测分析法

该方法通过分析影响预测对象的各种因素（即自变量）与预测对象（即因变量）之间的因果关系，建立预测模型进行预测。在因果预测法中，常用的方法包括简单线性回归预测法、多元线性回归预测法、本量利分析法等。

（二）定性分析法

定性分析法，又称为非数量分析法，是一种综合性的预测方法，它主要依赖于具有丰富实践经验和较强分析、推理能力的专家或专业人员，对事物的发展趋势和水平做出符合实际的预计和判断。这种方法一般不需要进行复杂的定量分析，适用于缺乏完备的历史资料或在有关变量缺乏明显数量关系等条件下的预测。主要包括因果分析法、比较分析法和专家意见法等。

定性分析法与定量分析法在企业管理中密切相关，相互支持、相互促进，在实际运用时，应根据企业的实际情况将定性分析法与定量分析法结合使用，才能取得较好的预测效果。

任务二　销售预测

任务指南

通过本任务的学习，了解销售预测所采用的定性分析方法，掌握算术平均法、移动加权平均法等几种定量分析方法，并能运用所学方法对销售情况进行正确的预测。

销售预测是指根据以往的销售情况以及使用系统内部内置或用户自定义的销售预测模型，对未来特定时间内全部产品或特定产品的销售数量与销售金额进行的预计和推测。这一过程不仅涉及到对销售数据的分析，还涵盖了市场需求、竞争态势、季节性因素等多种影响因素的考量。在竞争激烈的市场环境中，销售预测是企业制定销售计划、预算和确定销售额的重要依据。只有做好销售预测才能开展其他各项经营预测。

影响销售预测的因素众多而且复杂，包括市场需求变化、经济发展趋势、同业竞争动向、政府相关政策及变化、销售策略、生产能力、产品售后服务等。因此，企业需要综合考虑内外部因素的变化情况，制定科学合理的销售策略和预测方法，以提高销售预测的准确性和有效性。销售预测的基本方法可分为定性分析和定量分析两大类，这两大类方法同样适用于其他经营预测，下面结合销售预测分别介绍定性分析方法与定量分析方法的具体运用。

一、定性销售预测

（一）调查分析法

调查分析法是指在市场调查的基础上，研究者通过考察、了解调查对象客观情况，从而直接获取材料，并对这些材料进行预测分析的一种方法。通常可以从四个方面进行市场调查。

1. 对产品本身的调查

对产品本身的调查涵盖了一种产品从投入市场开始直至被市场淘汰的全过程。这一过程通常包括四个主要阶段：试销期（或称导入期、进入期）、成长期、饱和期和衰退期。每个阶段都有其独特的特点和销售策略。在试销期，销售量逐渐上升，经过成长期至饱和期达到顶峰值，然后下滑（呈抛物线状态），最终回落至衰退期。调查产品本身的寿命周期处于哪个阶段，有助于企业经营管理人员做出正确的销售判断。在这一过程中，销售量的变化呈一条曲线，称为产品生命周期曲线，如图 4-1 所示。

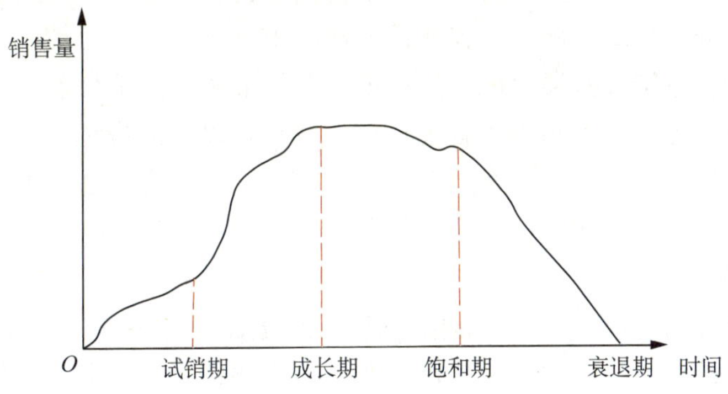

图 4-1　产品生命周期曲线

产品生命周期虽然将产品分为不同的策略时期，但各阶段的起止点在实际操作中往往难以准确划分。在不同产品、不同市场环境下，各阶段的特征和持续时间可能存在较大差异。因此，在产品生命周期预测中，首先要了解产品处于哪一个发展阶段，这一阶段能维持多久，最终才能预测出此后多年内产品的销售情况。

2. 对消费者情况的调查

对消费者情况的调查是销售活动中不可或缺的一环，调查旨在深入了解消费者的需求、行为、偏好以及他们对产品或服务的看法，从而为企业制定有效的市场策略和销售计划提供依据。所以，掌握消费者的爱好和对产品的购买意图是企业制定营销策略、提升产品竞争力和市场占有率的关键。因为生活消费品使用面广，选择性强，而消费者爱好是复杂多变的，其消费行为对市场需求的影响更为直接。

3. 对经济发展趋势的调查

一国或者一个地区的社会经济发展趋势都会直接或间接地影响到市场需求。因此，了解宏观经济表现、产业结构变化、政策导向以及技术创新等方面将有助于对产品的市场需求做出正确的分析。

4. 对市场竞争情况的调查

有市场经济就存在竞争，要在市场经济中谋得一席之地，既要清楚本企业产品的竞争能力，又要了解竞争对手的情况，包括品牌竞争、市场规模等方面的新动向及其对销售将会产生的影响，从而准确估计产品在市场中的地位。

综合上述四个方面的调查资料，再经过加工整理，就可以计算得出预测的销售数量。

（二）判断分析法

判断分析法，也被称为判断预测法或专家意见法，是一种基于专家经验和主观判断的市场预测方法。它依赖于专家的丰富实践经验和综合判断能力，对预测期的销售情况进行综合分析研究，从而得出产品销售趋势的判断。这种方法在缺乏完整可靠历史资料、无法进行定量分析的情况下尤为适用，如对新产品的销售预测。判断分析法根据具体进行方式的不同，可以分为以下三种方法。

1. 推销员意见汇集法

推销员意见汇集法是指企业直接将有丰富商品销售经验的人员组织起来，先由预测组织者向他们介绍预测目标、内容和预测期的市场经济形势等情况，要求销售人员利用平时掌握的信息结合提供的情况，对预测期的市场商品销售前景提出自己的预测结果和意见，最后提交给预测组织者进行综合分析，以得出最终的预测结论。采用此法进行销售预测所需的时间短、费用低，比较实用，但在实施过程中需要注意避免主观性、考虑多样性并结合其他方法以提高预测的准确性和可靠性。

2. 经理评定法

经理评定法是指通过一系列标准化的流程和指标，对经理人员的工作绩效、能力、素质等方面进行综合评价的方法。其目的在于准确评估经理人员的工作表现，为企业的决策提供依据，同时促进经理人员的个人成长和发展。该方法快捷实用，能够博采众长、集思广益。但预测过程中要从多个维度和角度对经理人员进行综合评价，避免片面性和单一性。

3. 专家判断法

专家判断法是指由在某一领域具有丰富经验和专业知识的专家，根据他们的专业知识和丰富经验，对特定问题或事件进行分析、评估和预测的方法。主要包括个人意见综合判断法、专家会议综合判断法和德尔菲法。

二、定量销售预测

（一）算术平均法

顾名思义，是通过计算历史销售数据的算术平均数，并将平均数作为下期销售的观察值来预测未来销售量的方法。其计算公式如下：

$$S=\frac{\sum_{i=1}^{n} S_i}{n}$$

其中，S 为销售预测值，S_i 代表第 i 期销售量（额），n 代表销售期数。

【例 4-1】 长林公司主要生产经营 W 产品，该产品在过去第 1—6 期的实际销售额资料见表 4-3。

要求：采用算术平均法计算第 7 期的销售预测值。

表 4-3 长林公司中 1—6 期销售额

单位：万元

期数	1	2	3	4	5	6
销售额	830	850	880	860	880	878

解：第 7 期销售预测值 $S=\frac{830+850+880+860+880+878}{6}=863$（万元）

算术平均法的优点是计算简便、易于理解；缺点是基于过去的数据进行预测，无法及时反映市场状况的变化和发展趋势。故此法一般只适用于销售数据波动较小或长期趋势较为稳定的商品，如没有明显趋势或季节性变化的文具、食品等。

（二）移动加权平均法

移动加权平均法是一种时间序列预测方法。是指在掌握一定时期（如 n 期）销售量的基础上，按照事先确定的期数（记作 i），逐期分段计算 i 期的加权平均数来预测未来销售量的一种预测方法。这种方法通过给不同时间点的数据赋予不同的权重（通常是近期数据权重较大，远期数据权重较小），来反映销售数据随时间变化的趋势和重要性。基本公式为：

$$S=\sum_{i=1}^{n}S_i\omega_i$$

其中，S 为销售预测值，S_i 代表第 i 期销售量（额），n 代表销售期数，ω_i 代表第 i 期权数。

ω_i应该满足以下两个条件：①$\sum\omega_i=1$；②$\omega_1\leqslant\omega_2\leqslant\omega_3\leqslant\cdots\leqslant\omega_n$。

【例 4-2】 沿用烷【例 4-1】的资料，设第 4、5、6 期的权数分别为 0.2、0.3、0.5，采用移动加权平均法确定第 7 期的销售预测值。

解：$S=0.2\times860+0.3\times880+0.5\times878=875$（万元）

计算表明，第 7 期的销售预测值为 875 万元。

相比于简单算术平均法，移动加权平均法更加重视近期数据的影响，减少了因数据滞后而导致的预测误差，使得预测更加贴近实际销售情况。

（三）平滑指数法

指数平滑法是一种加权平均法，它通过对历史销售数据进行加权平均，以预测未来一段时间内的销售情况。该方法的核心在于引入一个平滑系数（也称为平滑指数或 α），用以确定不同时间点的数据在预测中的权重。基本公式为：

$$F_t=\alpha A_{t-1}+(1-\alpha)F_{t-1}$$

其中，A 为实际值；F 为预测值；α 代表平滑指数（$0\leqslant\alpha\leqslant1$，一般取 0.3～0.7），$1-\alpha$ 和 α 分别代表预测值和前期实际值对本期预测值的影响权重；t 代表销售期数。

【例 4-3】 仍沿用【例 4-2】的资料，设第 6 期的销售预测值为 870 万元，平滑指数 α 为 0.6，用平滑指数法预测第 7 期的销售额。

解：$F_7=\alpha A_6+(1-\alpha)F_6$

$=0.6\times878+(1-0.6)\times870=874.8$（万元）

平滑指数系数中较高的 α 值意味着较新的数据在预测中占有更大的权重，而较低的 α 值则意味着历史数据在预测中占有更大的权重。与加权平均法相比，平滑指数法有以下两个优点：①α 值可以任意设定，灵活方便；②在不同程度上考虑了以往各期的观察值，比较全面。

由于经济生活的复杂性，并非所有影响因素都可以进行定量分析，某些因素（如政治经济形势的变动、消费倾向、市场前景、宏观环境的变化等）只有定性的特征。同时定量分析本身也存在局限性，任何数学方法都不能概括所有复杂的经济变化情况。所以，只有根据具体情况，把定量分析与定性分析方法结合起来使用，才能取得良好的效果。

任务三 利润预测

任务指南

通过本任务的学习，理解利润预测对改善企业经营管理的意义，掌握销售增长比率法、本量利分析法等几种预测方法。

一、利润预测的意义

企业在营业收入预测的基础上，通过对销售量、商品或服务成本、营业费用以及其他对利润发生影响的因素进行分析与研究，进而对企业在未来某一时期内可以实现的利润预期数进行预计和测算。利润预测是规划目标利润的重要前提，进行科学的利润预测对于改善企业的经营管理具有非常重要的意义。

1. 利润预测为企业的战略规划和经营决策提供重要的数据支持。
2. 利润预测可以帮助企业优化资源配置。
3. 利润预测可以提供企业的资金需要量使用信息。

二、利润预测的方法

企业在分析上期利润计划并考察影响下期利润的各种因素变动情况的基础上，可以预测下期的目标利润。其方法主要有销售增长比率法、本量利分析法、资金利润率法和利润增长比率法。

（一）销售增长率法

销售增长率法是一种通过分析产品销售量的年增长率来划分产品生命周期各阶段的方法，该方法假定利润增长额与销售收入增长额是同步的，其基本公式如下：

目标利润＝基期销售利润×(1＋预计销售增长比率)

【例 4-4】 长林公司实际销售收入为 200 万元，上年实际销售利润为 20 万元。假设本年度计划销售额为 240 万元。

要求：预测该公司本年度的目标利润。

解：预计销售增长比率＝(240－200)÷200×100％＝20％

目标利润＝20×(1＋20％)＝24（万元）

计算表明，该公司本年度的目标利润为 24 万元。

（二）本量利分析法

本量利分析法是根据有关产品成本、价格、业务量等因素与利润的关系，结合成本性态分析而保本分析，从而确定计划期间目标利润的一种方法。

1. 单品种目标利润基本公式

目标利润＝(预计销售单价－预计单位变动成本)×预计销售数量－固定成本总额

即：

$$EBIT=(p-b)x-a$$

其中，$EBIT$ 为目标利润，p 代表预计销售单价，b 代表预计单位变动成本，x 代表计销售数量，a 代表固定成本总额。

【例 4-5】 长林公司产销产品 A，该产品的单位变动成本为 18 元，单位变动销售及管理费用为 2 元，该公司预计 2024 年的产销量为 100 000 件，固定成本总额为 500 000元，销售单价为 30 元。

要求：预测长林公司 2024 年的目标利润。

解：$EBIT=[30-(18+2)]\times 100\,000-500\,000=500\,000$（元）

经计算，长林公司 2024 年的目标利润为 500 000 元。

2. 多品种目标利润基本公式

目标利润＝预计销售单价×预计销售数量×综合边际贡献率－固定成本总额

即：

$$EBIT=px\cdot cmR-a$$

其中：$EBIT$ 为目标利润，p 代表预计销售单价，x 代表预计销售数量，cmR 代表综合边际贡献率，a 代表固定成本总额。

【例 4-6】 长林公司产销甲、乙、丙三种产品，边际贡献率依次为 40％、30％、20％，三种产品在销售总额中的占比分别为 20％、50％、30％，预计下年度销售收入总额为 200 万元，固定成本总额 40 万元。

要求：预测长林公司 2024 年度的目标利润。

解：$EBIT=200\times(40\%\times20\%+30\%\times50\%+20\%\times30\%)-40=18$（万元）

经计算，长林公司 2024 年度的目标利润为 18 万元。

（三）资金利润率法

资金利润率法是根据基期实际资金的占用状况与未来计划投资额的情况，并结合企业预计资金利润率水平来确定目标利润的一种方法。其基本公式如下：

目标利润＝（基期占用资金＋计划投资额）×预计资金利润率

【例 4-7】 长林公司 2023 年度实际固定资产平均占用额为 220 万元，全部流动资金平均占用额为 80 万元。2024 年度计划扩大生产规模，将在年初购置一套价值 42 万元的新型车床设备投入生产。年初追加流动资金 8 万元，预计 2024 年度资金利润率为 15%。

要求：预测该公司 2024 年度的目标利润。

解：目标利润＝[(220＋80)＋(42＋8)]×15%＝52.5（万元）

计算结果表明，该公司本年度的目标利润为 52.5 万元。

（四）利润增长比率法

利润增长比率法是一种确定目标利润的方法。根据企业过去连续若干期间（通常为近 3 年）利润增长比率的变动趋势，结合其基期已经达到的利润水平，再考虑到影响利润的相关因素及未来可能发生的变动等情况，通过确定一个相应的预计利润增长比率，最终计算出未来的目标利润。基本计算公式为：

目标利润＝基期利润×（1＋预计利润增长比率）

【例 4-8】长林公司 2023 年度实际利润总额为 40 万元，根据近 3 年盈利情况分析，确定 2024 年度的预计利润增长比率为 15%。

要求：预测长林公司本年度的目标利润。

解：目标利润＝40×(1＋15%)＝46（万元）

计算结果表明，该公司 2024 年度的目标利润为 46 万元。

任务四　成本预测

任务指南

通过本任务的学习，理解企业实行成本预测的意义，掌握目标成本预测法、高低点法、加权平均法等几种预测方法。

一、成本预测的意义

管理会计研究的主要对象是企业成本，同时，成本也是衡量企业经济效益的重要指标。在动态的市场竞争中，外部环境的不确定性令企业的成本，无论是单位变动成本还是固定成本，很难始终保持不变。为此，企业需要预判未来可能发生的各种变化，并采用一定的预测方法和管理理念分析企业成本动因和预测成本数额的变化。

（一）强化事前成本管理

成本预测可以确定成本的变动趋势和未来一定时期内的成本水平，企业在生产经营活动开始之前，通过正确评估各种方案和措施可能产生的经济效果，同时把握成本控制的方向和途径，为编制成本计划的编制提供科学依据，通过将成本管理纳入事前管理的轨道，达到主动的成本控制取代被动的成本控制的目的。

（二）有利于加强目标管理

成本预测可以确定成本与业务量之间的相互关系，为企业在实施目标管理的过程中确定未来一定期间内的成本目标提供客观依据，从而为企业制定整体目标管理工作奠定基石。

（三）有利于加强成本控制

首先企业通过成本预测预测出本期的产品成本水平。其次，通过与目标成本进行比较，知悉本期产品成本计划的完成情况。对于没有达到目标成本要求的企业为确保实现经营目标，应及时采取各种控制措施纠正偏差。

（四）有利于制定经营决策

企业通过成本预测可以明确有关产品的产量限额、品种构成、质量标准和材料、人工的合理消费水平，还可以准确地揭示、估计各种因素对产品成本的影响与制约。

二、成本预测的方法

成本预测的方法主要有目标成本预测法、产品成本可比预测法和不可比产品成本预测法。

（一）目标成本预测法

目标成本是根据企业销售预测确定的销售收入以及经营目标中的目标利润，倒推出的成本水平。目标成本是指企业实现经营目标应达到的成本水平，也是企业未来期间成本管理应实现的目标。进行目标成本预测是为了掌握未来的成本水平及其变动趋势，有助于企业减少决策的盲目性，辅助经营管理者选择最优方案，作出正确决策。通过科学的成本预测，企业能够更好地编制成本计划、加强全面成本管理、挖掘降低成本的潜力以及提高经济效益。有如下四种计算方法。

1. 依据以往最好的成本水平作为目标成本

这是以该企业往年最好的成本水平，或同行业同类产品的最好成本水平作为目标成本的一种方法，该方法具有一定的局限性，即没有将目标利润同目标成本关联起来，因此不能代表企业真实的成本水平。

2. 依据目标利润制定目标成本

目标成本＝预计销售收入－目标利润

【例 4-9】 长林公司生产销售 W 产品，2024 年预计销售单价为 40 元，预计的产销量为 15 000 件，预计目标利润为 120 000 元。

要求：预测该企业 2024 年度的目标成本。

解：目标成本＝15 000×40－120 000＝48 000（元）

经计算，长林公司 2024 年度的目标成本为 480 000 元。

3. 依据资金利润率制定目标成本

目标成本＝预计销售收入－预计资金利润率×平均资金占用额

【例 4-10】 长林公司上年度 2023 年全部流动资金平均占用额为 90 万元，实际固定资产平均占用额为 210 万元。2024 年度计划扩大生产规模，在年初购置一套价值 48 万元的新型车床设备投入生产。年初追加流动资金 12 万元，预计资金利润率为 12%，2024 年度预计销售额为 248 万元。

要求：预测长林公司 2024 年度的目标成本。

解：目标成本＝248－[(210＋90)＋(48＋12)]×12%＝204.8（万元）

经计算，长林公司 2024 年度的目标成本为 204.8 万元。

4. 依据销售利润率制定目标成本

目标成本＝预计销售收入×（1－销售利润率）

【例 4-11】长林公司预计下年度 2024 年的销售额为 620 万元，销售利润率为 10%。

要求：预测该公司 2024 年度的目标成本。

解：目标成本＝620×(1－10%)＝558(万元)

经计算，长林公司 2024 年的目标成本为 558 万元。

（二）可比产品成本预测法

该法是一种基于历史成本数据和市场变化情况，通过科学的方法预测企业未来生产同类产品的成本的方法，适用于企业历史上已经生产过且有健全和稳定成本资料的产品。具体的方法有高低点法、加权平均法和回归分析法等。

1. 高低点法

高低点法是在若干连续时期中选择最高业务量和最低业务量两个时点的半变动成本进行对比，以求得变动成本和固定成本的一种分解半变动成本的方法。这种方法通过代数式 $y=a+bx$ 来表示成本（y）与业务量（x）之间的关系，其中，a 代表固定成本，b 代表单位变动成本。

【例 4-12】长林公司 2023 年 1—6 月份的历史成本资料见表 4-4。预计 7 月的生产量为 100 万件。

要求：采用高低点法预测 7 月份的成本总额。

表 4-4　历史成本表

月份	1	2	3	4	5	6	合计
生产量/万件	20	50	40	90	120	118	438
总成本/万元	240	320	280	340	480	472	2 132

解：根据生产量的高低资料确定高点与低点，高点生产量为 120 万件，对应的总成本为 480 万元；低点生产量为 20 万件，对应的总成本为 240 万元。则有：

b ＝高低点总成本之差÷高低点生产量之差

＝(480－240)÷(120－20)＝2.4（元/件）

a ＝高点总成本－b×高点生产量

＝480－2.4×120＝192（万元）

总成本预测模型为：

$y=a+bx=192+2.4x$

将 7 月生产量 100 万件代入上式，得到 7 月成本的预测值为：

$y_7=192+2.4\times100=432$（万元）

高低点法是一种非常直观简便的预测方法。但由于该方法仅基于最高点和最低点数据，未考虑中间业务量和成本的变化，可能导致预测结果不够准确。

2. 加权平均法

加权平均法通过对历史成本数据进行加权平均处理来预测未来成本水平。这种方法考虑了不同时间点的成本数据，并根据其重要性或数量赋予不同的权重，从而得出一个更为平滑和代表性的成本预测值。其计算公式如下：

$$y=a+bx$$

推出计划期的总成本为：

$$y=\frac{\sum_{i=1}^{n}\omega_i a}{\sum_{i=1}^{n}\omega_i}+\frac{\sum_{i=1}^{n}\omega_i b}{\sum_{i=1}^{n}\omega_i}x$$

这种方法仅用于企业的历史成本资料具有详细的固定成本总额与单位变动成本的数据，否则就只能采用其他成本预测方法。

【例 4-13】 长林公司最近 3 年的成本数据见表 4-5。

要求：预测 2024 年生产 20 000 件产品的成本总额及单位产品成本。

表 4-5　成本数据表

单位：元

年份	固定成本总额	单位变动成本
2021	64 000	46
2022	70 000	40
2023	75 000	36

解：根据上述资料，按离计划期远近分别加权，假定 2023 年加权数为 3，2022 年加权数为 2，2021 年加权数为 1。

$$预计产品总成本\ y=\frac{\sum_{i=1}^{n}\omega_i a}{\sum_{i=1}^{n}\omega_i}+\frac{\sum_{i=1}^{n}\omega_i b}{\sum_{i=1}^{n}\omega_i}x$$

$$=\frac{64\ 000\times1+70\ 000\times2+75\ 000\times3}{1+2+3}+\frac{46\times1+40\times2+36\times3}{1+2+3}\times20\ 000$$

$$=851\ 500（元）$$

$$预计单位产品成本=\frac{y}{x}$$

$$=\frac{851\ 500}{20\ 000}=42.575（元）$$

3. 回归分析法

回归分析分析法是通过分析自变量（如业务量、材料价格、人工费用等）与因变量（即成本）之间的历史数据关系，建立数学模型（如线性回归模型、非线性回归模型等），并利用该模型来预测未来成本的一种方法。其核心在于寻找自变量与因变量之间的数学关系式，即回归方程：

$$y=a+bx$$

其中，a 和 b 的计算公式如下：

$$b=\frac{n\sum_{i=1}^{n}x-\sum x\sum y}{n\sum x^{2}-\left(\sum x\right)^{2}}$$

$$a=\frac{\sum_{i=1}^{n}y-b\sum_{i=1}^{n}x}{n}$$

进行回归分析的前提条件是变量 x 和 y 之间存在显著相关关系。判断 x 和 y 之间存在显著相关关系的有效方法是计算相关系数R。其计算公式如下：

$$R=\frac{n\sum_{i=1}^{n}xy-\sum_{i=1}^{n}x\sum_{i=1}^{n}y}{\sqrt{\left[n\sum_{i=1}^{n}x^{2}-\left(\sum_{i=1}^{n}x\right)^{2}\right]\left[n\sum_{i=1}^{n}y^{2}-\left(\sum_{i=1}^{n}y\right)^{2}\right]}}$$

相关系数 R 的取值范围在-1 和$+1$ 之间，即$-1\leqslant R\leqslant 1$。当 $R>0$ 时，为正相关；当 $R<0$ 时，为负相关。

R 是一个介于-1 和 1 之间的值，用于衡量两个连续变量之间的线性相关程度。当 $R=1$ 时，表示两个变量之间存在完全正相关，即一个变量增加时，另一个变量也增加。当 $R=-1$ 时，表示两个变量之间存在完全负相关，即一个变量增加时，另一个变量减少。当 $R=0$ 时，表示两个变量之间不存在线性相关关系。

为了在实际分析时有判断标准，现将相关关系密切程度等级列于表 4-6 中。

表 4-6　相关关系密切程度等级表

相关系数绝对值 $\|R\|$	相关关系密切程度等级
0～0.3	不相关
0.3～0.5	低度相关
0.5～0.8	显著相关
0.8～1.0	高度相关

【例 4-14】 沿用【例 4-12】的资料，采用回归分析法预测该企业 7 月的成本总额。

解：依据资料，列表计算有关数据，见表 4-7。

表 4-7　回归直线计算表

月份	x	y	xy	x^2	y^2
1	20	240	4 800	400	57 600
2	50	320	16 000	2 500	102 400
3	40	280	11 200	1 600	78 400
4	90	340	30 600	8 100	115 600
5	120	480	57 600	14 400	230 400
6	118	472	55 696	13 924	222 784
合计	**438**	**2 132**	**175 896**	**40 924**	**807 184**

计算相关系数如下：

$$R=\frac{6\times 175\ 896-438\times 2\ 132}{\sqrt{(6\times 40\ 924-438^2)\times(6\times 807\ 184-2\ 132^2)}}$$

$$=0.961\ 5$$

可见，$R=0.961\ 5$ 趋近于1，表明 x 与 y 基本正相关。

$$b=\frac{6\times 175\ 896-438\times 2\ 132}{6\times 40\ 924-438^2}=2.26$$

$$a=\frac{2\ 132-2.26\times 438}{6}=190.35$$

总成本的性态模型为：

$$y=190.35+2.26x$$

将 $x=100$ 代入该模型，得到7月份的成本预测值：

$$y=190.35+2.26\times 100=416.35\text{（万元）}$$

回归分析法基于统计学原理，能够客观地反映自变量与因变量之间的数量关系。在数据质量较高且模型选择合适的情况下，回归分析法能够提供较为准确的成本预测结果。

（三）不可比产品成本预测法

该法是针对企业以往年度没有正式生产过的产品，其成本水平无法与过去进行比较，因此无法直接采用传统的成本降低指标控制方法来进行成本预测和控制。以下是两种常用的不可比产品成本预测方法。

1. 产值成本法

产值成本法是指按工业总产值的一定比例确定产品成本的一种方法。产品的生产过程同时也是生产的耗费过程，在这一过程中，产品成本体现生产过程中的资金耗费，而产值则以货币形式反映生产过程中的成果。该方法操作简便，工作量小，能够快速得出成本预测结果。但由于仅依据产值比例来确定成本，因此预测结果可能不太准确，适用于对成本预测精度要求不高的场合。基本公式如下：

预测单位成本＝总产值×预计产值

2. 技术测定法

技术测定法是指在充分挖掘生产潜力的基础上，根据产品设计结构、生产技术条件和工艺方法，对影响人力、物力消耗的各项因素进行技术测试和分析计算，从而确定产品成本的一种方法。该方法基于详细的技术测试和分析，因此结果较为科学准确。由于需要进行详细的技术测试和分析，因此工作量较大，适用于品种少、技术资料比较齐全的产品。

任务五 资金需要量预测

任务指南

通过本任务的学习，掌握资金需要量预测方法中最常用的销售百分比法，学会计算企业预测期资金需要量及需追加的资金量。

一、资金需要量预测的意义

资金是企业生产经营中各种资产的货币表现，拥有一定数量的资金是企业进行生产经营活动的首要条件。

资金需要量预测对于企业来说具有重要意义。它不仅是企业制定融资计划、改善投资决策、提高资金使用效果的基础，还是支持企业战略规划、实现可持续发展的关键因素。同时，资金需要量预测是资金预算编制的重要一环，是企业安排运营资金和筹集资金的重要依据。因此，企业应该高度重视资金预测工作，加强预测方法的研究和应用，提高预测结果的准确性和可靠性。

二、资金需要量预测的方法与步骤

资金需要量预测是企业财务管理中的重要环节，它涉及对企业未来一段时间内所需资金的合理估计和安排。主要方法有因素分析法、销售百分比法、资金习性预测法等，其中常用的预测方法就是销售百分比法。其步骤如下。

（一）确定随销售额变动而变动的资产和负债项目

1. 资产类项目

包括敏感性资产和非敏感性资产。其中，敏感性资产项目随销售收入的增长而增加，如现金、应收账款、存货等。如果固定资产利用达到饱和状态，且需要按销售额增长比例增加投资，则固定资产也被视为敏感性资产。非敏感性资产项目不随销售收入的变动而显著变动，如长期投资、无形资产以及未充分利用的固定资产。

2. 负债及权益类项目

包括敏感性负债和非敏感性负债及权益。其中，敏感性负债项目随销售收入的增长而增加，如应付账款、应付票据等。这些负债通常与企业的采购活动相关，并随销售额的增长而自然增长。非敏感性负债及权益，如短期借款、长期负债、实收资本、未分配利润等，这些项目不随销售收入的变动而直接变动。

（二）分析历史数据，确定有关项目与销售额的稳定比例关系

获取企业过去几年的销售收入、资产负债表等财务数据，根据历史数据，计算每个敏感性资产和敏感性负债项目占销售收入的百分比。这些百分比反映了各项目与销售额之间的稳定关系。

（三）预测资金需求

根据预测的未来销售额和之前确定的百分比关系，预测未来一年度的资产和负债总额。将预测的资产总额减去预测的负债总额（包括敏感性负债和非敏感性负债中随销售增长而可能增加的部分），得到企业由于销售增长而需要的外部资金或内部资金补充额。

（四）考虑其他因素

根据企业的盈利能力和股利支付政策，预测未来一年度的留存收益金额。这部分资金可以作为内部资金来源，减少外部融资需求。同时考虑企业可能面临的其他资金需求，如长期投资、资本支出等，并相应调整资金预测结果。

（五）综合上述指标因素求出企业需要追加的资金量

企业需要追加资金的计算公式为：

预测期需要追加的资金（ΔF）＝由于销售增长所增加的资产占用量－由于销售增长所增加的负债占用量－可利用的折旧－留存收益＋零星资金需要量

即：

$$\Delta F=\left(\frac{A_0}{S_0}-\frac{L_0}{S_0}\right)(S_1-S_0)-D-S_1R_0(1-f)+M_1$$

其中，ΔF 表示预测期需要追加资金的预计数量；A_0 表示基期敏感性资产项目的金额；L_0 表示基期敏感性负债项目的金额；S_0 表示基期销售收入总额；S_1 表示预测期销售收入总额；D 表示预测期净折旧额；R_0 表示基期销售利润率；f 表示股利发放率；M_1 表示计划期新增零星资金需要量。

【例 4-15】 长林公司税后净利润为 10 000 元，发放股利 5 000 元，基期销售收入总额为 250 000 元，基期厂房设备利用率已达饱和状态，该公司基期期末资产负债表见表 4-8。若该公司计划年度销售收入总额将达到 400 000 元，股利发放率与基期保持一致，预计计划期折旧额为 10 000 元，其中 60%将用于更新改造，假定零星资金追加量为 6 000 元。

要求：计算计划期需要追加的资金量。

表 4-8 长林公司资产负债表（简表）

单位：元

资产		负债及所有者权益	
项目	金额	项目	金额
库存现金	5 000	应付账款	25 000
应收账款	42 500	应交税费	12 500
存货	50 000	长期负债	57 500
固定资产（净值）	75 000	普通股股本	100 000
无形资产	27 500	留存收益	5 000
合计	**200 000**	**合计**	**200 000**

解：按销售百分比法预测需要追加资金数量的关键问题是确定 A_0 和 L_0。

在资产项目中，库存现金、应收账款和存货是敏感性资产，无形资产是非敏感性资产。由于销售收入为 250 000 元时固定资产利用率已达饱和，所以固定资产应该作为敏感性资产处理。

$$A_0=5\ 000+42\ 500+50\ 000+75\ 000=172\ 500\text{（元）}$$

在负债项目中，应付账款、应交税费为敏感性负债，其余为非敏感性负债。

$$L_0=25\ 000+12\ 500=37\ 500\text{（元）}$$

$$\begin{aligned}\Delta F&=\left(\frac{A_0}{S_0}-\frac{L_0}{S_0}\right)(S_1-S_0)-D-S_1R_0(1-f)+M_1\\&=\left(\frac{172\ 500}{250\ 000}-\frac{37\ 500}{250\ 000}\right)\times(400\ 000-250\ 000)-10\ 000\times\end{aligned}$$

$$(1-60\%)-400\ 000\times\frac{10\ 000}{250\ 000}\times\left(1-\frac{5\ 000}{10\ 000}\right)+6\ 000=75\ 000\text{（元）}$$

拓展思考：假设【例 4-15】中基期固定资产的利用率只达 50%，其他条件不变，则计划期需要增加的资金为多少？

三、资金需要总量预测

资金需要总量包括以下两部分之和：基期实际拥有的资金量、预测期所应追加的资金需要量。基本公式如下：

预测期资金需要总量＝基期期末拥有资金量＋预测期预计追加资金量

【例 4-16】 沿用【例 4-15】的资料，求计划期资金需要总量。

解：计划期资金需要总量＝基期期末拥有资金量＋预测期预计追加资金量

$$=\left(\frac{A_0}{S_0}-\frac{L_0}{S_0}\right)S_0+\Delta F=\left(\frac{172\ 500}{250\ 000}-\frac{37\ 500}{250\ 000}\right)\times250\ 000+75\ 000=210\ 000\text{（元）}$$

拓展阅读

调查关联法

调查关联法，顾名思义，是通过调查和分析市场上各种因素之间的关联性，来预测产品销售量的方法。调查关联法基于市场调查所取得的各种资料，特别是关于产品供需情况、消费者行为、经济发展趋势和市场竞争等方面的数据。通过分析这些因素之间的相互作用和关联关系，可以推测出产品的未来销售量。

相关指标推测法包括直接关联和间接关联。直接关联指一种产品的增减会引起另一种有关产品的的变化情况，并通过这些因素与企业销售的关系来预测企业产品的销量的预测方法。调查的范围通常包括产品、消费者、同行，以及经济发展趋势。

理论冲刺

1. 预测分析的内容及基本内容有哪些？
2. 如何结合定性分析方法和定量分析方法进行销售预测？
3. 利润预测包括几种方法？分别是什么？
4. 资金需要量预测的步骤是什么？

实训闯关

一、单项选择题

1. 已知甲企业上年利润为 20 000 元，下一年的经营杠杆系数为 2.8，预计销售量变动率为 10%，则下年利润预测额为（　　）。

A. 25 600 元　　B. 24 000 元

C. 22 000 元　　D. 56 000 元

2. 下列预测方法中，适用于销售业务略有波动的产品的预测方法是（　　）。

A. 加权平均法　　B. 移动平均法

C. 趋势平均法　　D. 平滑指数法

3. 定量分析法和（　　）是两大类预测方法。

A. 平均法　　B. 定性分析法

C. 回归分析法　　D. 指数平滑法

4. 假设甲企业 9 月份实际销售量为 600 千克，平滑指数为 0.6，原来预测 9 月份销售量为 630 千克，则预测 10 月份的销售量为（　　）。

A. 618 千克　　B. 600 千克

C. 612 千克　　D. 630 千克

5. 下列各项中，不属于定量分析法的是（　　）。

A. 判断分析法　　B. 算术平均法

C. 回归分析法　　D. 指数平滑法

6. 在管理会计中，依据目标利润制定的目标成本应当是（　　）。

A. 预计总产值与目标利润之差　　B. 预计销售收入与目标利润之差

C. 预计销售收入与预计总成本之差　　D. 变动成本总额与固定成本总额之和

7. 下列四项中，预测追加资金需用量的方法是（　　）。

A. 平均法　　B. 回归分析法

C. 指数平滑法　　D. 销售百分比法

8. 下列四项中，不能按照统一的方法直接确定各期权数值的方法是（　　）。

A. 移动平均法　　B. 趋势平均法

C. 加权平均法　　D. 指数平滑法

9. 用平滑指数法进行近期销售预测时，应选择的指数是（　　）。

A. 固定的平滑指数　　B. 较小的平滑指数

C. 较大的平滑指数　　D. 任意数值的平滑指数

10. 在下列产品寿命周期的不同阶段中，产品销量急剧下降的现象通常发生在（　　）。

A. 试销期　　B. 成长期

C. 饱和期　　D. 衰退期

二、多项选择题

1. 预测分析的基本内容包括（　　）。

A. 销售预测　　B. 利润预测

C. 成本预测　　D. 资金预测

2. 成本预测包括（　　）。

A. 目标成本预测　　B. 因素变动预测法

C. 资金预测　　D. 历史成本预测法

3. 定量分析法包括（　　）。

A. 判断分析法　　B. 集合意见法

C. 非数量分析法　　D. 趋势外推分析法
E. 因果预测分析法

4. 指数平滑法实质上属于（　　）。
A. 平均法　　B. 算术平均法
C. 因果预测分析法　　D. 趋势外推分析法
E. 特殊的加权平均法

5. 下列各项中，目标利润预测分析必须经过的步骤有（　　）。
A. 确定目标利润率标准　　B. 计算目标利润基数
C. 进行本量利分析　　D. 确定目标利润修正值
E. 确定最终目标利润

6. 属于目标成本方案的提出方法的是（　　）。
A. 依据目标利润预测目标成本
B. 依据本企业历史最好成本水平作为目标成本
C. 依据本企业历史最高的成本作为目标成本
D. 依据国内外同类产品的先进成本水平作为目标成本
E. 依据标准成本、计划成本或定额成本作为目标成本

7. 下列各项中，属于成本预测的方法包括（　　）。
A. 指数平滑法　　B. 加权平均法
C. 回归直线分析法　　D. 高低点法
E. 趋势平均法

三、判断题

1. 预测分析是企业决策分析的前提。（　　）
2. 狭义的销售预测包括市场调查和销售量预测。（　　）
3. 平滑指数取值越大，则近期实际数对预测结果的影响越小。（　　）
4. 单价和销售量增加引起利润增加，称为逆指标。（　　）
5. 在进行长期预测或者销售量波动较大的预测时，平滑指数应取得小些。（　　）
6. 算术平均法的优点是考虑了时间序列的变化趋势。（　　）
7. 对不确定的或不知道的事件做出叙述和描述就是预测。（　　）
8. 定性分析法与定量分析法在实际工作中是不相互排斥的。（　　）
9. 其他各项预测的前提是成本预测。（　　）
10. 预测分析应考虑到可能发生的误差，并能通过对误差的检验进行反馈，以尽量减少误差，是预测分析应考虑到的情况。（　　）

四、计算分析题

1. A 公司生产一种产品，2021 年 1—12 月份销售量资料见表 4-9。

表 4-9　销售量资料表

月份	1	2	3	4	5	6	7	8	9	10	11	12
销量/件	25	23	26	29	24	28	30	27	25	29	32	33

要求：分别按以下方法预测 2022 年 1 月份的销售量（计算结果向上取整）。

（1）按算术平均法预测 2022 年 1 月份的销售量。

（2）按移动平均法预测 2022 年 1 月份的销售量（$m=3$）。

（3）按移动加权平均法预测 2022 年 1 月份的销售量（$m=3$，$\omega_1=0.2$，$\omega_2=0.3$，$\omega_3=0.5$）。

（4）已知平滑系数 α 为 0.6，2021 年 12 月预测销售量为 30，用平滑指数法预测 2022 年 1 月份的销售量。

2. A 公司 2021 年度实现销售额 600 万元，税后净利润 24 万元，并发放了普通股股利 12 万元，假定该公司固定资产利用率已达到饱和。该公司 2021 年年底的资产负债表见表 4-10。

表 4-10　资产负债表

2021 年 12 月 31 日

单位：万元

资产		负债及所有者权益	
项目	金额	项目	金额
货币资金	30	应付账款	72
应收账款	96	应交税费	48
存货	120	长期借款	176
固定资金（净值）	192	实收资本	180
无形资产	30	未分配利润	36
合计	**468**	**合计**	**468**

若该公司在计划期间（2022 年）销售额增至 900 万元，股利发放率与 2021 年保持不变；按折旧计划提取 30 万元折旧，其中 60%用于设备改造；计划期间零星资金需要量应增加 12 万元。

要求：预测计划期需要追加资金的数量。

3. 假设 A 公司只生产一种产品，已知 A 公司 2023 年销售量为 2 000 件，固定成本为 2 500 元，利润为 1 000 元，预计 2024 年销售量为 2 500 件。

要求：预测该企业本年度的目标利润。

4. A 公司产销一种产品，预计 2024 年的产销量为 20 000 件，预计销售单价为 60 元，预计目标利润为 80 000 元。

要求：预测该公司 2024 年的目标成本。

项目五

短期经营决策分析

学习目标

1. 素质目标：培养业财融合、财智融合的职业能力；培养团队协作意识、规则意识及工匠精神。
2. 知识目标：了解经营决策分析的概念、分类；
   理解经营决策中各类成本的概念；
   掌握短期决策分析的几种方法；
   掌握企业定价决策的几种方法。
3. 能力目标：能根据决策需要区分相关成本和无关成本；
   能运用决策分析的常用方法进行新产品开发决策；
   能运用相关的方法进行定价决策；
   能确定存货的经济批量和订货点。

思维导图

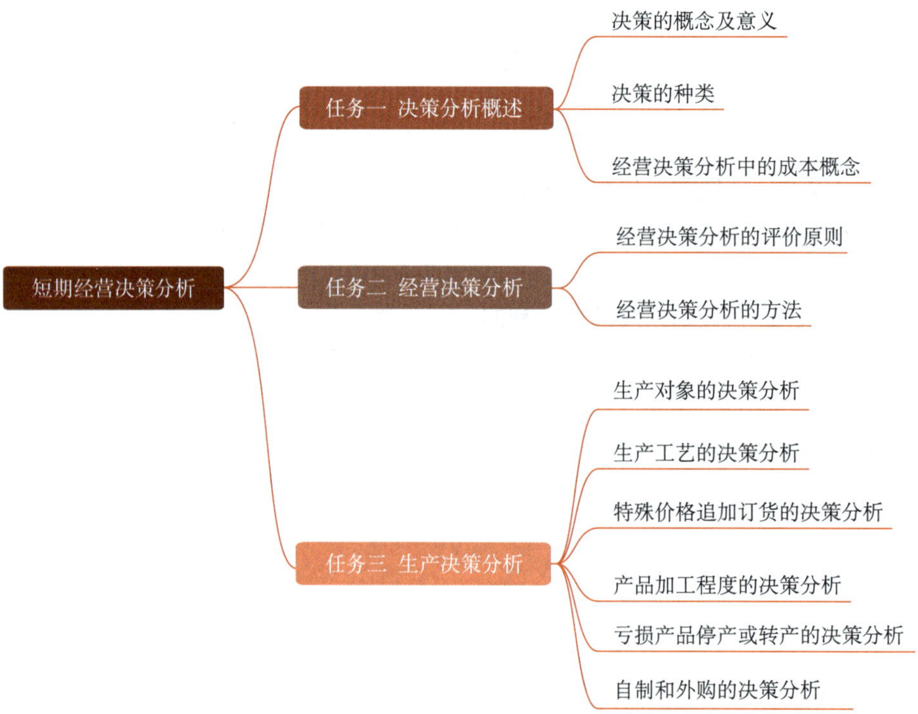

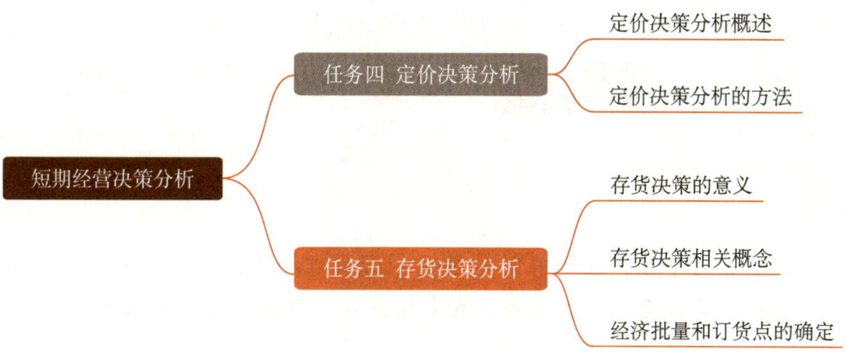

案例导入

A模具厂生产三类产品：塑料模具、冲压模具、汽车模具。该厂销售部门根据市场需求进行预测，计划部门初步平衡了生产能力，编制出2023年的生产计划，财务部门准备依此进行产品生产的决策。

该厂生产多年的老产品塑料模具，尽管造价高、定价低，长期亏损，但由于市场上仍有一定的需求量，所以该厂决定继续生产该产品。财务部门根据产品生产计划预测了2023年的销售、成本和利润，具体情况见表5-1。

表5-1　A模具厂2023年状况预测表

单位：万元

项目	塑料模具	冲压模具	汽车模具	合计
销售收入	625	640	140	**1 405**
变动成本	460	378	76	**914**
边际贡献	165	262	64	**491**
固定成本	190	192	30	**412**
销售利润	−25	70	34	**79**

厂长根据上述资料提出以下问题：

1. 2023年本厂如何实现100万的目标利润？

2. 塑料模具亏损25万元，影响本厂利润，是否需要停产？

带着上述问题，财务部门与生产销售等部门共同研究，寻找对策。几天后，他们提出以下三个方案，希望有关专家经过对比分析，确定其中的最优方案：

1. 停止生产塑料模具，按原计划生产冲压模具和汽车模具；

2. 停止生产塑料模具后，根据生产能力的平衡条件，调整冲压模具和汽车模具产量，其中冲压模具最多增产40%，汽车模具最多增产10%；

3. 为了进一步平衡生产能力，调整产品生产计划。可以根据市场预测调整产品生产结构，压缩塑料模具产品生产计划30%，冲压模具在原方案基础上增产36%（冲压模具近几年市场表现良好，目前供不应求）。

仔细阅读以上案例，并思考：

厂长会优先选择哪个方案来解决当前存在的问题？

任务一 决策分析概述

微课 5－1：企业短期经营决策概述

任务指南

通过本任务的学习，理解决策是企业经营管理的重点，关系到企业的生存和发展，了解决策的种类，掌握经营决策中相关成本的概念及运用环境。

一、决策的概念及意义

决策是管理的核心问题是指为了达到特定的目标和解决某些特定问题，而在两个或两个以上的备选方案中选择一个最优方案的过程。对一个企业来说，生产经营过程中需要决策的事情很多，如新产品的开发、产品的定价、亏损产品的停工或转产等，如何对这些问题进行正确的决策关系到企业的生存和发展。因此，经营决策贯穿整个企业管理过程的始终，是对产品日常生产经营的管理，是在产品价格决策、产品功能与成本协调的基础上解决生产什么产品、如何进行生产等问题，最终实现产品的最大价值。

二、决策的种类

（一）按决策的重要程度进行分类

1. 战略决策

战略决策是指企业的最高层领导在特定的情境下，经过深思熟虑和分析，制定出组织或企业长期目标和计划的过程。这些决策通常具有全局性、长远性和方向性。

2. 战术决策

战术决策是指企业中层管理人员，为了实现战略目标和计划，对具体行动方案进行的选择和确定。即如何在既定的战略框架内，通过具体的行动步骤而资源调配，来实现企业的短期目标和计划。

（二）依照决策对象的经济内容进行分类

1. 销售决策

销售决策是企业在销售过程中，对产品定价、目标市场、销售策略、销售资源等方面进行的决策。

2. 生产决策

生产决策是指企业在生产活动中，根据市场需求，对生产什么产品、生产多少数量、如何组织生产等问题进行的决策。

3. 投资决策

投资决策是指企业在经营过程中，对于是否扩大生产规模、是否购建和更新固定资产等问题进行的决策。

（三）依照决策者掌握信息的程度进行分类

1. 确定型决策

决策者对未来可能发生的情况有十分确定的了解，可以直接根据完全确定的情况选择最满意的行动方案。在这种情况下，与决策相关的客观条件和自然状态是肯定的、唯一的，并且可量化的。

2. 风险型决策

风险型决策也被称为随机决策或统计型决策，是指决策者在决策过程中面临的是不确定的情况，对未来情况所掌握的信息不是完全肯定的数据，而是存在着几种可能的结果，但是决策者可以根据历史资料或经验判断其发生的概率。在这种决策类型中，决策者需要分析各个行动方案在不同情况下的可能结果（如收益、损失等），并考虑这些结果发生的概率，然后计算各方案的期望收益或期望损失，以此为基础来做出最优选择。

3. 不确定型决策

是指在决策过程中，决策者面临的不确定因素较多，各种备选方案的出现概率和可能产生的结果无法准确预知和估算的决策类型。这种决策只能依靠决策者的实践经验和判断能力，或采用模糊数学的方法来解决。

（四）依照决策时间长短进行分类

1. 短期决策

短期决策又称经营决策，是指企业为了有效地进行生产经营活动，合理利用经济资源，以期取得最佳的经济效益，而针对一年以内的经济活动所做出的决策。这种决策通常只涉及一年以内的有关经济活动，不涉及新的固定资产投资及企业发展战略等远景规划的决策。短期决策包括生产决策、销售决策、产品定价决策等。

2. 长期决策

长期决策又称投资决策或长期投资决策，是与“短期决策”相对称的概念。长期决策指的是在改变或扩大企业的生产或服务能力（如厂房设备更新、资源开发利用、增加新产品生产等），从期待之后若干年获得更多利益的若干投资方案中进行分析、评价和选择，最终确定最佳方案的过程。

三、经营决策分析中的成本概念

在经营决策分析中，成本是一个需要重点考虑的因素。除了经常使用的变动成本和固定成本等成本概念外，还可以将成本按决策的需要进行各种分类，从而形成成本分析中特殊的成本概念。

（一）相关成本

相关成本是指在决策分析时必须要加以考虑的，并且与方案选择有关的未来成本。主要包括以下内容。

1. 机会成本

机会成本是指企业为从事某项经营活动而放弃另一项经营活动的机会，或利用一定资源获得某种收入时所放弃的另一种收入。这种放弃的另一种收入或应取得的收益，即为正在从事的经营活动的机会成本。机会成本的概念强调了在资源有限的情况下，不同选择之间的成本与收益权衡。

2. 重置成本

重置成本是指按照当前市场条件，重新取得同样一项资产所需支付的现金或现金等价物金额。重置成本强调的是在当前市场环境下，重新获取某项资产所需的实际成本，又称现时成本或现行成本。

3. 边际成本

边际成本是指在企业生产能力的相关范围内每增加或减少一个单位产量而引起的成本变动。从这个意义上来讲，管理会计中的单位变动成本和差量成本都是边际成本。

4. 专属成本

专属成本又称特定成本，是指那些能够明确归属于特定决策方案的固定成本或混合成本。这种成本的特点在于，如果没有特定的产品或部门，这些成本就不会发生，因此，它们与特定的产品或部门紧密相关。

5. 付现成本

付现成本是指需要在将来用现金支付的成本。是指企业在一定时期内，为维持正常生产经营活动或实现特定目标，需要实际支付现金的成本。这些成本通常与未来的某项决策紧密相关，且其支付时间和金额能够明确预测和计量。在决策分析中，付现成本是决策者必须考虑的重要因素之一。它直接影响到企业的现金流量和资金安排，进而影响企业的整体财务状况和经营成果。

6. 可递延成本

可递延成本是指在企业财力负担有限的情况下，已决定选用的某一方案即使推迟执行也不致影响企业的大局，那么与该方案有关的成本就称为可递延成本或可延缓成本。

7. 差量成本

差量成本是指两个或多个不同决策方案之间因选择不同而导致的成本差额。在做出决策时，企业需要考虑不同方案所带来的成本差异，以便选择成本最低或效益最高的方案。作为一种决策分析工具，差量成本主要用于评估在不同选项之间做出选择时的成本差异。差量成本有助于企业管理者更好地衡量和比较各种决策方案，以便做出最经济有效的决策。

8. 可避免成本

可避免成本是指通过某项决策行动可改变其数额的成本，例如，酌量性固定成本中的广告费、职工培训费等。

（二）无关成本

无关成本是指过去已经发生，或虽未发生但对未来经营没有影响的成本。无关成本在决策过程中不应被纳入考虑范围，因为它们不会因决策的改变而发生变化。主要包括以下内容。

1. 共同成本

共同成本，也称为联合成本，是指应由多个方案共同负担的、注定要发生的固定成本或混合成本。这些成本通常不会因某个特定决策的改变而单独发生变化，而是由多个活动或产品共同承担的。

2. 沉没成本

沉没成本主要指的是以往发生的、但与当前决策无关的费用，这些费用包括已经投入且不可收回的时间、金钱、精力等。因为沉没成本已经发生且无法改变，所以它们对当前或未来的决策没有直接影响。如果决策者过分关注沉没成本，就可能会做出低效甚至错误的决策。

3. 不可递延成本

不可递延成本是指已选定的某一项方案，或某些执行方案中的某些支出，即使在企业财务负担能力有限的情况下也不能推迟执行，否则便会对整个经营或投资过程产生重大不利影响。这种与已选定方案有关的，或与方案中某些支出有关的费用，称为不可递延成本，也可称之为不可延缓成本。

4. 不可避免成本

不可避免成本是指某项决策行动不能改变其数额的成本，即与某一特定决策方案没有直接联系的成本。例如企业为了维持正常的运营和管理，需要支付管理人员的工资。这些工资支出是不可避免的，因为管理人员是企业运营不可或缺的一部分。

任务二　经营决策分析

任务指南

通过本任务的学习，掌握经营决策分析中所运用的几种基本方法。

微课 5-2：生产经营决策常见方法

一、经营决策分析的评价原则

经营决策分析是企业为实现预定目标，评估企业面临经营问题而出现不同决策方案的可能结果，从而选择最优方案以指导企业的经营活动。从管理会计的角度而言，经营决策分析的评价原则是降低成本、增加收益，即追求经济效益最大化。

二、经营决策分析的方法

（一）差量分析法

差量分析法是指，在两个备选方案具有不同的预期收入和预期成本时，以这两个备选方案的收入、成本的差量来计算差量损益，进行最优方案选择的方法，就叫差量分析法。

在运用差量分析法时，首先应把握以下几个概念：

1. 差量，指的是不同备选方案之间的差异。主要包括差量收入、差量成本和差量利润三个方面；

2. 差量收入，是指一个备选方案的预期收入与另一个备选方案的预期收入的差额；

3. 差量成本，是指一个方案与另一个方案相比较所产生的成本差异；

4. 差量损益，是指差量收入与差量成本之间的差额，即不同备选方案在利润方面的差异。通过计算差量利润，企业可以直观地看到不同方案在利润方面的表现，从而选择出对企业最为有利的方案。

【例 5-1】长林公司的一台设备能生产甲、乙两种产品，其预计销售单价、销售量和单位变动成本资料见表 5-2。

要求：做出该公司生产哪种产品较为有利的决策分析。

表 5-2　A、B 产品资料表

项目	A 产品	B 产品
销售量/件	55	100
销售单价/元	20	9
单位变动成本/元	18	6

解：(1) 计算甲、乙两种产品的差量收入：

差量收入＝20×55－9×100＝1 100－900＝200（元）

(2) 计算甲产品、乙产品的差量成本：

差量成本＝18×55－6×100＝990－600＝390（元）

(3) 计算甲产品、乙产品的差量损益：

差量损益＝差量收入－差量成本＝200－390＝－190（元）

计算结果表明，甲产品、乙产品的差量损益为－190 元，为负值，因此应选择生产乙产品。

拓展思考：【例 5-1】中其他资料不变，假设甲产品的单位变动成本为 15 元/件，应选择哪种产品？

（二）边际贡献分析法

边际贡献是销售收入减去变动成本之后的差额，它反映了产品扣除变动成本后对企业所做的贡献。边际贡献分析法是通过对有关备选方案预期的销售收入、变动成本和二者之间的差额——边际贡献总额进行计量、比较与分析，从而为作出最佳选择提供依据。在实际运用时，需要区分边际贡献总额和单位边际贡献的不同。决策分析时，必须以备选方案的边际贡献总额或单位工时边际贡献的大小作为判断标准，而不是以产品提供的单位边际贡献的大小来决定方案的优劣。

【例 5-2】沿用【例 5-1】的资料，采用边际贡献分析法进行决策分析。

解：用同一台设备生产甲产品或乙产品，不论选择哪一个方案，固定成本总是一致的，属于决策分析中的无关成本，因此需采用边际贡献分析法进行决策分析。

甲产品边际贡献＝(20－18)×55＝110（元）

乙产品边际贡献＝(9－6)×100＝300（元）

计算结果表明，生产乙产品的边际贡献 300 元大于生产甲产品的边际贡献 110 元，所以应选择生产乙产品。

（三）成本平衡点法

成本平衡点法又称成本无差别点法，通常用于确定一个企业的生产成本和销售收入之间的平衡点。具体来说，成本平衡点法通过分析企业的固定成本、可变成本和销售价格等因素，计算出在什么程度上企业的销售收入能够覆盖其生产成本，即达到盈亏平衡的状态。

【例 5-3】长林公司需要的甲零件可以自制，也可以对外购买，购买单价为 25 元。每年自制甲零件单位变动成本为 20 元，需增加专属成本 40 000 元。

要求：做出需要量在什么范围内甲零件自制还是外购的决策分析。

解：根据题意可采用成本平衡点法。设甲零件的需要量为 x，则：

外购的相关成本 $y_1=25x$

自制的相关成本 $y_2=40\ 000+20x$

令 $y_1=y_2$，则 $25x=40\ 000+20x$

成本平衡点 $x=8\ 000$

经计算，需要量为 8 000 件时，自制和外购成本相同，均属于可行性方案；需要量小于 8 000 件时，自制方案的相关成本大于外购方案的相关成本，外购方案较优；需要量大于 8 000 件时，外购方案的相关成本大于自制方案的相关成本，自制方案较优。

任务三　生产决策分析

任务指南

通过本任务的学习，能运用决策分析方法对不同生产经营情况进行分析，为企业做出正确决策提供依据。

微课 5-3：企业生产决策方法的具体运用

一、生产对象的决策分析

（一）产品品种选择的决策分析

【例 5-4】 长林公司使用同一台设备可生产 A 产品和 B 产品。若该设备的生产能力最大为 10 000 机器小时，生产两种产品所需定额工时及各项成本数据见表 5-3。

要求：判断该公司生产哪种产品较为有利，并做出决策分析。

表 5-3　A、B 产品资料表

项目	A 产品	B 产品
定额工时/（机器小时/件）	25	20
销售单价/元	28	16
单位变动成本/元	22	11.5
其中：直接材料	9	6
直接人工	6	3.5
变动制造费用	7	2
固定成本总额/元	14 000	14 000

解：根据题意可采用差量分析法。应该注意的是，不论在哪种方案下，固定成本总额总是相同的。因此，在决策分析中固定成本属于无关成本，可不加考虑。

(1) 根据机器的最大生产能力计算出两种产品的最大产量：

A 产品的最大产量=10 000÷25=400（件）

B 产品的最大产量=10 000÷20=500（件）

(2) 计算A产品和B产品的差量收入、差量成本与差量损益：

差量收入=28×400−16×500=3 200（元）

差量成本=22×400−11.5×500=3 050（元）

差量损益=3 200−3 050=150（元）

经计算，差量损益为正值，说明生产A产品比生产B产品更为有利，可多获利150元。

（二）开发新产品的决策分析

1. 不追加专属成本时的决策分析

不追加专属成本意味着在决策过程中企业不需要为新的项目或产品额外投入专属的固定成本或变动成本。企业主要关注的是如何在现有资源条件下，通过合理的资源配置和选择，达到最佳的经济效益。在进行决策分析时只需计算备选方案的边际贡献就能做出决策，因此，这种情况一般采用边际贡献分析法。

【例5-5】 长林公司原有生产能力为100 000机器小时，但实际开工率一般只能达到原生产能力的70%，现准备将剩余生产能力用来开发新产品甲或乙。有关资料见表5-4。

要求：判断该公司开发何种新产品较为有利，并做出决策分析。

表5-4　新产品甲、乙资料表

项目	新产品甲（预计数）	新产品乙（预计数）
定额工时/（机器小时/件）	60	40
销售单价/元	60	58
单位变动成本/元	50	51
固定成本总额/元	25 000	25 000

解：根据题意可采用边际贡献分析法。根据有关资料，编制边际贡献分析表，见表5-5。

表5-5　边际贡献分析表

项目	新产品甲	新产品乙
剩余生产能力/机器小时	100 000×（1−70%）=30 000	
定额工时/（机器小时/件）	60	40
最大产量/件	30 000÷60=500	30 000÷40=750
销售单价/元	60	58
单位变动成本/元	50	51
单位边际贡献/元	60−50=10	58−51=7
边际贡献总额/元	10×500=5 000	7×750=5 250

计算结果表明，开发新产品乙比开发新产品甲多获边际贡献250（5 250−5 000）元，故开发新产品乙较为有利。

2. 追加专属成本时的决策分析

在追加专属成本的决策分析中，除了对备选方案的收益与成本分析外，还需要特别关注专属成本对决策结果的影响。企业不能仅仅依赖传统的边际贡献分析法（即销售收入减去变动成本）。因为专属成本是固定成本的一种，它 需要在多个期间内分摊。因此，企业需要采用剩余贡献毛益分析法，即通过计算每个方案的贡献毛益总额，并扣除专属成本后得到剩余贡献毛益来进行比较。

【例 5-6】 沿用【例 5-5】的资料，假设长林公司生产新产品甲需支付专属固定成本 1 200 元，生产新产品乙需支付专属固定成本 1 560 元。则又会做出怎样的决策分析?

解：由于增加了专属成本，故在决策分析过程中需要加以考虑，其边际贡献分析见表 5-6。

表 5-6　边际贡献分析表

项目	新产品甲	新产品乙
剩余生产能力/机器小时	100 000×（1−70%）=30 000	
定额工时/（机器小时/件）	60	40
最大产量/件	30 000÷60=500	30 000÷40=750
销售单价/元	60	58
单位变动成本/元	50	51
单位边际贡献/元	60−50=10	58−51=7
边际贡献总额/元	10×500=5 000	7×750=5 250
专属固定成本/元	1 200	1 560
剩余边际贡献总额/元	3 800	3 690

经计算，考虑了专属固定成本以后，新产品甲的剩余边际贡献总额较新产品乙多110（3 800−3 690）元，故开发新产品甲较为有利。

拓展思考：沿用【例 5-6】，长林公司能否用差量分析法进行决策？请列出计算过程。

二、生产工艺的决策分析

生产工艺的决策分析涉及产品从原材料到最终产品的整个制造流程的选择和优化。同一种产品或零件往往可以按不同的生产工艺进行加工，当采用某一生产工艺时，可能固定成本较高，但单位变动成本较低；而采用另一生产工艺时，则可能固定成本较低，但单位变动成本较高。那么，实际工作中必须解决的问题就是，采用何种工艺能使该产品或零件的总成本最低?

具体分析时，其判断标准是以产品的生产数量是否确定为依据。如果产品的生产数量是确定的，则采用差量分析法；如果产品的生产数量是不确定的，则采用成本平衡点法。

另外，在进行决策分析时还应注意，只需比较备选方案之间的单位变动成本和固定成本的不同之处，至于相同的变动成本和固定成本则无须考虑。

【例 5-7】长林公司某分公司在生产某种型号的齿轮时，可使用普通刨床和数控刨床进行加工。这两种刨床加工时所需的不同成本资料见表 5-7。

要求：计算出需要量在什么范围内，该选用何种类型的刨床更有利于产品的加工，并做出决策分析。

表 5-7　刨床成本资料表

项目	普通刨床	数控刨床
每个齿轮加工费（变动成本）/元	2.40	1.20
一次调整各成本（固定成本）/元	20	128

解：设普通刨床和数控刨床的成本平衡点为 x，则两个备选方案的预期成本用公式表示如下。

普通刨床预期成本 $y_1=20+2.4x$

数控刨床预期成本 $y_2=128+1.2x$

令 $y_1=y_2$，即 $20+2.4x=128+1.2x$

成本平衡点 $x=90$

经计算，齿轮需要量为 90 个时，两方案成本相等，均属可行；如果齿轮需要量超过 90 个，采用数控刨床加工的方案较优；如果齿轮需要量少于 90 个，则采用普通刨床加工的方案。

三、特殊价格追加订货的决策分析

特殊价格追加订货的决策分析是指企业在面临低于正常价格甚至低于单位产品成本的特殊价格追加订货请求时，做出是否接受订货的决策而进行的一系列综合评估与过程。决策分析根据不同的条件和复杂程度又可以分为以下两类。

（一）追加订货量大于剩余生产能力

追加订货量大于剩余生产能力，无论剩余生产能力是否可转移，都可能对正常订货任务造成冲击。此时，需要评估追加订货方案的边际贡献是否大于由此带来的机会成本（如减少的正常收入、增加的专属成本等）。若追加订货需要增加专门的固定成本，则应将其作为追加订货方案的专属成本。

（二）追加订货量小于或等于剩余生产能力

当追加订货量小于或等于剩余生产能力时，如果剩余生产能力无法转移，但需要追加专属成本，此时，只要特殊订货的单价大于该产品的单位变动成本，就可以接受该追加订货；如果追加订货量小于或等于剩余生产能力，不需要追加专属成本，但剩余生产能力可以转移，此时，应将剩余生产能力转移带来的收益作为追加订货方案的机会成本予以考虑。

【例 5-8】 长林公司一直生产甲产品，每年生产能力 10 000 件，有 35%的剩余生产能力，正常销售单价为 65 元，有关成本数据见表 5-8。

表 5-8　甲产品成本资料表

单位：元

项目	金额
直接材料	18
直接人工	12
制造费用	20
其中：变动制造费用	8
固定制造费用	12
单位产品成本	**50**

(1) 一客户订货 3 000 件，每件定价 39 元，剩余生产能力无法转移，增加订货不需要增加专属成本；

(2) 一客户订货 3 500 件，每件定价 40 元，但该订货还有些特殊要求，须购置一台专用设备，年增加固定成本 3 000 元；

(3) 一客户订货 4 000 件，每件定价 41 元，剩余生产能力无法转移，增加订货不需要增加专属成本。

要求：分析以上三种情况，对是否接受特殊价格追加订货做出相应决策分析。

解：具体计算分析如下。

(1) 该公司每年有 35%的剩余生产能力，客户提出的订货量只有 3 000 件，小于该公司的剩余生产能力 3 500 件。在剩余生产能力无法转移，且不需要增加专属成本时，只要该产品的单位变动成本小于定价就可以接受订货。题中该产品的单位变动成本 38 (18+12+8) 元小于特殊定价 39 元，所以可以接受此追加订货。

(2) 在第二种情况下，根据题意，可对接受追加订货和拒绝追加订货两个方案进行对比，采用差量分析法，具体计算分析见表 5-9。

表 5-9　差量分析表

单位：元

项目	接受追加订货	拒绝追加订货	差异额
相关收入	3 500×40=140 000	0	140 000
相关成本	136 000	0	136 000
其中：增量成本	3 500×38=133 000	0	
专属成本	3 000	0	
差量损益			**4 000**

经过计算可以得出，接受订货比拒绝订货可多获利 4 000 元，所以应接受订货。

(3) 第三种情况下，订货 4 000 件超过了 3 500 件的剩余生产能力，如果接受订货，将减少正常销售量 500 件，此 500 件的正常销售收入应作为接受订货方案的机会成本。具体计算分析见表 5-10。

表 5-10　差量分析表

单位：元

项目	接受追加订货	拒绝追加订货	差异额
相关收入	4 000×41=164 000	0	164 000
相关成本	165 500	0	165 500
其中：增量成本	3 500×38=133 000	0	
机会成本	500×65=32 500	0	
差量损益			**−1 500**

经过计算分析得出，接受订货比拒绝订货会少获利 1 500 元，所以应拒绝订货。

四、产品加工程度的决策分析

产品加工程度的决策分析也就是企业通常面临的半成品或完工产品的决策分析问题。正常情况完工产品的销售单价要比半成品高些，如果继续加工就要追加变动成本和专属固定成本。在一些特殊行业，还经常会出现同一生产过程中同时生产出若干种联产品，这些联产品在分离后可以在分离后经过加工再出售，也可以立即出售。

对这类产品的决策，均可采用差量分析法。值得关注的是，半成品或联产品进一步加工前所发生的成本，由于都属于无关产品，则在决策分析过程中不必加以考虑，只需分析对比，半成品或联产品在加工后所增加的收入和在进一步加工过程中所追加的成本两者之间的大小。如果前者小于后者，则出售半成品或不加工的联产品的方案较优；反之，则进一步加工的方案较优。

【例 5-9】长林公司每年生产半成品甲 10 000 件，销售单价为 55 元，单位变动成本为 20 元，固定成本总额为 150 000 元。若把半成品甲进一步加工为完工产品乙，则销售单价可提高到 90 元，但需追加单位变动成本 23 元和专属固定成本 80 000 元。

要求：做出该公司是否需要进一步加工产品再销售的决策分析。

解：

根据以上资料，采用差量分析法计算如下。

完工产品乙与半成品甲：

两者差量收入=90×10 000−55×10 000=350 000（元）

两者差量成本=（23×10 000+80 000）−0=310 000（元）

两者差量损益=350 000−310 000=40 000（元）

经计算，对半成品甲进一步加工为完工产品的方案较优，比直接出售半成品甲的方案多获利 40 000 元。

【例 5-10】长林公司在同一生产过程中可同时生产四种联产品：甲、乙、丙、丁。

其中，甲、乙两种联产品可在分离后立即出售，也可继续加工后再出售。其有关产量、销售单价及成本资料见表5-11。

要求：做出该公司是否需要进一步加工甲、乙两种联产品的决策分析。

表5-11 甲、乙产品资料表

项目		甲产品	乙产品
产量/千克		10 000	4 000
销售单价/元	分离后	2	5
	加工后	5	10
加工前的联合成本/元		14 000	20 000
加工过程中增加的成本/元	单位变动成本	2	5
	专属固定成本	5 000	1 000

解：根据以上资料，分别编制甲、乙两种联产品的差量分析表，见表5-12和表5-13。

表5-12 差量分析表——联产品甲

单位：元

项目	加工（1）	不加工（2）	差量［（1）－（2）］
差量收入	5×10 000＝50 000	2×10 000＝20 000	30 000
差量成本	5 000＋2×10 000＝25 000	0	25 000
差量损益			30 000－25 000＝5 000

表5-13 差量分析表——联产品乙

单位：元

项目	加工（1）	不加工（2）	差量［（1）－（2）］
差量收入	10×4 000＝40 000	6×4 000＝24 000	16 000
差量成本	1 000＋5×4 000＝21 000	0	21 000
差量损益			16 000－21 000＝－5 000

经计算可以得出，联产品甲继续加工后再出售的方案更优，可获利5 000元；而联产品乙则以立即出售的方案更优，若继续加工再出售反而要损失5 000元。

五、亏损产品停产或转产的决策分析

亏损产品停产或转产的决策分析是一个综合性的过程，涉及多个方面的考量。

（一）生产能力无法转移时

企业在日常经营过程中，往往会出现一方面某些产品不能适销对路或质量较差、款式陈旧等原因造成市场滞销，发生亏损；另一方面若不生产亏损产品，闲置下来的生产能力也不能用于其他方面，这就面临着亏损产品是否要停产的决策分析问题。

在这种情况下，企业对于亏损产品是否停产的决策，主要依据是该产品是否仍然能够为企业带来正的边际贡献。当亏损产品的边际贡献大于零时，说明售出该产品能为企业带来额外的收入，这部分收入可以用来分摊固定成本。因此，从财务角度看，只要边际贡献为正，继续生产该产品就是有益的。而停产亏损产品不仅不会减少亏损，反而会扩大亏损。

【例 5-11】长林公司本年产销甲、乙、丙三种产品。有关资料见表 5-14。

要求：做出该公司乙产品是否停产的决策分析。

表 5-14　甲、乙、丙产品资料表

项目	甲产品	乙产品	丙产品
销售量/件	1 200	600	500
销售单价/元	20	60	25
单位变动成本/元	10	45	15
固定成本总额/元	18 850（按各产品销售收入比重分配）		

解：根据有关资料，采用边际贡献分析法编制边际贡献与净利润计算表，见表 5-15。

表 5-15　边际贡献与净利润计算表

单位：元

项目	甲产品	乙产品	丙产品	合计
销售收入总额	24 000	36 000	12 500	72 500
变动成本总额	12 000	27 000	7 500	46 500
边际贡献总额	12 000	9 000	5 000	26 000
固定成本总额	6 240	9 360	3 250	18 850
净利润	5 760	−360	1 750	7 150

经计算，乙产品能提供 9 000 元的边际贡献总额，故乙产品不应该停产。若将乙产品停产，则全公司的边际贡献总额减少了 9 000 元，而乙产品所分配的固定成本总额则要转由甲、丙两种产品去承担，其结果反而造成整个公司全面亏损 1 850 元。乙产品停产后的边际贡献与净利润计算见表 5-16。

表 5-16　乙产品停产后的边际贡献与净利润计算表

单位：元

项目	甲产品	丙产品	合计
销售收入总额	24 000	12 500	36 500
变动成本总额	12 000	7 500	19 500
边际贡献总额	12 000	5 000	17 000
固定成本总额	12 395	6 455	18 850
净利润	−395	−1 455	−1 850

（二）生产能力可以转移时

如果亏损产品停产后生产能力可以转移，一方面可能转产其他产品，另一方面也可以将设备对外出租，这时就必须考虑亏损产品的机会成本因素，则要对亏损产品与备选方案的边际贡献进行对比分析后再决策。

【例 5-12】沿用【例 5-11】的资料，若将乙产品停产后闲置的生产能力转产丁产品，每年可产销 750 件，销售单价为 42 元，单位变动成本为 26 元。

要求：计算并分析该公司乙产品是否应转产。

解：丁产品的边际贡献总额＝（42－26）×750＝12 000（元）

经计算，丁产品的边际贡献总额 12 000 元大于乙产品的边际贡献总额 9 000 元，故转生产丁产品的方案是可行的。

拓展思考：在【例 5-12】中，若乙产品停产后不是转产丁产品，而是将闲置的厂房、机器设备等出租给其他单位，每年可获租金 10 000 元，又该如何决策呢？

六、自制和外购的决策分析

（一）零部件全年需要量确定时

在零部件全年需要量确定的情况下，在自制或外购两种方式下，由于其预期收入是相等的，故一般用差量分析法，通过计算两种方式下的差量成本最终经分析决策选择成本较低的作为较优方案进行决策。需要特别关注的是，在生产能力充足的情况下，不需要考虑自制方案固定成本，除非自制时需要另外增加专用设备，由于新增的专属固定成本属于相关成本那么，在分析时还应考虑机会成本存在的问题，如果存在机会成本也应考虑进去。

【例 5-13】长林公司每年需要甲零件 3 600 个。如果外购，进货价格（包括运杂费）为 28 元/个；若该公司锻造车间目前有剩余生产能力可自制这种零件，经估算，预计每个零件的成本资料如下：直接材料 14 元，直接人工 6 元，变动制造费用 4 元，固定制造费用 6 元。锻造车间如不生产该零件，制造设备也没有其他用途。

要求：计算并做出该公司应自制或外购该零件的决策。

解：题中该公司锻造车间有剩余生产力可以利用，则自制成本中固定制造费用属于无关成本，不会因自制而增加，也不会因外购而减少。因此，可对甲零件进行差量分析：

自制方案的预期成本＝（14＋6＋4）×3 600＝86 400（元）

外购方案的预期成本＝28×3 600＝100 800（元）

自制与外购的差量成本＝86 400－ 100 800＝－14 400（元）

经计算，甲零件应采用自制方案，比外购方案节约成本 14 400 元。

【例 5-14】沿用【例 5-13】的资料，假定该公司锻造车间的生产设备不生产自制甲零件，而是出租给外厂使用，每月可收取租金 1 300 元。

要求：计算并做出该公司应自制或外购该零件的决策。

解：若该公司决定自制，则被选中的自制方案的机会成本即为舍弃外购方案可获得的潜在利益（全年租金收入），与外购成本进行对比，据此可进行差量分析如下：

自制方案的预期成本＝（14＋6＋4）×3 600＋1 300×12＝102 000（元）

外购方案的预期成本＝28×3 600＝100 800（元）

自制与外购的差量成本＝102 000－100 800＝1 200（元）

经计算，若考虑机会成本，则外购方案要比自制方案节约成本 1 200 元，故采用外购方案。

（二）零部件全年需要量不确定时

在零部件全年需要量不确定的情况下的决策分析，可应用成本平衡点法。

【例 5-15】长林公司制造车辆所需的活塞过去一直依靠外购，购入单价为 580 元。现该公司锻造车间有剩余生产能力可以自制活塞，并且剩余生产力不能移作他用。经过相关部门共同估算，自制活塞的单位成本为 550 元，其中：直接材料 180 元，直接人工 120 元，变动制造费用 120 元，固定制造费用 130 元。另外，若自制活塞，每年还需增加专属固定成本 16 000 元。

要求：计算并做出该公司自制还是外购活塞的决策分析。

解：设活塞的需要量为 x，则：

外购的相关成本 $y_1=580x$

自制的相关成本 $y_2=16\ 000+(180+120+120)x$

令 $y_1=y_2$，则 $580x=16\ 000+(180+120+120)x$

成本平衡点 $x=100$

经计算，若活塞需要量为 100 个，则两方案的预期成本相同，均属可行方案；若活塞需要量大于 100 个，则选择自制方案；若活塞需要量小于 100 个，则选择外购方案。

任务四　定价决策分析

任务指南

通过本任务的学习，掌握定价决策分析的几种方法。

一、定价决策分析概述

定价决策分析是指在不违背国家相关法律法规和政策规定的前提下，通过对影响产品价格的因素进行分析，然后运用一定的方法，在特定时间内通过科学合理的定价策略，实现企业的定价目标。

产品定价是一个极其复杂又敏感的问题，涉及许多影响因素。产品定价的影响因素包括：商品价值、成本水平、供求关系，竞争形式等。定价决策适当与否直接关系到企业的市场竞争力、利润水平和顾客满意度。一个适当的定价决策能够综合考量多个因素的影响，并具备足够的灵活性以应对市场变化。

拓展思考：举例说明不同因素是如何影响定价决策分析的？

二、定价决策分析的方法

（一）成本导向定价法

成本导向定价法是通过计算产品的全部成本，并在此基础上加上一定的利润加成，从而确定产品的销售价格的定价方法。成本导向定价主要包括以下四种具体方法。

1. 完全成本加成定价法

完全成本加成定价法是以产品的全部成本（包括变动成本和固定成本）为基础，加上企业期望的利润加成来确定产品价格的方法。基本公式如下：

产品销售单价＝产品预计单位完全成本×（1＋利润加成率）

【例 5-16】长林公司计划制定甲产品的销售价格，经估算，生产甲产品 1 000 件的估计成本资料见表 5-17。公司拟采用完全成本加成定价法，该公司要求在甲产品单位生产成本的基础上加成 50%。

要求：确定甲产品销售价格。

表 5-17　甲产品成本构成表

单位：元

项目	金额（产量 1 000 件）
直接材料	800 000
直接人工	200 000
变动制造费用	100 000
固定制造费用	320 000
变动销售及管理费用	120 000
固定销售及管理费用	120 000
合计	**1 660 000**

解：甲产品单位完全成本＝（800 000＋200 000 ＋100 000＋320 000）÷1 000
＝1 420（元）

甲产品销售单价＝1 420×（1＋50%）＝2 130（元）

根据计算，应把甲产品销售单价确定为 2 130 元。

完全成本加成定价法的优点是计算简单、简便易行，有利于保持价格的稳定，在正常情况下，按此方法定价可使企业获取预期盈利。其缺点是容易忽视市场竞争和供求状况的影响，缺乏适应市场变化的灵活性虽然完全成本加成定价法可以保证目标利润的实现，但可能无法使利润达到最大化。在应用时，企业需要注意市场变化和产品成本的变化，及时调整定价策略以保持竞争力。

2. 变动成本加成定价法

变动成本加成定价法是指企业在确定产品价格时，仅以产品的变动成本为基础，加上一定的加成额或加成率来形成最终销售价格的一种方法。

【例 5-17】沿用【例 5-16】的资料，若长林公司采用变动成本加成定价法，要求在甲产品单位变动成本的基础上加成 80%。

要求：确定甲产品销售价格。

解：甲产品单位变动生产成本＝（800 000＋200 000＋100 000＋120 000）÷1 000
＝1 220（元）

甲产品销售单价＝1 220×（1＋80％）＝2 196（元）

根据计算，应把甲产品销售单价确定为 2 196 元。

变动成本定价法的优点是由于只考虑变动成本，所以能够更灵活地应对短期内的市场需求和成本变化，有助于利润分析。缺点是如果固定成本在企业成本中占很大比重，而仅以变动成本为基础定价，可能会导致价格过低，无法弥补固定成本，给企业带来财务风险。

3. 边际成本定价法

边际成本定价法是指企业在制定产品价格时，以产品的边际成本（即增加一单位产品所增加的总成本）为基础，并考虑市场需求、竞争状况等因素来确定产品的最终销售价格。边际成本定价法的优点是提高了资源利用效率，从而实现社会整体的经济效率最大化。边际成本定价法的缺点是只考虑成本的边际变动状况，而不考虑总成本（包括固定成本），其适用性可能受到一定限制。

4. 保本分析定价法

保本分析定价法是指企业在制定产品价格时，通过考虑产品的固定成本、变动成本以及预期销量，计算出能够使企业达到盈亏平衡点的产品价格的一种方法。该方法的优点是确保企业在销售产品时至少能够收回全部成本，降低经营风险。缺点是保本定价法计算出的价格相对固定，不利于企业根据市场需求和竞争状况灵活调整价格，缺乏市场竞争力。

（二）竞争导向定价法

竞争导向定价法是企业通过密切关注竞争对手的价格策略，以竞争对手的价格作为自己产品定价的主要参考依据，并结合自身的实际情况来制定产品价格的一种方法。竞争导向定价法的原理在于，在竞争激烈的市场环境中，产品价格是影响消费者购买决策的重要因素之一，因此，企业需要通过合理的价格策略来增强产品的市场竞争力。主要包括以下几种方法：

1. 随行就市定价法

随行就市定价法是指企业根据行业的平均价格水平或竞争对手的价格为基础制定价格。这种方法简单易行，能够避免与竞争对手发生直接的价格战，有利于保持市场的稳定和谐。

2. 竞争价格定价法

竞争价格定价法是一种主动竞争的定价方法，与随行就市定价法相反。企业根据自身实力和产品特点，主动制定低于或高于竞争对手的价格以吸引消费者或维护品牌形象。竞争价格定价法适用于实力雄厚或独具产品特色的企业。

3. 投标定价法

许多大宗商品、原材料、成套设备和建筑工程项目的买卖和承包，以及出售小型企业等，往往采用发包人招标、承包人投标的方式来选择承包者，确定最终承包价格。投标定价法下，价格在参与投标的各个企业在相互独立的条件下确定，报价最低的投标者通常中标。

（三）需求导向定价法

需求导向定价法是根据市场需求状况和消费者对产品的感觉差异来确定价格的一种定价方法。需求导向定价法强调企业在定价时应充分考虑市场需求的变化和消费者对产品价值的理解，以制定既能满足市场需求又能实现企业利润目标的价格。主要包括以下几种方法。

1. 认知价值定价法

认知价值定价法是指企业需要了解消费者对产品价值的认知程度，并据此制定价格。如果价格高于消费者的认知价值，可能导致销量下降；反之，如果价格低于消费者的认知价值，则可能损失潜在利润。

2. 习惯定价法

习惯定价法是指按照市场长期以来形成的习惯价格定价。在某些情况下，消费者已经习惯了某种价格水平，企业为了保持市场稳定性，可能会继续沿用这种价格。

3. 需求差异定价法

需求差异定价法是指根据不同需求强度、购买力、购买地点、购买时间等因素，对同一产品采取不同的价格。需求差异定价法能反映需求差异及变化，有助于企业提高市场占有率和产品渗透率。但缺点是不利于成本控制，且需求差异不易精确估计。

拓展思考：试说出不同的定价决策分析方法的优缺点及适用情况。

任务五　存货决策分析

任务指南

通过本任务的学习，理解存货决策的意义，在掌握存货决策相关成本概念的基础上，计算出经济订货批量及经济订货点。

一、存货决策的意义

存货决策是指企业在保证生产和销售正常进行的前提下，通过科学合理的决策手段，选择存货成本低、效率高的最优存货方案的过程。存货决策的过程主要涉及到对订货方式和订货批量的决策，旨在实现存货占用资金的最经济、合理利用，并对存货实施有效控制。

1. 优化资源配置

通过合理的存货决策，企业可以降低存货成本，减少资金占用，提高资金使用效率，从而实现资源的优化配置。

2. 保障生产和销售

存货决策能够确保企业在生产和销售过程中不会因为缺货而中断，保障供应链的稳定性和连续性。

3. 提高竞争力

通过优化存货管理，企业可以提高运营效率，降低成本，提升产品质量和服务水平，从而增强市场竞争力。

二、存货决策相关概念

（一）平均存货量

平均存货量是指企业一定时期内存货的平均数量，它反映了企业在该时期内存货的平均占用水平。假如某企业 A 材料全年的需要量为 1 200 千克，全年平均耗用，每季订货一次，每次订货 300 千克，其平均存货量可用图 5-1 表示。由图 5-1 可知，该企业平均存货量为 150 千克，即订货量的 1/2，用公式表示为：

平均存货量＝订货量÷2

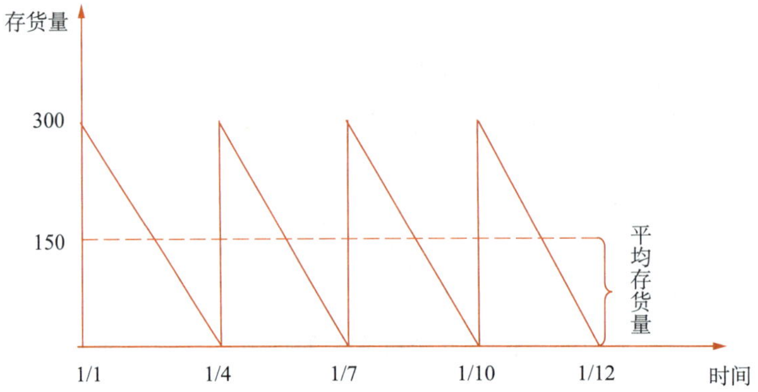

图 5-1　A 材料平均存货量

（二）采购成本

采购成本又称购置成本，是指企业在购买存货过程中所支付的全部费用，在采购批量的决策中，一定时期内采购总量是既定的，因此，存货的采购成本一般属于无关成本；但当供应厂商给予数量折扣的优惠条件、鼓励大批量采购时，采购成本就成了与决策相关的成本。

（三）订货成本

订货成本是指企业为满足需求而进行订货所付出的各项费用，即取得订单的成本，如与存货采购有关的差旅费、仓储费、保险费、运输费等。订货成本中与决策相关的成本，如差旅费、电话费等费用一般与订货次数呈正比例变动关系，这类变动性订货成本属于决策相关成本；另外，有一些订货成本是与订货次数无关的，如专设采购机构的基本开支，这类固定性订货成本属于决策无关成本。

（四）储存成本

储存成本是指企业的存货在储存过程中发生的费用，包括存货的资金占用利息、仓储费用、保险费用、存货残损与变质损失等。储存成本可以按照与储存数额的关系分为变动性储存成本和固定性储存成本两类。

1. 固定性储存成本

其总额的大小随存货数量和储存时间的变动而变动，但与存货储存数额的多少没有直接联系，如仓库折旧费、仓库管理员固定的月工资等这类成本属于决策的无关成本。

2. 变动性储存成本

其总额与存货储存数额成正比例变动关系，这类成本属于决策的相关成本。包括存货的资金占用利息、仓储费用、保险费用、存货残损与霉变损失等。

（五）缺货成本

缺货成本是指由于无法满足用户或市场需求而产生的损失和额外费用。它通常由两部分组成：直接成本和间接成本。判断缺货成本是否为决策相关成本，视企业是否允许出现存货短缺而定。如果企业允许发生缺货情况，则缺货成本便与存货数量反比例关系，属于决策相关成本；如果企业不允许发生缺货情况，此时缺货成本为零，无须加以考虑，属于决策无关成本。

拓展思考：请思考实际应用中，哪些是存货决策相关成本？哪些是存货决策无关成本？

三、经济批量和订货点的确定

存货决策的两个主要任务一是寻找最佳经济批量，计算使存货成本到达最低时的经济订货量；二是确定经济订货点。

（一）确定经济批量

由于商品（或材料）的每次订购数量直接影响存货总成本，因此，为使存货耗费的总成本能在满足销售（或生产）正常需要的前提下达到最低水平，需要用合适的方法确定存货的每次订购数量。经济批量是指在一定时期内使得储存成本和订货成本之和最低的采购或生产批量。但需要注意的是，储存成本（也称为持有成本）与库存水平成正比，而订货成本则与订货次数成正比，因此与订货量成反比（在年需求量一定的情况下）。

1. 列表法

列表法是一种通过分析不同订货批量下的总成本来确定最优经济订货量的方法。这种方法通过列表的形式，将不同订货批量对应的总成本（包括订货成本和储存成本）进行比较，从而找到使总成本最低的最优订货批量。

假设 D 为年度材料需用量，Q 为每次订货量，K 为每次订货成本，K_c 为单位存货的每年平均储存成本，T_c 为存货的全年总成本。

相关指标的计算公式可以表示为：

$$\text{订购次数}=\frac{D}{Q}$$

$$\text{平均存货量}=\frac{Q}{2}$$

$$\text{全年订货总成本}=\frac{KD}{Q}$$

$$\text{全年平均储存总成本}=\frac{K_cQ}{2}$$

$$\text{全年存货总成本}\ T_c=\frac{KD}{Q}+\frac{K_cQ}{2}$$

【例 5-18】 长林公司全年耗用 A 材料 2 400 千克，该材料外购单位成本为 15 元/千克，除年固定的订货成本和储存成本为 500 元外，每次订货成本为 400 元，储存成本平均每千克每年 3 元。

要求：计算使总成本最低的最优订货批量。

解：根据上述提供的资料，经计算后得到的结果见表 5-18。

表 5-18 不同订货量下的成本

每次订货量/千克	2 400	1 200	800	600	480	400
订货次数/次	1	2	3	4	5	6
平均存货量/千克	1 200	600	400	300	240	200
储存成本/元	3 600	1 800	1 200	900	720	600
订货成本/元	400	800	1 200	1 600	2 000	2 400
总成本/元	4 000	2 600	2 400	2 500	2 720	3 000

由表 5-18 的计算结果可以看出，A 材料订货量为 800 千克时，全年的订货成本和储存成本的合计 2 400 元为最低，对应的全年的订货次数为 3 次。

2. 图解法

图解法在经济批量分析中的应用主要是通过绘制成本曲线图来直观地展示不同订货批量下的总成本、订货成本和储存成本之间的关系，从而找到使总成本最小的最优订货批量。从图 5-2 可以看出，经济订货量位于订货量与储存总成本曲线的交点处，这一点也是这两条成本线的最低点。

根据【例 5-18】的数据，确定经济订货量的示意图，如图 5-2 所示。图中，纵轴表示成本，横轴表示订货量。

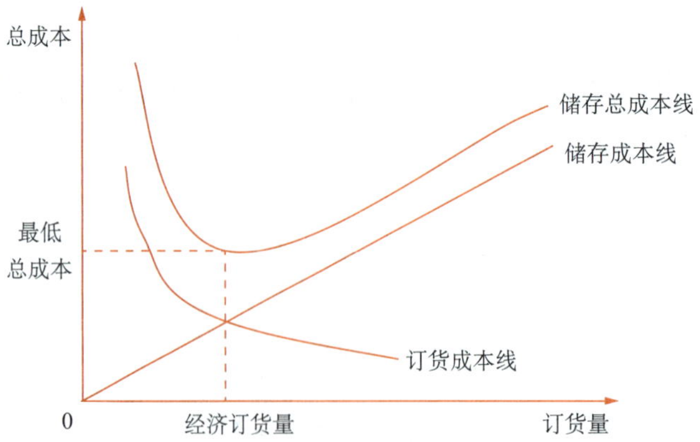

图 5-2 经济订货量

3. 数学模型法

数学模型法在经济订货量分析中的应用是通过建立数学公式或模型来精确计算最优订货批量的一种方法。这种方法基于成本最小化原则，考虑了订货成本和储存成本之间的平衡关系。由于采购成本、固定性订货成本和固定性储存成本在经济订货量决策中属于无关成本，我们在应用中只考虑变动性订货成本和变动性储存成本。

同列表法一样，假设 D 为年度材料需用量，Q 为每次订货量，K 为每次订货成本，K_c 为单位存货的每年平均储存成本，T_c 为存货的全年总成本，Q^* 为经济订货批量。

则全年存货总成本为：

$$T_c=\frac{KD}{Q}+\frac{K_cQ}{2} \tag{1}$$

对（1）式进行求导，并令其导数为零，即：

$$Q^*=\sqrt{\frac{2DK}{K_c}} \tag{2}$$

把【例 5-18】中的数据代入（2）式，得到：

$$Q^*=\sqrt{\frac{2DK}{K_c}}=\sqrt{\frac{2\times2\ 400\times400}{3}}=800\text{（千克）}$$

可见，计算结果与列表法相同，同时可以求出其他一些参数，如最佳订货次数＝2 400÷800＝3（次）；订购时间间隔＝365÷3＝121.67（天）。

拓展思考：在【例 5-18】中经济批量下的存货相关总成本是多少？

（二）确定经济订货点

经济订货点是指在库存下降到某一特定水平时，企业应发出订货指令的库存量。这个特定水平是基于对订货成本和储存成本的权衡而得出的，旨在通过平衡订货成本和储存成本来找到最优的订货批量，从而最小化总成本。影响订货点的主要因素除了上述的经济订货量之外，还有正常消耗量、提前期、安全储备量等。

1. 提前期和正常消耗量确定条件下的订货点

【例 5-19】 沿用【例 5-18】的资料，A 材料每日需用量为 6 千克，订货提前期为 3 天。

要求：确定订货点。

解：订货点＝提前期×平均每日需用量

　　　　　＝3×6＝18（千克）

即当 A 材料的存货量下降到 18 千克时，应当提出订货。

2. 提前期和正常消耗量不确定条件下的订货点

（1）提前期不确定

【例 5-20】 沿用【例 5-19】的资料，A 材料的提前期在正常情况下为 3 天，但由于某些不确定因素的影响，可能长达 6 天。

要求：确定经济订货点。

解：正常提前期的正常消耗量＝3×6＝18（千克）

超过正常提前期的安全储备量＝(6－3)×6＝18（千克）

订货点＝18＋18＝36（千克）

可见，为了能在特殊情况下仍能保持正常生产，A 材料的订货点从 18 千克增加到

36 千克，即当 A 材料的存货量下降到 36 千克时，应当提出订货。

（2）提前期和正常消耗量都不确定

【例 5-21】沿用【例 5-20】的资料，A 材料的提前期最长可达 6 天，每日的消耗量最多可能达 10 千克。

要求：确定订货点。

解：正常提前期的正常消耗量＝3×6＝18（千克）

超过正常提前期的消耗量＝(6－3)×6＝18（千克）

整个提前期增加的消耗量＝6×(10－6)＝24（千克）

订货点＝18＋18＋24＝60（千克）

经分析可知，A 材料的提前期和每天的消耗量都已经发生增长，则订货点也从 18 千克上升到 60 千克，即当 A 材料的存货量下降到 60 千克时，应当提出订货。

拓展阅读

决策分析——在风险和不确定环境下

（一）风险性决策

在决策分析中，如果决策方案的各项条件都是已知的，但未来发展状况不确定，每一个方案的执行都可能会出现若干种不同的结果，依据有关资料对各种可能出现的结果分别确定其发生的概率，这种决策称为风险性决策。

（二）概率与概率分析

概率是数学中的一个重要概念，用于描述随机事件发生的可能性大小。概率分析，又称风险分析，是通过研究各种不确定性因素发生不同变动幅度的概率分布及其对项目经济效益指标的影响，对项目可行性和风险性以及方案优劣作出判断的一种不确定性分析法。概率分析有三个步骤：

第一步，确定未来可能出现的每一事件（即随机变量），并为每一事件的发生估计一个概率。如用 P_i 表示第 i 种事件发生的概率，那么各种事件的概率必须符合以下两条规则：

（1）所有事件的概率在 0 和 1 之间，即 $0 \leqslant P_i \leqslant 1$；

（2）所有事件的概率之和必须等于 1，即 $\sum_{i=1}^{n} P_i = 1$。

第二步，根据每种事件及其估计的概率，计算数学期望值，即：

$$E = \sum_{i=1}^{n} (X_i \cdot P_i)$$

其中，E 为随机变量 X 的期望值，X_i 代表随机变量 X 的各种可能取值，P_i 代表与 X_i 相对应的概率，n 为随机变量 X 各种可能取值的数目。

第三步，根据因素的期望值或在此基础上求得的有关期望值指标进行决策，决策者一般会选择期望值有利的方案，即选择利润期望值最大的方案。

理论冲刺

1. 简述如何理解相关成本和无关成本并举例说明。
2. 决策的类型有哪些？
3. 影响产品定价的因素有哪些？

实训闯关

一、单项选择题

1. 在短期经营决策中，只要买方出价低于（　　），企业不应接受特殊价格追加订货。

A. 单位产品成本　　B. 单位变动成本
C. 正常价格　　D. 单位固定成本

2. 甲企业只生产一种产品，该产品的单位变动成本为 6 元，固定成本总额为 5 000 元，企业确定的目标利润为 4 000 元，产品售价为 15 元。则要实现目标利润，该产品的销售量最少应达到（　　）。

A. 556 件　　B. 444 件
C. 600 件　　D. 1 000 件

3. 某厂加工的半成品直接出售可获利 4 000 元，进一步加工为成品出售可获利 4 750 元，则加工为成品的机会成本是（　　）元。

A. 4 750　　B. 750
C. 8 750　　D. 4 000

4. 当企业的剩余生产能力无法转移时，不应该继续生产某亏损产品的条件之一是（　　）。

A. 该产品的单位变动成本等于单价　　B. 该产品的单位变动成本大于单价
C. 该产品的单位边际贡献大于零　　D. 该产品的变动成本率大于 100%

5. 深加工前的半成品成本属于产品是否进行深加工决策中的（　　）。

A. 估算成本　　B. 重置成本
C. 机会成本　　D. 沉没成本

6. 假设剩余生产能力无法转移，当（　　）时，亏损产品应该停产。

A. 亏损产品单位变动成本小于单价
B. 亏损产品单位边际贡献大于零
C. 亏损产品变动成本率等于 1
D. 亏损产品边际贡献大于零但小于固定成本

7. 在新产品开发的品种决策中，如果方案涉及追加专属成本，则下列方法中不宜采用的是（　　）。

A. 单位资源边际贡献分析法　　B. 相关成本分析法
C. 差别损益分析法　　D. 相关损益分析法

8. 某企业全年需要甲材料 240 吨，每次进货费用为 40 元，每吨材料的储存成本为

12 元，则全年最佳进货次数为（　　）次。

A. 3　　B. 4　　C. 6　　D. 9

二、多项选择题

1. 短期经营决策中相关成本包括（　　）。

A. 增量成本　　B. 边际成本

C. 重置成本　　D. 机会成本

2. 下列各项中，属于生产经营相关成本的有（　　）。

A. 成本　　B. 机会成本

C. 专属成本　　D. 沉没成本

E. 不可避免成本

3. 下列属于短期经营决策分析的是（　　）。

A. 生产经营决策分析　　B. 定价决策分析

C. 销售决策分析　　D. 战略决策分析

E. 战术决策分析

4. 关于特殊订货的定价决策，下列说法是正确的是（　　）。

A. 订货数量多　　B. 不增加专属设备

C. 定价大于单位成本　　D. 提供净边际贡献

5. 短期经营决策包括（　　）。

A. 生产决策　　B. 固定资产更新决策

C. 定价决策　　D. 存货采购决策

E. 新产品开发决策

6. 在生产决策中，企业可能需要考虑的因素包括（　　）。

A. 剩余生产能力的运用　　B. 亏损产品的处理

C. 产品是否进一步加工　　D. 生产工艺技术方案的选择

7. 在存货决策中，企业可能面临的决策问题包括（　　）。

A. 存货数量的控制　　B. 订货点的确定

C. 订货量的选择　　D. 存货的储存成本分析

E. 存货的保险策略制定

8. 下列各项中，符合最优售价条件的有（　　）。

A. 边际收入等于边际成本时的价格　　B. 边际利润等于零时的价格

C. 收入最多时的价格　　D. 利润最大时的价格

E. 成本最低时的价格

三、判断题

1. 在管理会计中，边际成本是指当业务量以一个最小经济单位变动时所引起的成本差量。（　　）

2. 企业固定成本均属于沉没成本。（　　）

3. 如果追加订货的单价小于该产品的单位变动生产成本，就应当接受追加订货。（　　）

4. 所有亏损产品都应立即停产或转产。（　　）

5. 相关成本不包括机会成本和估算成本。（　　）

6. 在企业生产能力有剩余且无法转移时，追加订货的最低极限价格就是单位变动成本。（　　）

7. 在是否接受低价追加订货的决策中，如果追加订货量大于剩余生产能力，必然会出现与冲击正常生产任务相联系的机会成本。（　　）

8. 当边际收入等于边际成本、边际利润为零时，并不意味着可找到最优售价，而仅仅表明继续降价已经没有意义。（　　）

9. 存货的储存成本应计入相关产品的成本中。（　　）

10. 按照管理会计的理论，即使追加订货的价格低于正常订货的单位完全生产成本，也不能轻易做出拒绝接受该项订货的决定。（　　）

四、计算分析题

1. 某工厂全年需要用甲材料 1 200 千克，每次订货的变动性订货成本为 100 元，每千克甲材料年平均变动性储存成本为 1.5 元。

要求：计算经济批量及全年最小相关总成本、订货次数。

2. 某公司每年需要 A 零件 6 000 件，若要自制，则自制单位变动成本为 10 元；若要外购，则外购单价为 12 元，且剩余生产能力可以出租，每年租金 4 000 元。

要求：分析该零件适合自制还是外购。

3. 某公司 2022 年生产的 A、B、C 三种产品中，A 产品亏损 10 000 元。已知该产品的完全成本为 30 000 元，变动成本率为 70%，假设 2022 年其他条件均不变，且剩余生产能力无法转移。

要求：分析 A 产品是否应停产。

4. 某产品按每件 10 元的价格出售时，可获得 8 000 元边际贡献，边际贡献率为 30%，企业最大生产能力为 7 000 件。

要求：分别根据以下不相关条件做出是否调价的决策：

(1) 将价格调低为 8 元时，预计可实现销售 9 000 件；

(2) 将价格调高为 12 元时，预计可实现销售 3 000 件。

5. 某公司常年生产需用的某部件一直从市场上采购。采购量在 5 000 件以下时，单价为 8 元；达到或超过 5 000 件时，单价为 7 元。如果追加投入 12 000 元专属成本，就可以自行制造该部件，预计单位变动成本为 5 元。

要求：用成本平衡点法为企业做出自制或外购 A 零件的决策，并说明理由。

项目六

长期投资决策分析

学习目标

1. 素质目标：培养职业洞察力，通过不断提升职业能力，帮助企业做出正确的投资决策。
2. 知识目标：掌握长期投资决策的概念；
   掌握长期投资决策贴现指标；
   掌握长期投资决策非贴现指标。
3. 能力目标：能计算企业的现金流量；
   能运用基本方法进行具体投资决策。

思维导图

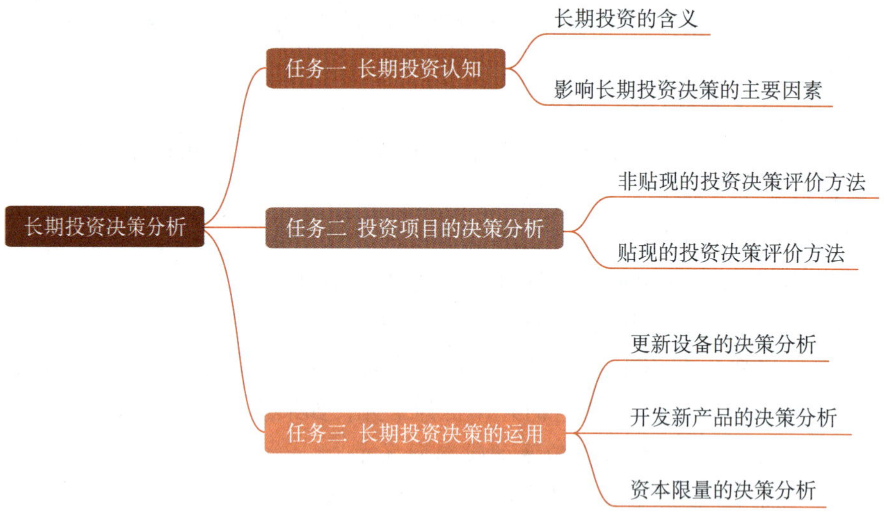

案例导入

20 世纪 90 年代，波音公司宣布建造一项十分庞大的项目——波音 777 客机的计划。这种客机是一种能载客 390 人、持续飞行 7 600 英里的大型宽体飞机。分析家一致认为建造这种机型，前期投资和研发费用过于惊人，经测算将达到 80 亿美元。

但这种机型的寿命飞至少为 35 年，而这 35 年内，波音公司至少能销售几千架飞机。综合各方面因素，权衡利弊，开发这个项目对波音公司来讲是否是一个好案例呢？

这个项目耗资庞大，周期达几十年，期间不确定因素比较多，风险很大，但公司高层进行多方面的分析后，最终决定还是启动该项目。在经过首架波音 777 客机第一次试飞后，波音 777 客机正式交付用户——美国联合航空公司 。直到现在，该机型在全球市场上都十分受欢迎，这个项目的成功，证明波音公司的整体策略构想是正确的。

仔细阅读以上案例，并思考：

对于这种长期投资项目，企业应该用哪些决策方法判别，又应从哪些方面识别项目的优劣呢？

任务一 长期投资认知

任务指南

通过本任务的学习，了解长期投资决策对企业的意义。在理解资金时间价值的基础上，学会单利和复利的计算，并掌握几种不同年金的现值和终值的计算与运用。

一、长期投资的含义

长期投资是企业降低经营风险的重要方法，同时又是实现企业战略的关键手段和发展壮大的必要途径。相对于短期经营决策而言，投资决策不仅面对的是长期资产取得问题，而且涉及的资金额度通常较大，又还具有风险大、周期长、不可逆转等特征，因此可以说，长期投资决策的正确与否对企业的生死存亡具有决定性作用，长期投资决策分析也就成为管理会计的重要研究内容之一。

长期投资决策由于在较长时间里都会对企业产生影响，这就需要分析资金的时间价值（或称货币的时间价值），资金时间价值是指资金在投资过程中随时间推移而发生的增值。这是因为资金可以被投入到各种生产或金融活动中，从而在未来产生更多的财富。时间越长，资金产生的增值就越多。资金时间价值的基本原理包括复利效应、贴现率等，这些原理在投资决策中起着至关重要的作用。

二、影响长期投资决策的主要因素

（一）资金时间价值

1. 资金时间价值的含义

所谓资金时间价值，就是资金在经历一定时间的投资和再投资后所增加的价值。

资金时间价值反映了资金随时间的推移而具有的增值能力，是资金运动的一种客观结果。

在日常经济生活中，人们往往会发现，今天的1元与1年后的1元相比，经济价值并不相同，前者一般大于后者。一般地讲，同样的资金（货币）在不同时点上具有不同的价值。同样数额的一笔资金（货币），当前的价值大于未来的价值。资金（货币）由于时间因素影响而形成的价值变化就是资金时间价值，也称货币时间价值。在商品经济中，投资离不开资金，首先资金是进行投资活动的物质基础。无论是购买股票、债券、房地产等资产，还是投资创业项目、研发新技术等，都需要投入一定的资金。没有资金的支持，这些投资活动就无法启动和进行。

其次，资金的数量和质量直接影响投资的效果和回报。一般来说，资金越多，投资者可以选择的投资项目和范围就越广，投资的风险和收益也可能更高。同时，资金的质量也很重要，比如资金的来源是否合法、稳定，资金的使用是否高效、合理等，都会影响到投资的效果和回报。

此外，资金的时间价值也是投资中不可忽视的因素。由于资金具有时间价值，投资者在进行投资决策时需要考虑资金在不同时间点的价值差异，以及如何通过合理的投资策略来实现资金的最大化增值。

2. 资金时间价值的计量

(1) 单利

单利是一种计算利息的方式，在这种方式下，利息仅基于原始本金计算，而不考虑之前累积的利息。单利终值是指在未来某一时间点，按照单利计算方式所得到的本金与利息之和。单利终值和单利利息的基本公式为：

$$F=P+P\cdot i\cdot n=P(1+i\cdot n)$$

$$I=P\cdot i\cdot n$$

其中，P 代表本金，又称期初金额或现值；i 代表利率；I 为利息；F 为本金与利息之和，又称本利和或终值；n 代表时间，可以是年、季或月。

(2) 复利

复利是指在每经过一个记息期后，都要将所生利息加入本金以计算下期的利息，即以利生利，俗称“利滚利”。

①复利终值

按复利计算的终值为：

$$F=P(1+i)^n$$

其中，$(1+i)^n$ 又称为复利终值系数，用 $(F/P, i, n)$ 表示，一般可查阅复利终值系数表获得。

【例 6-1】 长林公司出于资金固转需要，向银行借入5年期的长期借款，金额100 000元，年利率为9%，每年计息一次，到期还本付息。按单利和复利计息分别见表6-1和表6-2。

表 6-1　单利计算表

单位：元

期数	年初计息余额	年利率	年利息	年末借款余额
1	100 000.00	9%	9 000.00	109 000.00
2	100 000.00	9%	9 000.00	118 000.00
3	100 000.00	9%	9 000.00	127 000.00
4	100 000.00	9%	9 000.00	136 000.00
5	100 000.00	9%	9 000.00	145 000.00

表 6-2　复利计算表

单位：元

期数	年初计息余额	年利率	年利息	年末借款余额
1	100 000.00	9%	9 000.00	109 000.00
2	109 000.00	9%	9 810.00	118 810.00
3	118 810.00	9%	10 692.90	129 502.90
4	129 502.90	9%	11 655.26	141 158.16
5	141 158.16	9%	12 704.23	153 862.39

以上计算结果表明，复利计息考虑了资金的时间价值，能够产生更高的收益，但计算过程相对单利计算更为复杂。

②复利现值

复利现值是复利终值的逆运算。它是指在未来一定时间的特定资金按复利计算的现在价值，或者说是为取得将来一定本利和现在所需要的本金。其基本计算公式如下：

$$P=F/(1+i)^n$$

其中，$F/(1+i)^n$ 称为复利现值系数，用（P/F，i，n）表示，可以通过计算机计算或查阅复利现值系数表得到。

【例 6-2】长林公司第 4 年年末将收到 1 000 元，按 10%的贴现率计算其现值。

解：$P=F(1+i)^n$

$=1\ 000\times(P/F,\ 10\%,\ 4)=1\ 000\times0.683=683$（元）

（3）年金

年金是指在一定时期内，每隔相等时间收到或付出的相同数量的款项。这种款项的支付或收取是定期或等额的，体现了资金的时间价值和复利效应。年金在现实经济生活中有广泛的应用，租金、养老金、基金、工资等都表现为年金的形式。年金分为普通年金、预付年金、递延年金和永续年金四类。其中普通年金应用最为广泛，其他几种年金均可在普通年金的基础上推算出来。

①普通年金

普通年金是指自第一次收入或支出到最后一次收入或支出，全部收入或支出金额按复利计算的最终本利和，亦称后付年金。普通年金与复利相联系，也分终值和现值两种。年金现值是指未来一系列等额收付款项在当前的价值；年金终值则是指这些款项在未来某一时间点上的总价值。

设 A 为年金，F 为年金终值，P 为年金现值，i 为利率，n 为计息期数。年金终值的基本公式为：

$$
\begin{aligned}
F_A &= A+A(1+i)^1+A(1+i)^2+\cdots+A(1+i)^{n-2}+A(1+i)^{n-1} \\
&= A\,\frac{(1+i)^n-1}{i}
\end{aligned}
$$

其中，$\frac{(1+i)^n-1}{i}$称为年金终值系数，用（F/A，i，n）表示。

同理推出年金现值计算公式为：

$$P_A=A\,\frac{1-(1+i)^{-n}}{i}$$

其中，$\frac{1-(1+i)^{-n}}{i}$称为年金现值系数，用（P/A，i，n）表示。

【例 6-3】长林公司准备 5 年后进行技术改造，现计划每年年末从税后利润中提取 10 万元作为积累基金存入银行，年复利率为 10%，求 5 年后的资金。

解：$F_A=10\times(F/A，10\%，5)$

$=10\times6.105=61.05$（万元）

若长林公司需要你为外地的库房代付 3 年房租，每年租金为 1 000 元，已知银行存款年利率为 10%，那么现在需要该公司在你的银行账户存入多少钱？

解：$P_A=1\ 000\times(P/A，10\%，3)$

$=1\ 000\times2.487=2\ 487$（元）

②先付年金

先付年金也称预付年金或即付年金，是指在每期期初支付的月金，即资金流入或流出都发生在每期的开始。即付年金与普通年金的区别仅在于付款时间的不同。先付年金的终值与现值的计算都是在普通年金终值与现值系数的基础上乘以 $1+i$。基本公式如下：

终值＝$A\cdot(F/A，i，n)\cdot(1+i)$

现值＝$A\cdot(P/A，i，n)\cdot(1+i)$

③递延年金

递延年金，又称“延期年金”，是指在最初若干期没有收付款项的情况下，后面若干期等额的系列收付款项。在计算递延年金时，需要明确递延期 m 和连续收支期 n 的具体数值。递延期是指从第一期开始到第一次收付款项之前的时间段；连续收支期则是指从第一次收付款项开始到最后一期收付款项结束的时间段。

a）递延年金的终值

递延年金终值的计算方法与普通年金相同。终值的大小与递延期 n 无关，只与年金共支付了多少期有关，若一共支付 n 期，只要将这 n 期年金折算到期末，即可得到递延年金终值。

$$F_A=A\cdot(F/A,\ i,\ n)$$

b）递延年金的现值

递延年金的现值可用三种方法来计算。

第一种方法：将递延年金视为在递延期期末开始支付的普通年金，先求出其在递延期期末的现值，再折算到第一期期初。

$$P_A=A\cdot(P/A,\ i,\ n)\cdot(P/F,\ i,\ m)$$

第二种方法：求出如果没有递延期（即 $m+n$ 期）的普通年金现值，然后减去递延期（m 期）内没有收付款的年金现值，二者之差即为递延年金现值。这种方法更直观地体现了递延年金的特点。

$$P_A=A\cdot[(P/A,\ i,\ m+n)-(P/A,\ i,\ m)]$$

第三种方法：先求出递延年金终值，再将其折算到第一期期初的现值。由于这种方法较为复杂，实际应用中较少采用。延年金的现值。

$$P_A=A\cdot(F/A,\ i,\ n)\cdot(P/F,\ i,\ m+n)$$

④永续年金

永续年金是无限期等额收付的特种年金，可以视为普通年金的特殊形式，即期限趋于无穷的普通年金。永续年金没有固定的终止时间，理论上可以无限期地持续下去，每期支付的现金流金额也是固定的，由于永续年金没有终止时间，因此它没有终值，只有现值。

永续年金现值的基本公式如下：

$$P_A=A\,\frac{1-\ (1+i)^{-n}}{i}$$

当 $i\rightarrow\infty$ 时，$(1+i)^{-n}$ 的极限为零，故上式可以写成：

$$P_A=\frac{A}{i}$$

（二）风险价值

风险价值又叫风险报酬，是投资者在投资决策过程中，因承担额外的风险而期望获得的、超出无风险报酬的那部分额外收益。基本公式可以表示为：

总预期报酬率＝无风险报酬率＋风险报酬率

＝货币时间价值＋风险价值

投资的风险价值在投资活动中是不可避免、客观存在的。在投资决策分析中，风险越大，要求的报酬率越高，两者是成正比例关系。所以，企业在投资决策中首先要考虑风险因素，并根据投资的风险价值和货币时间价值来确定适当的贴现率，从而对投资方案进行正确的评价和选择。

（三）现金流量

现金流量是指在投资决策的一定期间内，现金流入和流出的数量。现金流量是评价投资方案是否可行的重要指标之一。通过对现金流量的分析和管理，企业可以更好地了解项目的资金流动情况、评估投资风险、判断项目经济效益，从而做出更加科学合理的投资决策。同时，在投资决策中，计算不同时点的现金流量是至关重要的，因为这有助于评估投资项目的整体经济效益和可行性。现金流量分析考虑了资金的时间价值，即不同时间点上的资金具有不同的价值。所以在投资决策中，往往需要计算不同时点的现金流量。

现金流量按阶段通常分为初始投资现金流量、营业现金流量、终结现金流量和增量现金流量。

1. 初始投资现金流量

初始投资现金流量是指在投资项目开始阶段所发生的现金流出，主要涉及到为了启动项目而必须支付的各项费用。一般包括以下三个方面。

（1）固定资产投资。这是初始投资现金流量中最大的一部分，包括购买土地、建筑物、机器设备、生产线等长期资产的支出。

（2）垫支的营运资金。在项目开始运营之前，可能需要预先垫付一部分营运资金，用于支付原材料采购、工资福利、租金等日常运营费用。这部分垫支的营运资金也应计入初始投资现金流量中。

（3）税费和手续费。与投资项目相关的税费和手续费，如印花税、登记费、律师费等，也应计入初始投资现金流量中。

需要注意的是，初始投资现金流量是负的现金流量，因为它代表了企业在项目开始阶段所支付的现金。

【例 6-4】长林公司准备投资一条生产线，为此需要购买一间厂房，价值 600 万元，另外购置 200 万元的设备，并组织工人培训，培训费约 12 万元。同时，为了使项目正常运行，初期投入原材料等流动资金 400 万元，对原设备进行清理，所得为 50 万元。

要求：计算该公司初始现金净流量。

解：初始现金净流量＝50－(600＋200＋12＋400)＝－1 162（万元）

2. 营业现金流量

营业现金流量是指企业在一定时期内，通过日常生产经营活动所产生的现金流入与流出的差额，差额一般为正。现金流入量是由销售收入收现引起的，现金流出量包括采购支出、设备维护和员工工资等日常的付现成本。

营业现金净流量＝销售收入－付现成本－所得税

付现成本中不需要支付现金的部分主要是折旧费，所以可以另外的得出一个重要公式：

营业现金净流量＝销售收入－（销售成本－折旧）－所得税

＝净利润＋折旧

【例 6-5】沿用【例 6-4】的资料，长林公司投资的该项目投资期为 5 年，预计每年的销售额均为 700 万元，付现成本为 300 万元。另外，厂房和设备的折旧年限分别为 20 年和 5 年，残值率均为 5%。

要求：计算该公司每年营业现金净流量。(公司所得税税率为 25%)

解：厂房的年折旧额＝600×(1－5%)÷20＝28.5（万元）

设备的年折旧额＝300×(1－5%)÷5＝57（万元）

每年营业利润＝700－(300＋57＋28.5)＝314.5（万元）

每年净利润＝314.5×(1－25%)＝235.875（万元）

每年营业现金净流量＝235.875＋(57＋28.5)＝321.375（万元）

3. 终结现金流量

终结现金流量指的是投资项目完结时所发生的现金流量。终结现金流量包括了项目结束时能够回收的各类资金。

【例 6-6】 沿用【例 6-5】的资料，长林公司的投资项目结束，预计厂房出售价值为 350 万元，设备变现过程中，支付清理费用 20 万元，出售价值为 70 万元。另外，同时收回项目流动资金 260 万元。

要求：计算该公司终结现金净流量。

解：终结现金净流量＝350＋70＋260－20＝660（万元）

4. 增量现金流量

增量现金流量是指接受或拒绝某个投资方案后，企业总现金流量因此产生的现金流量差异，也被称为相关现金流量。增量现金流量关注的是由于某一决策或项目所带来的现金流量的变化。在实际应用中，应注意以下问题：

（1）沉没成本。沉没成本是已经发生且不可回收的成本，因为它们不会对未来的决策或行为产生影响，也不属于增量现金流量，所以这些成本在投资决策过程中不应被考虑。

（2）机会成本。机会成本是企业在选择一种资源用途时所放弃的、使用同一资源在其他用途中可能获得的最高收入。企业在进行投资决策时，应充分考虑机会成本。这要求企业不仅要评估投资项目的直接成本和收益，还要考虑放弃其他投资项目可能带来的机会成本。通过比较不同投资项目的净收益（即直接收益减去机会成本），企业可以选择出最优的投资方案。

（3）负效应。在投资决策中，负效应（Negative Effect）通常指的是由于投资决策不当或外部环境变化等因素导致投资项目未能达到预期效果，甚至产生损失或不利影响的现象。其表现为：投资成本超支、收益不达预期、资金流动性问题、市场风险等。投资决策中产生的负效应是多种因素共同作用的结果，所以企业应加强投资决策的科学性、完善风险管理体系、加强项目管理、关注外部环境变化并建立责任追究机制等措施来应对负效应的挑战。

政策指引

管理会计应用指引第 500 号——投融资管理

政策指引

任务二　投资项目的决策分析

任务指南

通过本任务的学习，掌握非贴现和贴现的几种长期投资决策方法。

长期投资决策程序包括投资机会研究、项目建议书、可行性研究、项目评估与决策、项目实施与事后评价等阶段。每个阶段都有其特定的任务和目标，共同构成了一个完整的投资决策过程。长期投资决策的内容复杂，涉及企业内外部的多个方面和环节，诸如市场竞争环境、技术可行性、材料供应、资金筹措以及行业景气程度等。企业在判断投资方案是否可行时，主要是利用财务方面一些指标来进行判断。

评价投资项目的财务指标分为两类：一类是非贴现指标，即没有考虑时间价值因素的指标，主要包括回收期、会计报酬率等；另一类是贴现指标，即考虑了时间价值因素的指标，主要包括净现值、现值指数、内含报酬率等。

一、非贴现的投资决策评价方法

非贴现的方法是把不同时间的货币收支看成是等效的，评价时不考虑时间价值。这些方法在进行决策时一般只起辅助作用，主要包括回收期法、平均投资报酬率法等。

（一）回收期法

回收期法（Payback Priod，简称 PP），亦称偿还期法或还本期法，是指通过计算投资项目所带来的年现金净流入量回收该项目初始投资所需的时间（年限）。它是指收回初始投资所需的年限。一般地，投资回收期越短，风险越小，投资效果越好。回收期 PP 由以下公式确定：

$$\sum_{t=1}^{PP} NCF_t = C$$

其中，NCF_t 为第 t 年的现金净流量，C 为初始投资额。

在每年现金净流量相等的情况下，可采用下面的简便算法：

$$PP = \frac{C}{NCF}$$

利用回收期法进行投资决策时，先要确定一个回收期标准（例如 5 年），投资方案回收期不超过此标准时，则接受该投资方案；投资方案回收期超过此标准时，则拒绝该方案。实施过程中，如果存在多个可接受的互斥方案，应该选择回收期最短的方案。若各年净现金流量不等，可使用公式计算：

投资回收期＝累计净现金流量最后一次为负数所对应年限＋最后一次为负数的累计 NCF 的绝对值÷下一年的 NCF

【例 6-7】 假设长林公司有两个投资项目，其各自的现金流量见表 6-3。假定项目 A 1～3 年内现金净流量均匀发生，项目 B 1～5 年内现金净流量均匀发生。计算两个项目的投资回收期，并比较它们的优劣。

表 6-3　投资项目现金流量表

单位：元

年份	0	1	2	3	4	5
项目 A	−100 000	45 000	55 000	60 000		
项目 B	−100 000	30 000	50 000	40 000	50 000	50 000

运用回收期法计算表明，项目 A 的投资回收期 2 年小于项目 B 的回收期 2.5 年。可判断，项目 A 优于项目 B，但项目 A 回收投资后的收益为 60 000 元，而项目 B 回收投资后的收益为 120 000 元，显然项目 B 又优于项目 A。所以，这个方法存在明显不足，但它计算简便易行，在一定意义上考虑了投资风险因素。从这个角度来看，回收期越短投资风险越小，所以许多企业在对小投资项目评价时仍经常采用该方法。

（二）平均投资报酬率法

平均投资报酬率，也被称为年平均投资报酬率，是反映投资项目年利润或平均利润与年平均原始投资额的比率。平均投资报酬率指标在投资决策中具有重要意义，因为它能够帮助投资者评估投资项目的盈利能力。平均投资报酬率法通常用于对投资方案进行粗略筛选，在投资决策时应与其他方法结合使用。

二、贴现的投资决策评价方法

贴现的投资决策评价方法是考虑货币时间价值的一类决策评价方法，常见的主要有净现值法、现值指数法和内含报酬率法等。

（一）净现值法

净现值（Net Present Value，简称 NPV）是把项目在整个寿命期内的净现金流量按预定的目标收益率全部换算为等值的现值之和。简单来说，就是将未来的现金流量折现到当前时点，然后计算其净现值。其计算步骤如下：

（1）计算每年现金净流量：现金净流量（Net Cash Flow，NCF）是指一定时期内现金流入量与现金流出量之间的差额。

每年现金净流量 ＝ 现金流入量 － 现金流出量

（2）将每年现金净流量折算成净现值：如果每年现金净流量相等，则按年金法折成现值；如果每年现金净流量不相等，则先对每年现金净流量进行贴现，然后加以合计；

（3）利用净现值进行投资决策分析：对于独立方案，判断投资项目可行的标准是净现值为正值，说明贴现后的现金净流量大于初始投资额；对于多个互斥方案（满足净现值为正），应该选择净现值最大者。

【例 6-8】沿用长林公司【例 6-4】至【例 6-6】任务引导资料，投资方案的现金流量表见表 6-4。

表 6-4　项目总现金流量表

单位：万元

年份	0	1	2	3	4	5
初始现金净流量	−1 162					
营业现金净流量		321.375	321.375	321.375	321.375	321.375
终结现金净流量						610
总现金净流量	−1 162	321.375	321.375	321.375	321.375	931.375

假定该项目的折现率为8%，那么：

$$NPV=\frac{321.375}{(1+8\%)^1}+\frac{321.375}{(1+8\%)^2}+\frac{321.375}{(1+8\%)^3}+\frac{321.375}{(1+8\%)^4}+\frac{931.375}{(1+8\%)^5}-1\ 162$$

$$=245.9\times(P/A,\ 8\%,\ 4)+845.9\times(P/F,\ 8\%,\ 5)-1\ 280$$

$$=321.375\times3.312+931.375\times0.681-1\ 162=536.66\ (万元)$$

NPV 大于零，该项目可行。

净现值法目前理论上比较完善，实际运用也具有广泛的适用性。一方面，它考虑了货币时间价值，增强了现金流量的可比性；另一方面，净现值法也考虑了投资的风险因素。但其也有不少缺陷，主要不足体现在：以下三个方面。

（1）折现率确定的不确定性和主观性。首先，折现率应反映资金的时间价值和投资风险，但在实际操作中，由于市场环境、政策变动、项目风险等多种因素的影响，很难确定一个既合理又准确的折现率；其次，折现率的选择往往受到决策者主观判断的影响，不同的决策者可能会基于不同的考虑因素选择不同的折现率，从而导致净现值计算结果的差异。

（2）净现值的计算复杂。净现值法的计算过程相对复杂，需要收集大量的数据和信息，并进行多次的现金流量预测和折现计算。这增加了计算的成本和时间。

（3）只能用于投资额相同的方案的比较。净现值法在处理投资额差异较大的独立投资方案时可能不够准确。因为不同项目的投资额不同，直接比较它们的净现值可能无法反映出项目的真实经济效益。

（二）现值指数法

现值指数（Profitability Index，简称 PI）又称获利指数，是指未来某一时间点的现金流量按照一定的利率贴现到现在所得到的数值与原始投资额现值的比率。现值指数法就是根据投资方案的现值指数来评价方案是否可行的决策分析方法。现值指数法克服了净现值法的缺点，在实际中得到了广泛应用。对于单一投资方案，如果现值指数大1，表示投资收益率超过基准收益率（如银行贷款年利率），则该方案是可取的；反之，则是不可取的。当有多个互斥项目并存时，应选取现值指数最大的项目，其计算步骤同净现值法。

【例6-9】沿用【例6-8】的资料，该项目的折现率为8%，计算投资方案的现值指数。

解：$PI=(321.375\times3.312+931.375\times0.681)\div1\ 162=1.46$

PI 大于1，该项目可行。

净现值与现值指数可相互转换，关系如下（C 为投资额）：

$$PI=1+\frac{NPV}{C}$$

当现值指数大于1时，净现值大于0；当现值指数小1时，净现值小于0。因此，对于单一方案进行可行性评价时，采用净现值法与现值指数法所得结论是一致的；当有多个互斥方案时，则选取现值指数最大的项目。

（三）内含报酬率法

净现值法和现值指数法虽然考虑了货币时间价值，但是不能反映各个投资项目本身可以达到的实际投资报酬率。内含报酬率（Internal Rate of Return，简称 IRR）也叫内部收益率，是指能够使未来现金流入量现值等于未来现金流出量现值的贴现率，或者说是使投资方案净现值为零的贴现率。内含报酬率法是根据方案本身的内含报酬率来评价方案优劣的一种方法。内含报酬率可由下式推导出：

$$\sum_{t=1}^{n}\frac{NCF_t}{(1+IRR)^t}-C=0$$

其中：NCF_t 为第 t 年的现金净流量，C 为初始投资额。

目前，越来越多的企业使用该项指标对投资方案进行评价，因为该指标考虑了货币时间价值，能直接反映投资项目的实际投资报酬水平。

当 IRR 大于投资成本时，意味着项目在考虑了资金时间价值的情况下，能够提供的回报率超过了投资者所要求的最低回报率。这表明项目具有盈利能力，能够为投资者带来额外的价值。

但 IRR 的计算比较复杂，通常需要“逐步测试法”或“插值法”估计。在计算方案的净现值时，首先要估计 一个贴现率。如果净现值为负数，说明方案本身的报酬率低于估计的贴现率，应降低贴现率进一步测试；如果净现值为正数，说明方案本身的报酬率超过估计的贴现率，应提高贴现率进一步测试。

【例 6-10】沿用【例 6-8】的任务资料，该项目的资金成本为 8%。

要求：计算该项目的内含报酬率。

解：假设 $IRR=21\%$

$NPV=321.375\times(P/A，21\%，5)+610\times(P/F，21\%，5)-1\ 162=13.5>0$

重设 $IRR=22\%$

$NPV=321.375\times(P/A，22\%，5)+610\times(P/F，22\%，5)-1\ 162=-16.01<0$

估计 IRR 在 21%附近，用插值法计算：

$$\frac{IRR-21\%}{22\%-21\%}=\frac{0-13.5}{-16.01-13.5}$$

通过计算可得 $IRR=21.46\%>8\%$，该项目可行。

由上可知，净现值法、现值指数法和内含报酬率法分别从不同角度评价投资方案的优劣时，都考虑了货币时间价值，在进行单一投资方案取舍决策时，三种方法得出的结论是一致的。但对于评价原始投资额不同的互斥项目时，净现值法与现值指数法、净现值法与内含报酬率法可能会得出相互矛盾的结论，而现值指数法和内含报酬率法会得出相同结论。

任务三　长期投资决策的运用

任务指南

通过本任务的学习，能运用长期投资决策分析方法对不同投资情况进行分析，为企业做出正确决策提供依据。

一、更新设备的决策分析

设备更新是企业为了保持竞争力、提高生产效率、降低成本、满足市场需求等目的而采取的重要措施。当现有设备出现技术落后、效率低下、维护成本高昂或无法满足生产需求等问题时，企业就需要考虑进行设备更新。实际运用中，如果新设备的使用年限与旧设备的剩余使用年限相同，可以采用差量分析法计算新旧设备的现金流量差额，并就此差额计算增减的净现值，来确定更新是否有利。

【例 6-11】 长林公司现有一台 3 年前购入的设备，预计使用寿命还有 7 年 。每年能实现销售收入 200 000 元，发生付现成本 15 000 元，设备原购置成本 100 000 元，预计残值 5 000 元。由于设备老化，公司打算购置一台新设备，购置金额为 320 000 元，估计可使用 7 年，期满残值 10 000 元。使用新设备后每年销售收入 500 000 元，每年付现成本 350 000 元，资金成本为 10%；而出售旧设备，预计变现收入为 60 000 元。

要求：用净现值法为该公司做出决策（不考虑所得税）。

解：(1) 计算现金净流量

新设备每年的营业现金净流量＝500 000－350 000＝150 000（元）

旧设备每年的营业现金净流量＝200 000－150 000＝50 000（元）

购置新设备每年可增加的营业现金流量＝150 000－50 000＝100 000（元）

(2) 计算购置新设备可增加的未来报酬总现值

各年增加的营业现金净流量的现值＝100 000×(P/A，10%，7)＝486 800（元）

期满残值的现值＝(10 000－5 000)×(P/F，10%，7)＝2 565（元）

总现值＝486 800＋2 565＝489 365（元）

(3) 购置新设备需增加的投资额＝320 000－60 000＝260 000（元）

(4) 购置新设备可增加的净现值＝489 365－260 000＝229 365（元）

购置新设备可增加净现值 229 365 元，故更新设备方案可行。

二、开发新产品的决策分析

新产品开发是企业为了保持竞争力，满足市场需求，实现可持续发展等目的而采取的重要策略。企业为增强市场竞争能力与经济发展后劲，必须不断开发新产品。为此，许多企业需增加固定资产的投资，购置新设备，并为此进行项目可行性的研究进行决策。

【例 6-12】 长林公司准备开发一种新产品，购入该设备期初需一次性支付 300 000 元，垫支流动资金 400 000 元，设备每年可增加销售收入 600 000 元，增加销售成本 540 000 元，使用期为 5 年。期满可收回的设备残值为 10 000 元，并可收回全部流动资金，最低投资报酬率为 8%。

要求：用内含报酬率法对该方案的可行性做出决策分析（不考虑所得税）。

解：(1) 用 10%的折现率测试

未来报酬的总现值＝118 000×(P/A，10%，5)＋(10 000＋400 000)×(P/F，10%，5)＝701 948（元）

NPV＝701 948－700 000＝1 948（元）

净现值为正，说明估计过低，应提高折现率进行第二次测试。

(2) 用 12%的折现率测试

未来报酬的总现值＝118 000×(*P*/*A*，12%，5)＋(10 000＋400 000)×(*P*/*F*，12%，5)＝657 742（元）

NPV＝657 742－700 000＝－42 258（元）

净现值为负，说明实际报酬率低于估计的折现率 12%。

到此，我们可以估计出该项目内含报酬率在 11%左右，大于最低报酬率 8%，故该方案可行。

三、资本限量的决策分析

资本限量是指企业在进行潜在项目选择时，面临着资金不足以支持所有可行项目投资的情形。这种情况下，企业需要在有限的资金内做出决策，以最大化投资收益。决策的标准通常基于净现值（NPV）或加权现值指数（PI）最大化原则。净现值法通过计算每个项目的净现值并比较其大小来确定投资顺序，而加权现值指数法则更侧重于单位投资的效益。

【例 6-13】 长林公司目前有五个投资项目，每个项目投资贴现率为 10% ，投资期限均为五年，其收益状况及有关决策分析指标见表 6-5。假设该企业可运用的投资资金为 60 万元。

要求：做出该企业应选择哪些项目的决策分析。

表 6-5　长林公司收益状况及决策分析指标

项目	原始投资额/元	每年现金净流量/元	*NPV*/元	*PI*
A	400 000	121 347	60 000	1.15
B	250 000	74 532	32 100	1.13
C	350 000	102 485	38 500	1.11
D	300 000	85 470	24 000	1.08
E	100 000	23 752	－10 000	0.90

解：由表 6-5 的数据分析可知，项目 E 净现值小于 0，应放弃该项目。在其他四个项目中，项目 A 的净现值和现值指数最高，应首先考虑。但项目 A 所需原始投资额为 40 万元，一旦选择项目 A，余下的资金将不足以进行 B、C、D 中的任何一个项目的投资，只能存入银行或进行证券投资。通常而言，这类投资的现值指数为 1。考虑到项目 F 和企业的资金约束，可以选择的投资项目组合见表 6-6。

表 6-6　投资项目组合表

投资项目组合	原始投资额/元	*NPV*/元	*PI*
A、F	600 000	60 000	1.10
B、C	600 000	70 600	1.12
B、D、F	600 000	56 100	1.09

投资项目组合的净现值只要将相应项目的净现值直接相加，很容易计算。但加权现值指数的计算相对复杂一些，是用组合中每一个投项目的现值指数与该项目的投资额在总投资额中所占的比重相乘，然后再相加得到。投资组合 A、F 的加权现值指数 PI 的计算如下：

$PI=400\ 000\div600\ 000\times1.15+200\ 000\div600\ 000\times1.00=1.10$

其他投资项目组合的加权现值指数的计算与其相同。由此得出结论：投资组合 B、C 的净现值和加权现值指数最大，故应选择投资项目组合 B、C。

拓展阅读

投融资管理——情景分析法

情景分析是指在对企业经营管理中未来可能出现的相关事件情景进行假设的基础上，结合企业管理要求，通过模拟等技术，分析相关方案发生的可能性、相应的后果和影响，以做出最佳决策的方法，一般应用于企业的投融资决策中，也可用于战略目标制定、风险评估等。

运用情景分析法，企业可以从自身角度出发，通过综合分析整个行业环境甚至社会环境，评估和分析自身以及竞争对手的核心竞争力，进而制定相应决策。由于情景分析法重点考虑的是将来的变化，能够帮助企业很好地处理未来的不确定性因素，尤其是在战略预警方面，可以帮助企业发现自身的机会、威胁、优势和劣势等。另外，情景分析法在具体操作过程中需要企业各层级人员加入进来，可激发每个人的责任感和成就感，从而提高团队的总体能力。

企业应用情景分析法主要按确认决策主题、确认影响因素、设定不同情景、分析方案、分析实施后果几个步骤来进行。

1. 确认决策主题

一般由业务部门组织技术、财务、法律等职能部门进行前期调研，为投资决策提供基本数据，同时结合企业的自身状况、发展目标，确认有实际价值的分析主题。

2. 确认影响因素

根据调研情况，从政策、技术、社会等方面，按照自身战略、资源、能力、核心竞争力等内部环境因素要求，识别主要影响因素。例如，进行投融资决策时，应考虑投资额、资本成本等因素；进行战略目标制定时，应考虑消费者信心指数、市场占有率等因素；进行风险评估决策时，应考虑利率、汇率等产生可承受最大损失的因素。

3. 设定不同情景

通常根据决策事项设定不同的情景，这些情景应能提供有意义的测试环境，以便后续制定多个可选择方案。

4. 分析方案

对可选择方案进行充分论证，制定出各情景下的对策和实施方案，结合自身战略、资源配置、融资能力、盈利要求等做出决策。

5. 分析实施后果

通过梳理总结决策事项、影响因素、情景设定、应对措施等，不断进行情景分析。

理论冲刺

1. 什么是资金时间价值？为什么在进行长期投资决策时要考虑资金时间价值？
2. 贴现指标的优点有哪些？非贴现指标的优点有哪些？
3. 如何运用长期投资评价指标对方案进行评价？

实训闯关

一、单项选择题

1. 采用内含报酬率进行决策分析时，选择方案的标准是内含报酬率（　　）。

A. 大于资金成本率　　B. 等于资金成本率
C. 大于零　　D. 小于零

2. 能使投资方案的净现值等于零的贴现率是（　　）。

A. 获利指数　　B. 资金成本率
C. 内含报酬率　　D. 平均报酬率

3. 净现值指标为正值时，该指标越大说明投资方案的（　　）。

A. 经济效益越好　　B. 经济效益越差
C. 风险越小　　D. 风险越大

4. 长期投资决策中，用于评估项目是否可行的核心财务指标是（　　）。

A. 静态投资回收期　　B. 获利指数
C. 净现值（NPV）　　D. 投资利润率

5. 一定时期内每期期初等额收付的系列款项是（　　）。

A. 预付年金　　B. 永续年金
C. 递延年金　　D. 普通年金

6. 已知某投资方案的年营业收入为100万元，年营业支出为60万元，其中折旧为10万元，所得税税率为40%，则该方案每年的营业现金流量为（　　）万元。

A. 26　　B. 34　　C. 40　　D. 30

二、多项选择题

1. 考虑货币时间价值的评价指标有（　　）。

A. 年平均投资报酬率　　B. 净现值
C. 获利指数　　D. 内含报酬率

2. 现金流入量中的回收额通常包括（　　）。

A. 营业收入　　B. 回收固定资产余值
C. 回收流动资金　　D. 其他现金流入量

3. 项目的原始总投资包括（　　）。

A. 经营成本　　B. 流动资金投资
C. 回收流动资金　　D. 建设投资

4. 长期投资决策分析过程中需要考虑的重要因素有（　　）。
A. 资金成本　　B. 货币的时间价值
C. 边际贡献率　　D. 投资的风险价值

5. 年金是一种特殊的等额系列收付款项，其特点包括（　　）。
A. 连续性　　B. 等额性
C. 同方向性　　D. 一次性

6. 单纯固定资产投资项目的现金流量有（　　）。
A. 固定资产投资　　B. 回收固定资产余值
C. 新增经营成本　　D. 增加的营业收入

7. 如果某项目分两次投入流动资金，第一次投入 200 万元，第二次投入 260 万元，经营期内没有发生提前回收流动资金的现象，则下列说法中正确的有（　　）。
A. 该项目流动资金投资合计为 460 万元
B. 第一次投资时的流动资金需用额为 200 万元
C. 第二次投资时的流动资金需用额为 460 万元
D. 第二次投资时的流动资金需用额为 330 万元

8. 长期投资决策需要考虑的要素包括（　　）
A. 投资项目的现金流量预测　　B. 投资项目的资本成本
C. 投资项目的风险程度　　D. 投资项目的净现值（NPV）
E. 投资项目的内部收益率（IRR）

三、判断题

1. 在长期投资决策中，只要投资项目的投资利润率大于零，该方案就是可行方案。（　　）

2. 净现值（NPV）是评估长期投资项目是否可行的唯一标准。（　　）

3. 利用净现值、获利指数和内含报酬率对同一个独立项目进行评价，会得出完全相同的结论。（　　）

4. 多方案决策时投资回收期最短的方案即为可行方案。（　　）

5. 内部收益率（IRR）是使投资项目未来现金流入现值等于原始投资额现值的折现率。（　　）

6. 长期借款利息通常被认为是没有风险的时间价值表现。（　　）

四、计算分析题

1. 为确保晚年幸福，老李计划从退休前的 30 年起每年拿出 24 万元用于补充社会养老金账户，假设未来平均收益率为每年 6%。

要求：

（1）计算老李要有多少钱才能满足退休养老的愿望？

（2）老李的儿子小李为此计划在未来 10 年内每年等额存入银行一笔钱，小李每年应存多少？

2. 某投资项目的初始投资为 5 000 元，第 1 年年末和第 2 年年末均有现金流入 3 000 元。

要求：

(1) 计算该项投资的报酬率。

(2) 计算该项投资的内含报酬率。

(3) 如果资本成本率为 10%，该项投资的净现值为多少？获利指数为多少？

3. A、B、C 三个方案的动态投资决策指标见表 6-7。

表 6-7　指标数据表

项目	净现值（元）（=10%）	获利指数（%）（=10%）	内部报酬率（%）
A 方案	−454.75	0.95	6.6
B 方案	1 094.65	1.11	15.93
C 方案	1 470.91	1.07	13.43

要求：请分析比较上述三个方案，并讨论因决策目的的不同，企业应如何评价和选择方案。

4. 某企业在生产中需要一种设备，若企业自己购买，需支付 120 000 元，该设备使用寿命为 10 年，预计残值率为 5%；企业若采用租赁的方式进行生产，每年将支付 20 000 元的租赁费用，租赁期为 10 年。假设贴现率为 10%，所得税税率为 25%。

要求：做出应购买还是租赁该设备的决策。

项目七

全面预算管理

学习目标

1. 素质目标：树立协调、共享等新发展理念；
   体会管理会计人员的职业胜任能力，激发使命感。
2. 知识目标：了解全面预算的含义与作用；
   理解全面预算体系及编制方法。
3. 能力目标：能进行企业日常业务预算、专门决策预算、财务预算的编制。

思维导图

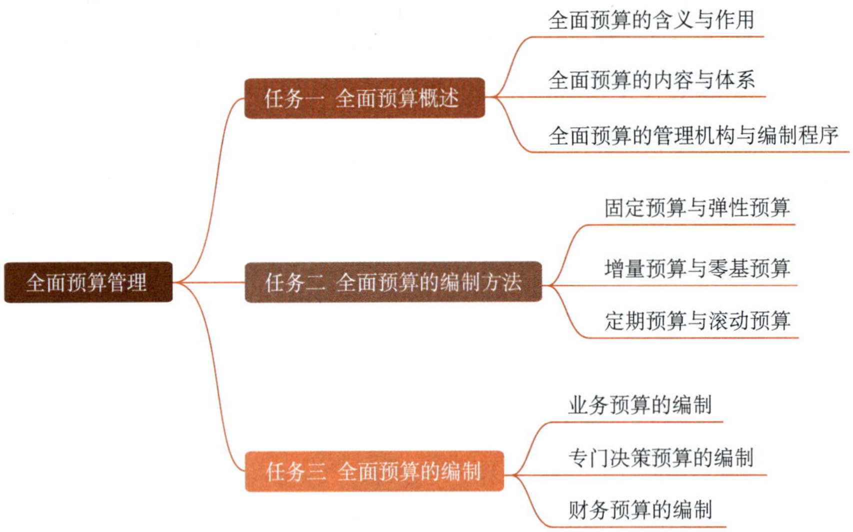

案例导入

响禾服饰有限公司是一家主营女式羽绒服线上批发、零售的个人独资公司。创立三年以来，以线上销售为主，发展态势较好。但目前“网红经济”盛行，公司创始人也有意拓宽线上销售渠道，邀请某百万粉丝营销号作为非货币性资产入股，同时开拓线下批发零售业务。基于公司战略调整要求，管理层需要对以下几种方案进行决策。

方案1：开展线上销售。继续按原有的销售模式进行，此方案的相关成本如下：需租赁仓库一间，按年支付租金2万元；仓管人员一名，月工资3 000元；包装工人一名，月工资3 000元，缴纳社保每月800元。包装工人平均每小时打包20件羽绒服，每天工作8小时，当出货量大时给予每小时30元的加班津贴。由于长期合作，响禾公司与快递公司达成协议，快递费用2千克以内10元/件，续重2元/千克。当每月寄货量在200件以上时，快递费打8折；500件以上时打6折，超过1 000件打5折。

方案2：开展线上线下相结合销售。此方案的成本除方案1的成本外，另需租赁一家店面，按年支付租金10万元；增加店长一名，月基本工资3 000元，销售提成10元/件。

方案3：与某百万粉丝营销号合作开展线上销售，此方案的成本除方案1的成本外，须给予营销号一定分红，按当年通过营销号出售的羽绒服占全年羽绒服总销售量的比例来确定分红比例，最高不超过10%。

响禾服饰投资初始资金为20万元，购置固定资产5万元，预计可使用年限为10年，按直线法计提折旧。每月水电费用约300元，其他办公费用约500元。公司成立以来销售业绩如下：2020年总销售量为1 000件，销售额800 000元；2021年总销售量为2 800件，销售额2 240 000元；2022年总销售量为4 000件，销售额3 200 000元。平均每件女式羽绒服的成本为350元，重量约为2.5千克。销售方式一般为现销，对少数经常交易的单位，采取当月支付50%，下月支付50%的赊销政策，赊销金额约为总销量的1/3。目前公司有员工4人，财务人员一名，月工资5 000元；销售员甲、乙月工资为4 000元，销售员丙月工资为6 000元。另外，每年产生固定广告宣传费用3万元。

仔细阅读以上案例，并思考：

1. 根据公司经营状况和资金量分析，如何编制2023年全面预算表？

2. 完成以上三种方案的可行性分析，包含是否存在一定销售量下，销售模式的切换分析。

任务一　全面预算概述

任务指南

通过本任务的学习，了解企业实施全面预算管理的意义和作用，熟悉全面预算的内容和体系构成。

微课7-1：全面预算体系概述

一、全面预算的含义与作用

（一）全面预算的含义

“凡事预则立，不预则废。”在市场竞争日益激烈的当今，任何一个企业为了提高市场竞争力，增加经济效益，必须事先做好规划工作。管理大师彼得·德鲁克（Peter

F. Drucker）曾说过：“预算不是一场数字游戏，而是围绕战略目标的设立而进行思考的一个过程。”具体来说，预算是一种综合的管理系统，是将决策的目标具体、系统地反映出来的过程，是企业全方位的计划的体现。

为了实现企业既定的决策目标，保证决策方案能在实际工作中贯彻执行，必须要求企业职能部门之间通力合作，相互配合，通过编制预算来有效规划和控制企业未来的经济活动，实行全面预算管理。

全面预算也称为总预算，是指企业为实现未来一定时期的发展战略目标，在预测与决策的基础上，以货币为主要计量单位，对未来的经营、投资和财务等经济活动，通过量化的方式进行合理的规划、预测、控制等，它是一个全员、全业务、全过程的管理体系。简单来说，全面预算是企业对其全部经营活动的计划和资源配置。

政策指引

政策指引

管理会计应用指引第 200 号——预算管理

（二）全面预算的作用

全面预算是企业实施规划控制的基础，是企业进行有效管理的关键，主要表现在以下几个方面。

1. 明确各部门的工作目标

编制全面预算明确了企业整体的经营活动，有助于各部门了解自己与整体经营目标之间的关系，明确自己在业务量、收入和成本等各方面应达到的水平和努力的方向，促使企业员工想方设法从各自的角度出发，为完成企业的总体目标而努力。

2. 协调各部门的利益关系

全面预算围绕着企业的战略目标，把企业经营过程中各个环节、各个方面的工作严密地组织起来。这就促使企业各部门之间相互协调，统筹兼顾，朝着共同的、总体战略目标前进，同时也间接减少了由于部门利益冲突造成影响企业整体利益的现象。

3. 控制各部门的日常活动

编制全面预算是企业经营管理的起点，也是控制日常经济活动的依据。在经营过程中，需要对各部门的经济活动进行比较和分析，及时找到实际与预算的差异并分析产生原因，进而采取相应措施加以控制，消除薄弱环节，以此保证各部门的活动符合实现企业总体目标的需要。

4. 考核各部门的工作业绩

企业在进行工作业绩考核时，全面预算的各项指标可以作为评价标准。对各部门的预算完成度进行考评时，根据实际业绩与预算业绩之间的差异，一方面找到其差异原因，明确责任，进行奖惩；另一方面也为改进后期预算工作及编制下期预算做准备。

二、全面预算的内容与体系

（一）全面预算的内容

完整的全面预算包括业务预算、专门决策预算和财务预算三个部分。按照企业既定的经营目标，以销售预测为起点，对企业的生产、成本费用、现金收支等活动进行预测，以此编制出预计利润表与预计资产负债表。

业务预算又称为经营预算，是与企业日常经营活动直接相关的系列预算。具体包括销售预算、生产预算、直接材料预算、人工预算、制造费用预算、产品生产成本预算、销售及管理费用预算。

专门决策预算又称为资本支出预算，是以企业不经常发生、投资决策项目或一次性专门业务活动为对象而编制的预算。主要包括根据投资决策而编制的与购置、更新改造固定资产决策有关的资本支出预算，与产品改造和新产品研发有关的生产经营决策预算等。

财务预算是指反映企业预算期现金收支、经营成果和财务状况的各项预算。主要包括现金预算、预计利润表和预计资产负债表等，这些预算以价值量指标总括反映经营预算和专门决策预算的结果。

（二）全面预算的体系

全面预算是在预测和决策的基础上围绕企业总体战略目标，以销售预算为起点，按其内容和相互关系前后衔接，有序排列的一个完整体系，如图 7-1 所示。

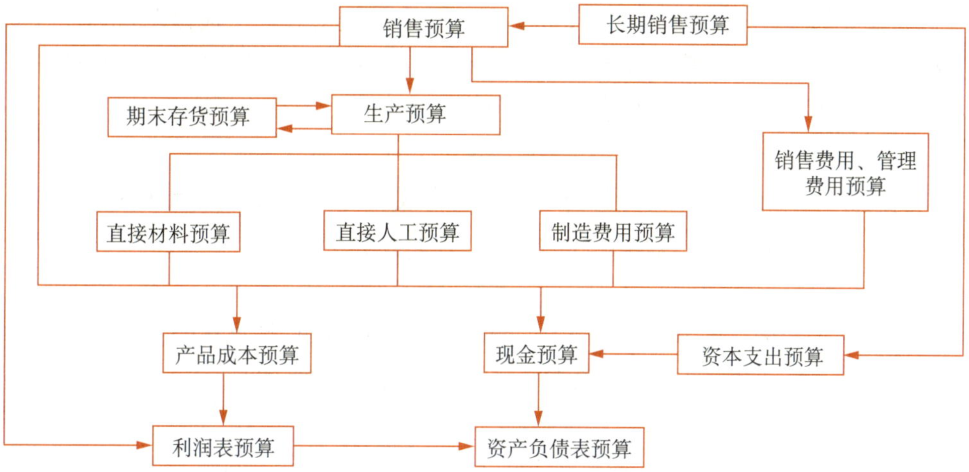

图 7-1　全面预算体系图

在全面预算体系中，经营预算是全面预算的主体，专门决策预算穿插在经营活动过程中，但二者最终都会以价值量指标反映在财务预算中，因此有时也称财务预算为总预算。经营预算和专门决策预算为分预算，三类预算有机结合构成了完整的全面预算体系。

三、全面预算的管理机构与编制程序

（一）全面预算的管理机构

全面预算的编制工作量大、涉及面较广，是一项系统性、整体性很强的工作，需要企业各级管理人员与广大员工的共同参与和密切配合才能完成。为保证预算编制工作顺利完成，一般会在董事会下成立专门预算管理委员会负责拟订预算目标、政策、制定相关措施，下达审议预算，考核评价等工作，是组织领导公司全面预算管理的最高权力组织，通常由企业的董事长、企业内各相关部门的主管，比如销售、生产、财务部门总经理、副总经理、总会计师等高级管理人员组成。另外，财务管理部门也作为全面预算的执行管理机构负责审查平衡、跟踪管理、监督预算执行、分析差异、提出改进意见等工作。

（二）全面预算的编制程序

全面预算编制程序如下。

1. 确定总目标

根据预测和决策分析，围绕企业总体战略目标确定实施措施，形成年度企业预算总目标。

2. 下达目标任务

对总目标进行层层分解，确定预算编制政策，由预算管理委员会将各分解目标下达到各部门。

3. 各部门编制上报

各部门根据下达的分解目标，结合自身具体情况，在充分收集有关资料并进行加工、整理、分析的基础上，提出详细的部门预算草案，上报财务管理部门。

4. 审核协调

财务管理部门对各部门上报的预算草案进行审核、汇总，再根据总目标对预算草案提出平衡建议，由预算管理委员会进行协调，解决在预算编制过程中出现的各种问题，通过反复协调修正后形成企业的全面预算方案。

5. 审议通过

全面预算方案由预算管理委员会进行全面审议和评价，对可能存在的问题提出解决和修正，直至审定通过，形成正式的企业年度总预算文件。

6. 下达执行

将通过的年度总预算下达给各部门，日常工作中对执行情况进行定期检查，并对执行结果进行分析评价，为下一期预算的编制工作提供改进意见。

任务二 全面预算的编制方法

微课7-2：预算管理编制方法

任务指南

通过本任务的学习，掌握固定预算与弹性预算、增量预算与零基预算、定期预算与滚动预算编制方法的概念、主要优缺点和适用范围，能根据不同的预算需求选择合适的编制方法。

全面预算编制的项目非常多，涉及企业在实际生产经营过程中生产、销售、成本核算、资金运用等各个方面，这些项目编制的要求各有不同。因此，企业在编制全面预算时，应该根据经济内容的相关特点采取不同的方法。

按业务量基础的数量特征不同，可分为固定预算和弹性预算；按出发点的特征不同，可分为增量预算和零基预算；按预算期的时间特征不同，可分为定期预算和滚动预算。其中较为先进的方法是弹性预算、滚动预算和零基预算。下面介绍几种典型的编制方法。

一、固定预算与弹性预算

（一）固定预算

1. 定义

固定预算又称静态预算，是把企业预算期的业务量固定在某一预计水平上，不考虑生产活动可能发生的变动而编制预算的方法。这种方法主要适用于业务量水平较为稳定的企业或非营利组织。

2. 优缺点

固定预算编制方法操作比较简单，但也存在比较明显的缺点。其一是过于呆板机械。因为编制预算的业务量基础是事先假定的某一个业务量，不论预算期内业务量水平可能发生哪些变动，都只按事先确定的这一个业务量水平作为编制预算的基础。其二是可比性差。这是固定预算方法的显著缺点，当实际的业务量与编制预算所根据的预计业务量有较大差异时，各项指标的实际数与预算数会因业务量基础不同而缺乏可比性，不利于进行正确地控制、考核和评价企业预算的执行情况。

一般来说，对于不随业务量变化而变化的固定成本部分，多采用固定预算方法来编制，而对于变动成本而言，其总额会随着业务量的变化而变化，因此不宜采用这种方法。

（二）弹性预算

1. 定义

弹性预算又称动态预算，是指在成本性态分析、本量利分析的基础上，预估未来业务量可能变动的范围，按照各种业务量水平编制预算的一种方法。这种方法主要适用于编制全面预算中所有与业务量有关的预算。

2. 优缺点

弹性预算能够反映预算期内一定范围内的、不同业务量水平相对应的预算额，一方面扩大了预算的范围，能更好地发挥预算的控制作用；另一方面，能够使预算对实际执行情况的评价与考核，建立在更加客观可比的基础上。但在运用弹性预算评价和考核实际成本时，往往需要使用插补法来计算实际业务量的预算成本，操作过程相对麻烦。

一般来说，与业务量存在内在依存关系的预算会采用弹性预算来编制，比如成本预算和利润预算。用弹性预算的方法来编制成本预算时，根据成本性态分析将所有的成本划分为变动成本与固定成本两大部分，变动成本依据单位业务量来控制，固定成本则按总额控制。成本的弹性预算计算如下：

成本的弹性预算＝固定成本预算数＋∑（单位变动成本预算数×预计业务量）

政策指引

管理会计应用指引第 203 号——弹性预算

政策指引

二、增量预算与零基预算

（一）增量预算

1. 定义

增量预算又称调整预算，是指以基期成本费用水平为基础，分析预算期业务量水平及相关影响因素的变动情况，通过调整基期项目及数额编制相关预算的方法。

2. 优缺点

增量预算编制方法设置了两个前提假设：一是认为现在的业务都是必须进行的；二是认为过去所发生的业务都是合理的，主张不需在预算内容上做较大改进，而是应循沿袭以前的预算项目，因而该方法简便易行。但这也存在一定的缺陷：由于受到原有费用项目与预算内容的限制，当预算期的情况发生变化时，可能导致预算不够确切，不利于调动各部门达成预算目标的积极性，不利于企业未来发展。

（二）零基预算

1. 定义

零基预算是指所有预算支出均以零为起点，不考虑以往期间的费用项目和费用数额，一切从实际需要和可能出发，综合平衡编制费用预算的一种方法。在编制过程中，需要根据预算期内可以支配的资金在各项费用之间进行重新分配，优先满足必不可少的项目开支，然后依据其他费用支出的性质和轻重缓急来确定费用标准。具体做法如下：

（1）确定企业总体经营目标，结合各部门的责任目标，制定各项固定性费用的开支方案；

（2）对预算期各项费用的支出方案进行“成本—效益分析”，权衡轻重缓急，做出综合评价，分层次确定开支的先后顺序；

（3）按照费用开支的层次和顺序，结合企业预计可动用的资金数额分配资金，落实预算。

2. 优缺点

零基预算的优点很明显，其不受基期费用项目和数额的约束，有助于发挥全体员工的积极性和创造性，促使各部门合理使用资金，减少浪费。但由于这种方法一切从零出发，在编制费用预算时需要完成大量的基础工作，这势必带来很大的工作量，也需要较长的编制时间。

政策指引

政策指引

管理会计应用指引第202号——零基预算

【例7-1】长林公司采用零基预算法编制2023年销售及管理费用预算，企业销售及管理部门根据下年度的目标利润及本部门的具体工作任务，经讨论研究，确定需要发生的各项费用项目如下：保险费30 000元、房屋租金50 000元、办公费60 00元、差旅费4 000元、广告费30 000元、职工培训费18 000元，共计138 000元。但经预测，长林公司2023年可用于销售及管理费用的资金共计120 000元。

要求：对2023年销售及管理费用资金使用做出具体安排，已知广告费成本收益率为20%，职工培训费成本收益率为40%。

解：1. 将所有费用项目按支出性质和轻重缓急列出层级和顺序

（1）保险费、租金、办公费、差旅费属于约束性固定成本，是预算年度必不可少的开支，所以须全额予以保证，共计 90 000 元；

（2）广告费和职业培训费属于酌量性固定成本，可以根据预算年度企业资金情况酌量增减，重点考虑成本收益率的影响，因此职工培训费属于第二层次，广告费属于第三层次。

2. 将剩余的可供分配资金 30 000 元按成本收益率在培训费和广告费中进行分配

（1）培训费可分配资金 $=30\ 000\times\frac{40}{40+20}\times100\%=20\ 000$（元）

（2）广告费可分配资金 $=30\ 000\times\frac{20}{40+20}\times100\%=10\ 000$（元）

三、定期预算与滚动预算

（一）定期预算

1. 定义

定期预算是指在编制预算时以一定的会计期间（按公历年度）作为预算期的一种预算编制方法。

2. 优缺点

定期预算的优点在于与会计年度相匹配，便于预先执行结果的考核与评价。缺点在于预算时效性不强，降低了预算的准确性；由于预算期的固定性，无法适应突发情况带来的影响，使预算缺乏灵活性。另外，当预算执行到后期时，预算执行者往往只考虑剩余期间的预算控制，缺乏长远打算。

（二）滚动预算

1. 定义

滚动预算又称永续预算或连续预算，是指在编制预算时，在一定的预算期的基础上，随着预算执行的进程将预算期不断向后补充，逐期滚动，从而使预算期始终保持在某一固定期限（通常为 12 个月）的预算编制方法。

2. 优缺点

与定期预算相比，滚动预算对预算期不断地进行调整，有效地解决了时效性的问题，避免了预算期过长而导致的预算脱离实际。由于预算期逐期滚动，能根据实际经营情况进行差异分析，可以灵活地修订预算。将预算期始终固定在一定的期限，使管理人员始终保持整体观念，确立长远打算，有助于生产经营活动的稳定持续发展。但其缺点在于编制预算的工作量大。

滚动预算按预算编制和滚动时间不同，一般分为逐月滚动、逐季滚动、混合滚动等方式。

逐月滚动是指以月份为滚动单位，每个月调整一次，比如在 2022 年 1 月至 12 月的预算执行过程中，需要在 1 月末根据当月预算的执行情况，重新编制 2 月至 2023 年 1 月的预算。逐季滚动是以季度为滚动单位，每个季度调整一次预算。而混合滚动是指同时使用月份和季度作为滚动单位的方法，在预算编制过程中，可以对近期的预算编制内容制作得比较详细，而对远期预算提出较低的精度要求，这样可以使预算编制内容相对简单，减轻工作量。混合滚动示意见表 7-1。

表 7-1 混合滚动预算示意表

第一次滚动

2022 年度					
第一季度			第二季度总数	第三季度总数	第四季度总数
1 月份明细数	2 月份明细数	3 月份明细数			

第二次滚动

2022 年度					2023 年度
第二季度			第三季度总数	第四季度总数	第一季度总数
4 月份明细数	5 月份明细数	6 月份明细数			

政策指引

政策指引

管理会计应用指引第 201 号——滚动预算

任务三 全面预算的编制

任务指南

通过本任务的学习，能正确编制出业务预算、专门决策预算及财务预算相关表格，并理解业务数据之间的关系和构成。

一、业务预算的编制

业务预算与企业日常经营活动直接相关，涉及产、购、销等各个环节，具体包括销售预算、生产预算、直接材料预算、人工预算、制造费用预算、产品生产成本预算、销售及管理费用预算。

（一）销售预算

销售预算是指在销售预测的基础上，根据目标利润的要求，预测出预算期各产品的销售量、销售单价，从而求出预计销售收入。销售预算是全面预算的起点，也是编制其他各种预算的基础。

销售预算主要由销售部门负责编制，通常按年分季或分月编制。

【例 7-2】长林公司 2022 年只生产 A 产品（单位：件），销售单价为 60 元，通过预测，2023 年度第一到第四季度的销售量分别为 4 000 件、6 000 件、5 000 件、5 500 件。长林公司 2023 年度销售预算见表 7-2。

表 7-2　长林公司销售预算表

项目	第一季度	第二季度	第三季度	第四季度	全年数
预计销售量/件	4 000	6 000	5 000	5 500	20 500
销售单价/元	60	60	60	60	
预计销售金额/元	240 000	360 000	300 000	330 000	1 230 000

销售预算还包括预计现金收入的计算，在实际工作中，产品销售往往不是现购现销的，即会产生一部分数额的应收账款。因此，在销售预算中通常还包括预计现金收入的计算，包括前期应收账款的收回数额和本期销货款的收回数额，以此编制预计现金收入计算表，这样做是方便后期现金预算表的编制。

【例 7-3】沿用【例 7-2】的资料，根据以往的经验，销货款在当季可收回 70%，其余部分在下一季度收回，假设长林公司 2022 年第四季度的应收账款数额为 90 000 元，长林公司 2023 年预计现金收入见表 7-3。

表 7-3　长林公司预计现金收入表

单位：元

项目		第一季度	第二季度	第三季度	第四季度	全年数
预计现金收入	期初应收账款余额	90 000				90 000
	第一季度销售收入	168 000	72 000			240 000
	第二季度销售收入		252 000	108 000		360 000
	第三季度销售收入			210 000	90 000	300 000
	第四季度销售收入				231 000	231 000
现金收入合计		**258 000**	**324 000**	**318 000**	**321 000**	**1 221 000**

思考：第四季度末应收账款余额是多少？

（二）生产预算

生产预算是指以销售预算中每季或每月的预计销售量为依据，结合每季或每月的预计期初、期末存货量，计算出产品预计生产量。通常，企业的生产和销售不能做到“同步同量”，生产数量除了满足正常销售量外还需要设置一定的存货量，以保证能在发生意外需求时按时供货，节省因赶工而产生的额外开支。

生产预算主要由生产部门负责编制，与销售预算一样，通常按年分季或分月编制。其计算公式如下：

$$预计生产量=预计销售量+计划期末预计存货量-计划期初存货量$$

【例 7-4】 沿用【例 7-2】的资料，根据存货管理要求，长林公司期末存货量为下一季度销售量的 20%，预计年度 A 产品第一季度期初存货量为 800 件，期末存货量为 1 200 件。长林公司 2023 年生产预算见表 7-4。

表 7-4 长林公司 2023 年生产预算表

单位：件

项目	第一季度	第二季度	第三季度	第四季度	全年数
预计销售量	4 000	6 000	5 000	5 500	20 500
加：期末存货	1 200	1 000	1 100	1 200	1 200
合计	**5 200**	**7 000**	**6 100**	**6 700**	
减：期初存货	800	1 200	1 000	1 100	800
预计生产量	**4 400**	**5 800**	**5 100**	**5 600**	**20 900**

（三）直接材料预算

直接材料预算是指以生产预算中预算生产量为依据，结合预算期内的直接材料耗用量，考虑材料的期初、期末存货量，计算出预计直接材料采购量，同时根据材料采购单价，计算出材料采购成本。计算步骤如下。

1. 确定预计生产量

根据生产预算确定。

2. 计算预计生产需用量

$$预计生产需用量=预计生产量\times 材料单位产品用量$$

3. 计算预计期末存量

$$预计期末存量=下期生产需要量\times a\%$$

4. 计算预计采购量

$$预计采购量=预计生产需用量+预计期末存量-预计期初存量$$

5. 计算预计采购成本

$$预计采购成本=预计采购量\times 预计采购单价$$

【例 7-5】 沿用【例 7-4】的资料，假设长林公司生产的 A 产品只需要一种原材料，材料单位产品用量定额为 3 千克，材料采购单价为每千克 4 元，材料每季度期末存量为下一季度生产需要量的 20%，预计年度该材料第一季度期初存货量为 3 000 千克，期末存货量为 4 500 千克。长林公司 2023 年直接材料采购预算见表 7-5。

表 7-5 长林公司计划年度直接材料采购预算表

项目	第一季度	第二季度	第三季度	第四季度	全年数
预计生产量/件	4 400	5 800	5 100	5 600	20 900
单位产品定额用量/千克	3	3	3	3	3
预计生产需用量/千克	13 200	17 400	15 300	16 800	62 700

续表

项目	第一季度	第二季度	第三季度	第四季度	全年数
加：期末存量/千克	5 800	5 100	5 600	4 500	4 500
减：期初存量/千克	3 000	5 800	5 100	5 600	3 000
预计材料采购量/千克	16 000	16 700	15 800	15 700	64 200
采购单价/元	4	4	4	4	4
预计采购成本/元	64 000	66 800	63 200	62 800	256 800

在实际工作中，材料采购经常会发生赊购行为，即会产生一定数额的应付账款。在编制直接材料预算表时，为便于后期现金预算的编制，往往还需要对材料采购现金支出进行计算，包括前期应付购料款和本期购料款支付情况，作为直接材料预算的附表。

【例 7-6】 沿用【例 7-5】的资料，已知预计期应付账款期初余额为 18 000 元，每季度的采购货款当季度支付 60%，其余款项在下一季度支付。长林公司 2023 年预计材料采购现金支出见表 7-6。

表 7-6 长林公司预计现金支出计算表

单位：元

项目	金额及发生额	现金支出			
		第一季度	第二季度	第三季度	第四季度
应付账款期初余额	18 000	18 000			
第一季度采购额	64 000	38 400	25 600		
第二季度采购额	66 800		40 080	26 720	
第三季度采购额	63 200			37 920	25 280
第四季度采购额	37 680				37 680
合计	**249 680**	**56 400**	**65 680**	**64 640**	**62 960**

思考：第四季度末应付账款余额是多少？

（四）直接人工预算

直接人工预算是以生产预算中预算生产量为依据，结合预算期内完成生产任务所需的单位人工耗用量，计算出预计总工时用量，同时结合单位工时工资率，计算出直接人工成本。

直接人工预算主要由生产部门或劳动人事部门负责，编制时可按不同工种分别计算直接人工成本，然后汇总即可。其计算公式如下：

预计直接人工成本总额＝预计生产量×单位产品工时定额×单位工时工资率

【例 7-7】沿用【例 7-4】的资料，长林公司生产产品所需直接人工都只有一个工种，预计单位工时定额为 3 小时，单位工时工资率为 6 元。长林公司直接人工预算见表 7-7。

表 7-7　长林公司预计直接人工预算表

项目	第一季度	第二季度	第三季度	第四季度	全年数
预计生产量/件	4 400	5 800	5 100	5 600	20 900
单位产品工时定额/小时	3	3	3	3	3
预计总工时/小时	13 200	17 400	15 300	16 800	62 700
单位工时工资率/元	6	6	6	6	6
直接人工成本总额/元	79 200	104 400	91 800	100 800	376 200

（五）制造费用预算

制造费用预算是指在生产预算的基础上，除了直接材料和直接人工预算以外的其他一切生产成本的预算。

制造费用是指企业产品制造过程中发生的各项间接费用，内容多而杂。按成本性态常将其分为变动制造费用和固定制造费用两大类。变动制造费用根据预计生产量和预计的变动制造费用分配率来计算；固定制造费用与本期的生产量无关，一般可以按照零基预算的编制方法编制。

制造费用预算的编制主要由生产部门负责。在制造费用预算中，涉及现金的支出预算，为了便于后期编制现金预算，同样需要计算预计制造费用现金支出额。其中，固定资产折旧费作为一项固定成本，它不涉及现金的支出，因此需将制造费用预算额扣除折旧费后调整为现金支出额。计算步骤如下。

1. 确定预计生产量

根据生产预算确定。

2. 计算预计变动制造费用分配率

预计变动制造费用分配率＝预计变动制造费用÷预计生产总量×100%

3. 计算预计固定制造费用

预计固定制造费用＝预计固定制造费用÷预计期数（按月或按季）

4. 计算现金支出额

预计现金支出额＝预计变动制造费用＋预计固定制造费用－预计折旧费

【例 7-8】沿用【例 7-4】的资料，长林公司预计 2023 年度制造费用总额 142 120 元，具体构成如下：变动制造费用 87 780 元（含间接人工 50 780 元，间接材料 10 000 元，水电费 17 000 元，维修费 10 000 元）；固定制造费用 54 340 元（含管理人员工资 30 000 元，保险费 4 340 元，设备折旧费 18 000 元，维护费 2 000 元）。假定除折旧费以外，其他费用均在当期用现金支付。长林公司制造费用预算见表 7-8。

表 7-8 长林公司制造费用预算表

项目	第一季度	第二季度	第三季度	第四季度	全年数
预计生产量/件	4 400	5 800	5 100	5 600	20 900
变动制造费用分配率/%	4.2	4.2	4.2	4.2	4.2
变动制造费用/元	18 480	24 360	21 420	23 520	87 780
固定制造费用/元	13 585	13 585	13 585	13 585	54 340
制造费用总额/元	**32 065**	**37 945**	**35 005**	**37 105**	**142 120**
减：折旧费/元	4 500	4 500	4 500	4 500	18 000
现金支出合计/元	**27 565**	**33 445**	**30 505**	**32 605**	**124 120**

（六）产品成本预算

产品成本预算是在生产预算、直接材料预算、直接人工预算和制造费用预算的基础上，计算出预算期内的单位产品成本和总成本。其中单位产品成本是在变动成本法下由直接材料、直接人工和变动制造费用的单位成本组成的。总成本又分为生产成本、期末存货成本和销货成本。产品成本预算一般由生产部门负责，也可汇总到财务部门编制。

【例 7-9】沿用【例 7-2】～【例 7-8】的资料，采用变动成本计算法，长林公司产品成本预算见表 7-9。

表 7-9 长林公司产品成本预算表

项目	单位产品成本			生产成本/元	期末存货量/件	期末存货成本/元	销售量/件	销货成本/元
	单耗	单价/元	单位成本/元					
直接材料	3 千克	4	12	250 800	1 200	41 040	20 500	701 100
直接人工	3 小时	6	18	376 200				
变动制造费用		4.2	4.2	87 780				
合计			**34.2**	**714 780**	**1 200**	**41 040**	**20 500**	**701 100**

（七）销售及管理费用预算

销售及管理费用预算是指对预算期内企业在产品销售过程中，以及为组织和管理生产经营活动发生的各项费用编制的预算。其编制方法与制造费用预算相似，变动销售及管理费用是根据预计生产总量和预计变动销售及管理费用分配率来计算的。预计变动销售及管理费用分配率的计算公式为：

预计变动销售及管理费用分配率＝预计变动销售及管理费用÷预计生产总量

销售及管理费用预算一般由企业行政管理部门和销售部门负责编制，因涉及现金的支出，为方便后期编制现金预算，还需编制预计现金支出计算表。

【例 7-10】沿用【例 7-4】的资料，长林公司预计 2023 年变动销售及管理费用分配率为 3.2，固定销管费用 53 120 元。长林公司销售及管理费用预算见表 7-10。

表 7-10　长林公司销售及管理费用预算表

项目	第一季度	第二季度	第三季度	第四季度	全年数
预计生产量/件	4 400	5 800	5 100	5 600	20 900
变动销管费用分配率/%	3.2	3.2	3.2	3.2	3.2
变动销管费用/元	14 080	18 560	16 320	17 920	66 880
固定销管费用/元	13 280	13 280	13 280	13 280	53 120
现金支出合计/元	**27 360**	**31 840**	**29 600**	**31 200**	**120 000**

注意：销售及管理费用同样只考虑付现成本，非付现部分（折旧额）要从支出中扣减。

二、专门决策预算的编制

专门决策预算以企业计划期间不经常发生的长期投资决策项目或一次性专门业务活动作为预算编制对象，主要涉及长期投资项目资金投放、股利发放、税金缴纳等。专门决策预算一般由财务部门会同生产技术部门、企业决策部门共同协商编制。

【例 7-11】长林公司预计在 2023 年还会发生以下现金支付业务：

1. 第一季度支付上年度应付所得税 18 000 元，预计期各季度均预付所得税 20 000 元；
2. 第一季度向股东发放上年度现金股利 50 000 元；
3. 第一季度进行大型生产设备的更新，支出相关费用合计 60 000 元，在当季全额支付；
4. 第二季度购置新设备一台，价值 120 000 元，在当季全额支付。

长林公司的专门决策预算见表 7-11。

表 7-11　长林公司计划年度专门决策预算表

单位：元

项目	第一季度	第二季度	第三季度	第四季度	全年数
所得税费支出	18 000	20 000	20 000	20 000	78 000
现金股利支出	50 000				50 000
固定资产更新支出	60 000				60 000
购买固定资产支出		120 000			120 000
现金支出合计	**128 000**	**140 000**	**20 000**	**20 000**	**308 000**

微课 7-3：现金预算编制

三、财务预算的编制

（一）现金预算

现金预算是指在经营预算和专门决策预算的基础上展开的综合性预算。现金预算包括现金收入、现金支出、现金余缺和资金筹措与运用等内容。计算步骤如下。

1. 计算可供使用的现金收入

可供使用的现金收入＝期初的现金余额＋预算期内发生的现金收入

2. 计算现金支出

现金支出＝预算期内发生的经营性支出＋预算期内发生的资本性支出

3. 计算现金余缺

现金余缺＝可供使用的现金收入－现金支出

差额正为余，差额负为缺。

4. 进行资金的筹集与运用

根据预算期现金收支的差额和企业资金管理政策，进行资金的筹措与运用。差额为余时可偿还借款或进行短期投资，差额为缺时可通过银行借款进行筹措。

现金预算一般由财务部门负责编制，通常按年分季或按季分月进行。一般来说，资金借入的时间发生在期初，归还本息的时间发生在期末。另外，为满足企业生产经营活动对资金的临时性需要，往往还需保持一定数量的库存现金余额。

【例 7-12】 沿用【例 7-2】～【例 7-11】的资料，长林公司财务部门根据企业经营特点及资金管理政策，确定企业的最佳现金持有量为 20 000 元。当现金余额不足 20 000 元时，可通过银行借款来补充，年借款利率为 5%，借款为 10 000 元的整数倍；当现金余额超过 20 000 元时，超出部分用于归还借款和购入有价证券。在还款时付息（所有借款都发生在每季度初，还款均发生在每季度末）；长林公司 2022 年期末现金余额为 21 000 元。根据以上资料，长林公司年度现金预算见表 7-12。

表 7-12　长林公司年度现金预算表

单位：元

项目	第一季度	第二季度	第三季度	第四季度	全年数
期初现金余额	21 000	20 475	29 110	27 815	21 000
加：现金收入					
应收账款收回及销货收入	258 000	324 000	318 000	321 000	1 221 000
可供使用现金	**279 000**	**344 475**	**347 110**	**348 815**	**1 242 000**
减：现金支出					
直接材料支出	56 400	65 680	64 640	62 960	249 680
直接人工支出	79 200	104 400	91 800	100 800	376 200
制造费用	27 565	33 445	30 505	32 605	124 120
销售及管理费用	27 360	31 840	29 600	31 200	120 000
所得税费支出	18 000	20 000	20 000	20 000	78 000
现金股利支出	50 000				50 000

续表

项目	第一季度	第二季度	第三季度	第四季度	全年数
固定资产更新支出	60 000				60 000
购买固定资产支出		120 000			120 000
现金支出合计	**318 525**	**375 365**	**236 545**	**247 565**	**1 178 000**
现金余缺	−39 525	−30 890	110 565	101 250	64 000
银行借款（期初）	60 000	60 000			120 000
归还借款（期末）			−80 000	−40 000	−120 000
支付利息			−2 750	−1 500	−4 250
短期投资				−30 000	−30 000
合计	**60 000**	**60 000**	**−82 750**	**−71 500**	**−34 250**
期末现金余额	**20 475**	**29 110**	**27 815**	**29 750**	**29 750**

（二）预计利润表

预计利润表是以业务预算、专门决策预算和现金预算为基础，对企业预算期内的生产经营成果，按照贡献式利润表的格式进行编制。计算步骤如下：

1. 确定销售收入

2. 计算变动成本

变动成本＝变动生产成本＋变动销售及管理费用

3. 计算边际贡献

边际贡献＝销售收入－变动成本

4. 计算固定成本

固定成本＝固定制造费用＋固定销售及管理费用

5. 计算营业利润

营业利润＝边际贡献－固定成本

6. 计算税前利润

税前利润＝营业利润－利息费用

7. 计算净利润

净利润＝税前利润－所得税

预计利润表一般由财务部门负责编制，除企业管理需要外，通常按年不分季度编制。

【例 7-13】沿用【例 7-2】～【例 7-12】的资料，编制长林公司预计利润表，见表 7-13。

表 7-13　长林公司预计利润表

单位：元

项目	金额
销售收入	1 230 000
减：变动成本	
变动生产成本	701 100
变动销售及管理成本	66 880
边际贡献	462 020
减：固定成本	
固定制造费用	54 340
固定销售及管理费用	53 120
营业利润	354 560
减：利息费用	4 250
税前利润	350 310
减：所得税	80 000
税后净利润	270 310

（三）预计资产负债表

预计资产负债表是在基期期末资产负债表的基础上，以业务预算、现金预算和预计利润表为依据，对预算期末财务状况进行编制。预计资产负债表一般由财会部门负责，按照正常资产负债表的格式和各项内容的填列方法按年编制。

【例 7-14】长林公司预算期初的简明资产负债表见表 7-14，结合上述资料，长林公司预算期预计资产负债表见表 7-15。

表 7-14　长林公司简明资产负债表

单位：元

资产		负债及所有者权益	
项目	金额	项目	金额
库存现金	21 000	短期借款	0
应收账款	90 000	应付账款	18 000
原材料	12 000	应交税费	18 000
产成品	27 360	实收资本	320 000
固定资产	400 000	未分配利润	114 360
累计折旧	—80 000		
合计	**470 360**	**合计**	**470 360**

表 7-15 长林公司预计资产负债表

单位：元

资产		负债及所有者权益	
项目	**金额**	**项目**	**金额**
库存现金	29 750	短期借款	0
应收账款	99 000	应付账款	25 120
原材料	18 000	应交税费	0
产成品	41 040	实收资本	320 000
短期投资	30 000	未分配利润	354 670
固定资产	580 000		
累计折旧	—98 000		
合 计	**699 790**	**合计**	**699 790**

拓展阅读

微课 7-4：平衡计分卡的应用

绩效管理——平衡计分卡

平衡计分卡是一种组织绩效管理及评价工具，由美国哈佛商学院的罗伯特·卡普兰（Robert S. Kaplan）教授和戴维·诺顿（David P. Norton）博士创造，被《哈佛商业评论》（*Harvard Business Review*）评为“75 年来最强有力的管理工具”。

平衡计分卡方法打破了传统组织只注重财务指标的业绩管理方法，强调财务指标与非财务指标的平衡和统一。在信息社会中，组织必须通过在客户、供应商、内部业务流程、技术创新等方面的投资获得持续发展的动力。正是基于这样的认识，平衡计分卡方法认为，组织应从四个维度评价自身业绩：财务、客户、内部业务流程、学习与成长。

1. 财务维度

财务维度是平衡计分卡的一个重要层面，企业经营的最终目的是为股东创造价值。财务维度是从股东的角度来观察公司，回答“股东如何评价我们”的问题，判断公司的战略制定及其实施和执行是否对改善公司的盈利作出贡献，是否对股东财富的增加和风险降低有利。

2. 客户维度

市场经济强调“顾客是上帝”的观念。客户维度就是从客户的角度来观察公司，从质量、性能、服务等方面评价企业的表现。

3. 内部业务流程维度

内部业务流程是指日常经营业务营运的流程，该维度着眼于企业的核心竞争力，从组织、流程、管理机制等方面入手，制定业绩评价指标。

4. 学习与成长维度

学习与成长维度是企业要维持长期发展所必须建立的基础框架，也是财务、客户、内部业务流程三个维度获得卓越成果的驱动因素。企业的成长与员工能力素质的提高息息相关，企业唯有不断学习与创新，才能实现长远的发展。

理论冲刺

1. 全面预算的主要内容有哪些？它们之间的关系如何？
2. 什么是零基预算？它与增量预算相比优势在哪里？
3. 现金预算应该根据哪些预算编制？

实训闯关

一、单项选择题

1. 编制弹性预算首先应当考虑及确定的因素是（　　）。

A. 固定成本　　B. 变动成本
C. 计量单位　　D. 业务量

2. 随着业务量的变动作机动调整的预算是（　　）。

A. 增量预算　　B. 零基预算
C. 滚动预算　　D. 弹性预算

3. 编制弹性成本预算的关键在于（　　）。

A. 将所有成本划分为固定成本与变动成本两大类
B. 分解制造费用
C. 确定材料标准耗用量
D. 选择业务量计量单位

4. 被称为“总预算”的预算是（　　）。

A. 专门决策预算　　B. 销售预算
C. 生产预算　　D. 财务预算

5. 滚动预算的基本特点是（　　）。

A. 预算期是连续不断的　　B. 预算期是相对固定的
C. 预算期不可随意变动　　D. 预算期与会计年度一致

6. 编制全面预算的基础是（　　）。

A. 生产预算　　B. 直接人工预算
C. 直接材料预算　　D. 销售预算

7. 零基预算的编制基础是（　　）。

A. 国内外同行业费用水平　　B. 历史上费用的最高水平
C. 零　　D. 基期的费用水平

8. 可以概括了解企业在预算期间盈利能力的预算是（　　）。

A. 专门决策预算　　B. 预计利润表

C. 预计资产负债表　　D. 现金预算

9. 资本支出预算是（　　）。

A. 财务预算　　B. 专门决策预算

C. 生产预算　　D. 业务预算

10. 全面预算按其涉及的业务活动领域分为财务预算和（　　）。

A. 现金预算　　B. 生产预算

C. 销售预算　　D. 业务预算

11. 下列各项中，能够克服定期预算缺点的是（　　）。

A. 弹性预算　　B. 固定预算

C. 滚动预算　　D. 零基预算

12. 滚动预算的特点是预算期连续不断，始终都是（　　）。

A. 1 个月　　B. 12 个月

C. 6 个月　　D. 1 个季度

13. 现金预算的编制主要由（　　）负责。

A. 销售部门　　B. 人事部门

C. 生产部门　　D. 财务部门

14. 制造费用预算的编制主要由（　　）负责。

A. 销售部门　　B. 人事部门

C. 生产部门　　D. 财务部门

15. 销售费用预算的编制主要由（　　）负责。

A. 销售部门　　B. 人事部门

C. 生产部门　　D. 财务部门

二、多项选择题

1. 财务预算的主要内容包括（　　）。

A. 现金预算　　B. 销售预算

C. 预计利润表　　D. 投资决策预算

E. 预计资产负债表

2. 在编制现金预算时，（　　）是决定企业是否进行资金融通以及资金融通数额的依据。

A. 企业既定的现金余额范围　　B. 期初现金余额

C. 预算期内发生的现金收入　　D. 预算期内发生的现金支出

E. 期末现金余额

3. 编制预算的方法按其业务量基础的数量特征不同，可分为（　　）。

A. 滚动预算　　B. 零基预算

C. 增量预算　　D. 固定预算

E. 弹性预算

4. 编制弹性预算所用业务量可以是（　　）。

A. 销售量　　B. 材料消耗量

C. 产量　　D. 机器工时

E. 直接人工工时

5. 在管理会计中，构成全面预算内容的有（　　）。

A. 零基预算　　B. 专门决策预算

C. 业务预算　　D. 财务预算

E. 滚动预算

6. 零基预算与传统的增量预算相比较，其不同之处在于（　　）。

A. 一切从可能出发

B. 一切从实际需要出发

C. 不考虑以往会计期间所发生的费用

D. 以零为基础

E. 以现有的费用水平为基础

7. 下列各项中，属于业务预算内容的有（　　）。

A. 销售预算　　B. 资本支出预算

C. 生产预算　　D. 零基预算

E. 现金预算

8. 下列各项中，属于编制现金预算依据的有（　　）。

A. 财务费用和管理费用预算　　B. 销售预算和生产预算

C. 产品成本预算　　D. 直接人工预算和制造费用预算

E. 直接材料采购预算

9. 按照定期预算方法编制预算的缺点是（　　）。

A. 间断性　　B. 盲目性

C. 预见性　　D. 灵活性

E. 滞后性

10. 全面预算的作用概括起来有（　　）。

A. 协调各部门的利益关系　　B. 控制各部门日常经济活动

C. 组织各部门的工作　　D. 明确工作目标

E. 考核各部门工作业绩

三、判断题

1. 全面预算是指为企业供、产、销及管理活动所编制的，反映企业收入与费用构成情况的预算。（　　）

2. 编制经营预算、财务预算与资本支出预算通常以一年为期。（　　）

3. 预计资产负债表和预计利润表构成了整个财务预算。（　　）

4. 在实务中，企业并不需要每年都按零基预算方法来编制预算，而是每隔几年才按此方法编制一次预算。（　　）

5. 在编制生产预算时，应考虑产成品期初期末存货水平。（　　）

6. 经营决策预算是指与项目投资决策密切相关的专门决策预算。（　　）

7. 编制预算的方法按其业务量基础的数量特征不同，可分固定预算方法和弹性预

算方法两大类。 ( )

8. 从三大类预算的关系看，财务预算是其他预算的基础。 ( )

四、计算分析题

1. A公司基期期末的应收账款余额为135 000元，计划年度产销甲、乙两种产品，预计销售情况见表7-16。

表7-16 A公司预计销售情况表

项目	甲产品/件	乙产品/件
预计第一季度销售量	1 600	900
预计第二季度销售量	1 300	1 100
预计第三季度销售量	1 100	1 300
预计第四季度销售量	1 400	1 100

甲产品每件预计售价260元，乙产品每件预计售价280元，每季的商品销售在当季收到货款的占60%，其余部分在下季收讫。

要求：编制A公司的销售预算表及预计现金收入表。

2. 接上题数据，根据存货管理要求，A公司计划年度甲、乙两种产品的库存情况见表7-17。

表7-17 A公司计划年度库存情况表

项目	甲产品/件	乙产品/件
计划期初存货	200	130
预计第一季度末存量	900	180
预计第二季度末存量	1 100	220
预计第三季度末存量	1 200	160
预计第四季度末存量	1 100	110

要求：编制A公司的生产预算表。

3. 接上题数据，A公司计划年度甲、乙产品的材料单位产品定额用量见表7-18。

表7-18 材料单位产品定额用量

项目	甲产品单位产品定额用量/千克	乙产品单位产品定额用量/千克
甲材料	22	18
乙材料	15	10

根据存货管理要求，计划年度各种材料的期末存量预计见表7-19。

表 7-19　材料期末存量表

项目	甲材料/千克	乙材料/千克
计划期初存量	14 000	4 000
第一季度末存量	12 000	1 600
第二季度末存量	10 000	2 600
第三季度末存量	8 000	2 400
第四季度末存量	10 000	3 000

甲材料每千克采购价 2.8 元，乙材料每千克采购价 6.2 元，应付账款期初余额为 90 000 元，每季度的购料款当季支付 50%，其余在下季度支付。

要求：编制 A 公司的直接材料采购预算表及预计现金支出预算表。

4. 接上题数据，A 公司生产的甲、乙产品计划期内所需直接人工都只有一个工种，预计单位人工工时分别为 12 小时和 10 小时，每小时工资为 8 元。

要求：编制 A 公司的直接人工预算表。

5. 接上题数据，A 公司计划年度制造费用总额 156 000 元，具体构成如下：变动制造费用 110 000 元（甲、乙产品分别为 65 000 元和 45 000 元）；固定制造费用 46 000 元（甲、乙产品分别承担折旧费 10 000 元和 6 000 元，管理、保险、维护等其他固定制造费用分别为甲产品 20 000 元、乙产品 10 000 元），假定除折旧费以外，其他费用均当期用现金支付。

要求：编制 A 公司的制造费用预算表。

6. 接上题数据，编制 A 公司的产品成本预算表及期末存货预算表。

7. 某企业 2022 年度现金预算部分数据见表 7-20。该企业规定各季末必须保证有最低的现金余额 5 000 元。

要求：将该企业 2022 年度现金预算表中括号里的空缺项逐一填列出来。

表 7-20　现金预算表

单位：元

项目	第一季度	第二季度	第三季度	第四季度	全年数
期初现金余额	8 000	(　　)	5 000	(　　)	
加：现金收入	(　　)	70 000	(　　)	(　　)	321 000
可动用现金合计	68 000	75 000	101 000	100 000	
减：现金支出					
直接材料	35 000	45 000	(　　)	35 000	(　　)
制造费用	(　　)	30 000	30 000	(　　)	113 000
购置设备	8 000		10 000	10 000	36 000

续表

项目	第一季度	第二季度	第三季度	第四季度	全年数
支付股利	2 000	2 000	2 000	2 000	（　）
现金支出合计	（　）	85 000	（　）	（　）	（　）
现金余缺	−2 000	（　）	11 000	（　）	（　）
银行借款（期初）		15 000			（　）
归还本息（期末）				−17 000	（　）
合计	**7 000**				**（　）**
期末现金余额	**（　）**	**（　）**	**（　）**	**（　）**	**（　）**

项目八

责 任 会 计

学习目标

1. 素质目标：树立大局意识，重视团队协作，服从企业安排，培育严谨细致、爱岗敬业的工作作风。
2. 知识目标：了解责任会计的基本内容；
   掌握责任报告的分类和特点；
   掌握内部转移价格的概念和种类。
3. 能力目标：能运用责任会计的基本内容和原理，进行几种责任中心的设置；
   能计算和分析不同作业中心考核指标。

思维导图

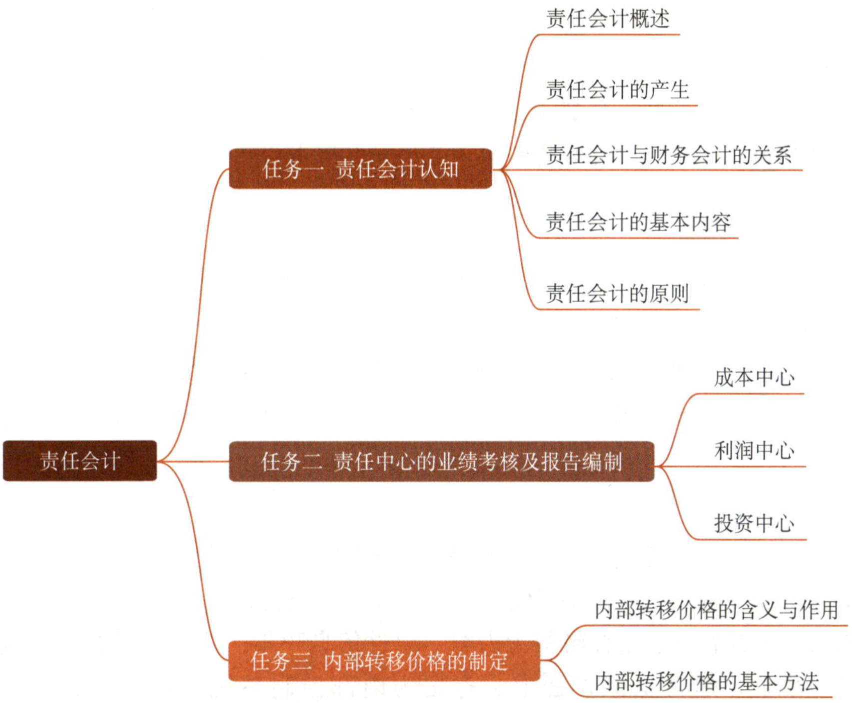

案例导入

亮星公司生产一种新产品Q，该产品成本为1.1元/支，根据调查，该产品的市场销售价格为1.0元/支，经分析，公司制造成本中的标准材料成本出现了不利差异。如果你是亮星公司的管理者，为了保证企业的整体目标的实现，你会对相关的职能部门采取什么样的措施？此外，经调整后，亮星公司有四家子公司均独立从事文化用品的生产和营销工作，但文化用品的类别有所不同，子公司根据生产产品品种及工艺不同，下设不同的分厂，企业组织结构属于事业部制，四家子公司实行相对独立的内部核算。按责任会计的要求，为了明确各自的责任，公司应当根据企业经营活动的特点，将这些活动区分为一个个可以严格控制的区域，叫“责任中心”。

仔细阅读以上案例，并思考：

亮星公司及下属的子公司及分厂应当成立什么样的责任中心？

任务一　责任会计认知

任务指南

通过本任务的学习，理解责任会计的概念，了解责任会计的产生过程，掌握责任会计的内容和原则，为后续任务学习打下理论基础。

一、责任会计概述

责任会计是指企业为了适应经济责任制的要求，以企业内部各责任单位为基础，以各责任中心为对象，以责、权、效、利相统一的机制为特征，将其划分为若干个责任中心，以保证企业全面预算的顺利执行和经济效益的不断提高，通过货币的形式对企业内部生产经营过程中产生的耗费、占用和收益进行反映和监督的一种管理活动。

二、责任会计的产生

责任会计产生的根源是分权制。各级单位被赋予了不同的权力、责任以及业绩评价方式，企业据此建立起各责任中心。这种责任中心是权、责、利三者有机结合，是以责任预算、责任控制、责任考核为内容，通过信息积累、加工和反馈而形成的责任会计制度。因此，通常也把责任中心称之为内部控制系统。企业内部组织架构如图8-1所示。

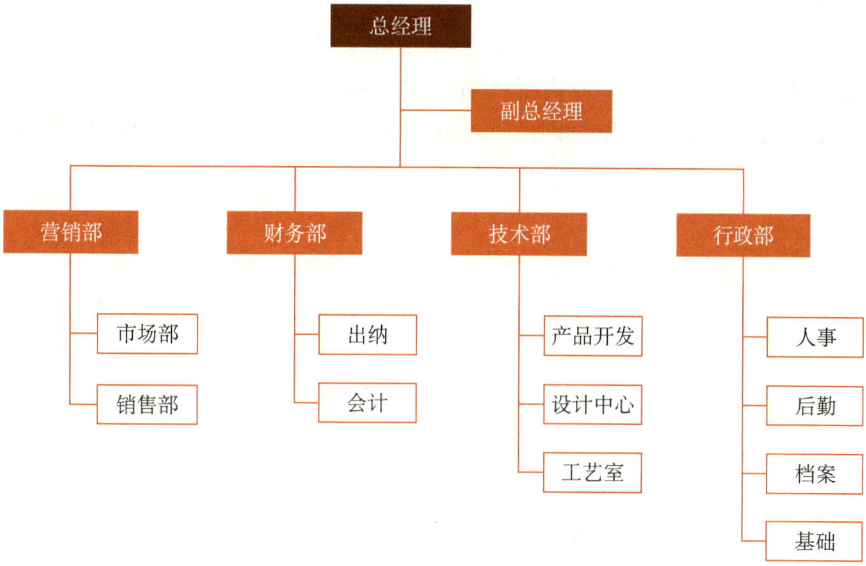

图 8-1　企业内部组织架构图

三、责任会计与财务会计的关系

责任会计与财务会计两者主体不同：财务会计是以企业为主体进行管理控制，而责任会计出发点是以企业内部责任为主体。但是，两者最终都是以提高经济效益为目的、具有核算和监督的职能，都是为决策控制服务的。所以，两者相互依存、相互补充，共同组成了会计整体。

四、责任会计的基本内容

（一）划分责任中心，确定权责范围

责任会计的运作，一定需要先确认责任中心。首先，依据各个职能部门的分工，确认责任中心，职能的分工一定是需要分工明确，责任易于辨认，成绩易考核；其次，各个责任中心生产经营有不同特点，需要明确权责范围的归属，能根据不同事情确认权限范围内能独立履行职责。

（二）编制责任预算，确定考核标准

责任中心确认后，需要根据各个责任中心编制责任预算。责任预算的编制可以使生产经营总体目标按照责任中心进行分解落实，同时能进行具体的量化与考核，便于企业日常活动及工作成果的开展与评价。

（三）建立跟踪系统，进行反馈控制

责任中心与责任预算确认之后，需要建立一套与之配套的信息跟踪系统。这套信息系统需要对责任中心的进行日常记录、计算和考核。同时，对实际执行情况进行跟踪反映，并定期编制“业绩报告”。

（四）分析评价业绩，建立奖惩制度

根据既定的考核标准，根据各责任中心的实际完成情况进行对比，找出差异，明确责任归属。同时还需要制定一套完整且合理的奖惩制度。

五、责任会计的原则

为适应企业内部经济责任制的要求，不同企业实施责任会计的做法也有所区别。总体来说，责任会计要能使企业内部的各个单位都有定量的经济责任指标，企业的总指标都能分解落实到责任单位。因此，必须制定一套完整、操作性强的制度来约束管理，制度在制订过程中需遵循以下四项基本原则。

（一）保持目标一致性原则

责任预算的编制、责任单位业绩的考评都要与企业总体目标保持一致，要避免片面局部利益而影响整体利益。企业内部的各责任单位需要协调一致，为实现总体目标而努力。

（二）整体可把控性原则

各个责任中心所承担的责任应该是能控制的，各责任中心只对其能控制的经济活动所产生的后果负责。在考核时，应尽可能排除各责任中心不能控制的因素，以消除不可控因素对责任中心任务完成情况的影响和各责任中心之间的相互影响。

（三）责、权、利相结合原则

责、权、利相结合原则作为经济责任制贯彻执行最有力的一项措施，也是建立责任会计制度必须遵循的原则。在分派给责任单位一定任务的同时还要赋予其相应的权力，并将权力的行使及任务的完成情况与一定的经济利益挂钩，只有三者相互结合才能促使责任单位在其责权范围内努力工作，还可以不断地激励各责任中心为实现预算目标而勠力同心。

（四）及时反馈原则

各责任中心需要建立起完整的信息反馈系统确保经营业绩的能及时准确的进行反馈。通过收集信息，了解业绩完成情况，并比较责任预算和业绩报告。及时反馈原则可以及时推动责任中心的管理人员对差异进行调整，同时还可以通过向其上一级责任中心反馈，使上一级责任中心能及时了解整个管辖范围内的情况，保证整体目标的实现。

任务二　责任中心的业绩考核及报告编制

任务指南

通过本任务的学习，了解责任中心的构成，掌握每个责任中心的考核要求和方法。

责任中心是指承担一定经济责任，并享有一定权力的企业内部责任单位。一般来说，企业会按面向市场属性或产品类别将企业内部机构划分为几个责任单位，授予一定的管理权力和职责，根据计算对业绩实施必要的衡量与奖惩。根据责任单位不同的责任范围，一般可分为成本中心、利润中心和投资中心。如图 8-2 所示。

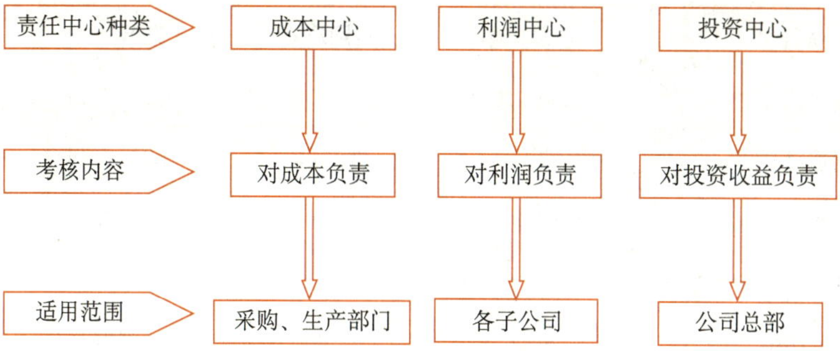

图 8-2 企业责任中心架构图

一、成本中心（Cost Center）

（一）成本中心的含义

成本中心有狭义和广义之分。狭义的成本中心仅指产品生产或者劳务提供中资源耗费负责的部门，典型代表是制营业工厂、车间、工段、班组等。广义的成本中心，除了狭义的成本中心所包含的部门之外，还包括非生产性以控制经营管理费用的责任中心，一般指行政管理部门，如会计、人事、劳资、计划等部门。

成本中心考核重点为其所发生的成本费用，享有成本决策的权力和义务。因成本中心不负责产品或劳务的销售，它的业绩与销售收入或利润无关。本章所讲的是广义的成本中心，不对收入、利润和投资负责，处于企业的基础责任层次，应用范围最广。

（二）成本中心的考核

成本中心是对成本或费用负责的责任中心，特点是只对生产或经营过程中投放的成本费用负责，无需承担收入责任，所以只考核成本费用的使用和控制情况。

凡是成本中心能控制的各种耗费为“可控成本”，某成本中心的责任成本等于各项可控成本之和。

$$\text{预算成本差异额} = \text{预算成本} - \text{实际成本}$$

预算数大于实际数即是有利差异，表示节约；反之，为不利差异，表示超支。预算成本差异率计算公式为：

$$\text{预算成本差异率} = \frac{\text{预算成本节约额}}{\text{预算成本}} \times 100\%$$

以长林公司甲车间为例，成本中心业绩报告形式见表 8-1。

表 8-1 成本中心业绩报告

编制单位：长林公司甲车间　　　　单位：元

项目	预算成本	实际成本	差异	差异率
（1）本车间可控成本				
直接材料	41 000	40 000	1 000（有利）	2.44%

续表

项目	预算成本	实际成本	差异	差异率
直接人工	20 000	23 000	−3 000（不利）	−15.00%
制造费用	27 000	24 000	3 000（有利）	11.11%
小计	**88 000**	**87 000**	**1 000（有利）**	**1.14%**
（2）下属单位转来责任成本				
A 工段	25 000	23 000	2 000（有利）	8.00%
B 工段	30 000	32 500	−2 500（不利）	−8.33%
小计	**55 000**	**55 500**	**−500（不利）**	**−0.91%**
本车间责任成本合计	**143 000**	**142 500**	**500（有利）**	**0.35%**

二、利润中心（Profit Center）

（一）利润中心的含义及类型

利润中心，顾名思义是要对企业的利润负责的部门的总和。根据利润计算公式，可知利润等于收入减去成本、费用后的差额。所以，利润中心实际上既要对收入负责，也要对成本负责。利润中心通常在企业中处于较高层次。例如分厂、分公司等。按照收入来源的性质不同，分为自然利润中心和人为利润中心。自然利润中心是指直接对外销售产品或者提供劳务，能取得独立的收入。通常，一个完整独立的企业就是自然利润中心。人为利润中心是指产品或者劳务不直接进入企业外部市场，仅在企业内部按照转移价格进行销售。一是该中心可以向其他责任中心提供产品，二是能为该中心的产品确定合理的内部转移价格。

（二）利润中心的考核

利润中心作为企业中的一个重要组成部分，其绩效的评价对于企业的整体运营管理至关重要。对利润中心进行评价时，常见的指标包括利润、销售额、成本控制、现金流量、客户满意度以及市场份额等。另外，还可以从边际贡献、可控边际贡献、部门边际贡献和税前部门利润等指标来进行评价。

边际贡献＝销售收入总额－变动成本总额

可控边际贡献＝边际贡献－可控固定成本

部门边际贡献＝可控边际贡献－不可控固定成本

税前部门利润＝部门边际贡献－上级分配的固定成本

可控贡献毛益＝贡献毛益－部门可控固定成本

部门贡献毛益＝可控贡献毛益－部门不可控固定成本

税前部门利润＝部门贡献毛益－分配的公司管理费用

以长林公司 A 分公司为例，利润中心业绩报告见表 8-2。

表 8-2　利润中心业绩报告

编制单位：长林公司 A 分公司　　　　　　　　　　　　　　　　　单位：元

项目	预算成本	实际成本	差异	差异率
销售收入	44 840	45 960	1 120（有利）	2.50%
减变动成本				
变动生产成本	20 000	21 300	1 300（不利）	6.50%
变动销售费用及管理费用	3 840	4 100	260（不利）	6.77%
贡献边际总额（小计）	**21 000**	**20 560**	**−440**	**−2.10%**
减可控固定成本				
可控固定生产成本	5 350	5 280	−70（有利）	−1.31%
可控销售费用及管理费用	2 600	2 850	250（不利）	9.62%
可控边际贡献（小计）	**13 050**	**12 430**	**−620（不利）**	**−4.75%**
减不可控固定成本				
不可控销售费用及管理费用	1 000	1 200	200（不利）	20.00%
部门边际（小计）	**12 050**	**11 230**	**−820（不利）**	**−6.80%**
上级分配固定成本	3 400	3 380	−20（有利）	−0.59%
税前利润（小计）	**8 650**	**7 850**	**−800（不利）**	**−9.25%**

三、投资中心（Investment Center）

（一）投资中心的含义

投资中心是要对成本、收入、利润负责，又要对利润与投资之间的比例关系（资金的使用效果）负责的部门的总和。

作为最高层次的责任中心，投资中心也是自主权最大的责任中心，拥有最大的决策权，同时也承担最大的责任。它不但可以控制成本和收益，而且可以控制资金。投资中心的适用范围仅限于规模和经营管理较大的部门，例如事业部、分公司、分厂等。

（二）投资中心的考核

衡量投资中心经营业绩的评价指标主要有两种。

1. 投资报酬率（*ROI*）

投资报酬率又称为投资利润率，是指通过投资而应返回的价值，即企业从一项投资活动中得到的经济回报，是责任中心的税前利润占投资成本的比率。计算公式如下：

投资报酬率＝税前利润÷占用经营资产×100%

＝销售利润率×资产周转率

＝(税前利润÷销售收入)×(销售收入÷占用经营资产)×100%

投资报酬率来评价投资中心的业绩有许多优点：

第一，综合反映获利能力。通过对投资周转率和销售利润率的分析，投资报酬率可以进一步细分为具体的资产项目和收支项目，从而对整个部门的经营状况做出准确评估。

第二，横向可比性。投资报酬率具有横向可比性。作为效益指标，投资报酬率体现了资本的获利能力，剔除了因投资额不同而导致利润差异的不可比因素，有利于判断各投资中心经营业经的优劣。

第三，优化资源配置。投资报酬率可以作为选择投资项目的依据，有利于调整资本流量和存量，优化资源配置。

第四，引导长期行为。以投资报酬率作为评价投资中心经营业绩的尺度，有利于正确引导投资中心的管理行为，避免短期行为。

尽管投资报酬率在评价投资中心的业绩时具有显著优势，但其局限性也不容忽视。部门经理可能会为了追求较高的投资报酬率而放弃一些虽然收益低于当前部门投资报酬率但高于资本成本的项目，或者减少现有的投资报酬率较低但高于资本成本的某些投资项目。这种做法虽然短期内提升了部门的业绩评价，但却可能损害企业的整体利益。因此，在使用投资报酬率作为业绩评价指标时，需要综合考虑其他因素，以确保决策符合企业的长远发展目标。

2. 剩余收益

为了克服仅依赖比率评估部门业绩可能引发的问题，许多企业转而采用绝对数指标——剩余收益。剩余收益是指投资中心在扣除经营资产（投资额），按规定（或预期）的最低收益率计算的投资收益后的余额。通常根据资本成本来设定这个最低投资报酬率，这是一个部门的营业利润超过其预期最低收益的部分。其计算公式如下：

剩余收益＝营业利润－（占用经营资产×预期投资报酬率）

在用剩余收益指标进行评价时，只要项目的投资报酬率高于预期的最低收益率，该投资就被视为可行。这种方法能够确保投资中心的局部目标与企业的总体目标一致，并鼓励部门经理进行高于企业资本成本的投资决策。从现代财务理论的角度来看，不同投资的风险程度不同，因此，需要对预期投资报酬率进行风险调整。由于不同行业部门的资本成本各异，甚至同一部门内的资产也具有不同的风险类型，剩余收益指标的使用可以针对不同部门或不同资产规定不同的预期投资报酬率，从而增加了这一指标的灵活性。

以长林公司B分公司为例，投资中心业绩报告见表8-3。

表8-3 投资中心业绩报告

编制单位：长林公司B分公司　　　　单位：元

项目	预算成本	实际成本	差异
1. 销售收入	2 924 000	3 056 000	132 000（有利）
2. 销售成本	2 806 000	2 913 000	107 000（不利）
3. 营业利润	118 000	143 000	25 000（有利）
4. 营业资产平均占有额	800 000	900 000	100 000（不利）
5. 销售利润率（3÷1）	4.04%	4.68%	0.64%（有利）
6. 资产周转率（1÷4）	3.66 次	3.40 次	0.26 次（不利）

续表

项目	预算成本	实际成本	差异
7. 投资报酬率（5×6）	14.79%	15.91%	1.12%（有利）
8. 机会成本（4×12%）	96 000	108 000	12 000（不利）
9. 剩余收益（3−8）	22 000	35 000	13 000（有利）

任务三 内部转移价格的制定

任务指南

通过本任务的学习，了解内部转移价格的含义和作用，熟悉其基本方法。

一、内部转移价格的含义与作用

（一）内部转移价格的含义

内部转移价格简称内部价格，是指企业内部各责任中心之间对中间产品或劳务进行相互结算或内部责任结转所选用的一种计价标准。

各责任中心内部进行相互结算的情况时有发生，比如某企业的生产车间和采购部门都为成本中心，由于原材料的质量或规格型号不符，造成生产车间总成本的增加，这一部分增加的成本应转由采购部门的成本中心来承担，在此情况下，两个部门就需要将责任成本进行内部转移。

（二）内部转移价格的作用

制定内部转移价格是企业成立责任会计中的重要一环，是企业利润中心得以生存和发挥功能的基础，具有重要意义。

首先，通过制定合理的内部转移价格，可以合理确定各责任中心的经济责任，在进行业绩考核时能做到可比、客观、公正，使得经济责任制度得到落实；其次，各责任中心的工作业绩与物质利益相适应，在一定程度上可以调动各责任单位的工作积极性；最后，内部转移价格将各责任中心的经济责任和业绩加以量化，为企业管理者的经营决策提供必要的会计信息。

二、内部转移价格的基本方法

（一）以市场价格为标准的转移价格

市场价格是以产品或劳务的市场流通价格为标准来制定的。这种方法的前提是该转移产品处于完全竞争的市场环境当中，可以做到客观公正。采用以市场价格为标准的转移价格方法优点在于：处于买方的责任中心可将内部转移价格与现行市场价格相比较，如果价格不占优势，则可以选择外购，减少相应成本，这样使得每个责任中心都成为独立机构，促使其更好地发挥主观经营能动性。但是这种方法也存在一定的限制，目前完全竞争的市场环境是很难找到的，而且市场价格也受到一定的限制，比如某些产品或半成品没有现成的市场价格，某些产品只有非完全竞争市场价格，没有可比性，不能直接作为内部转移价格。

（二）以成本为标准的转移价格

以产品成本作为内部转移价格是制定转移价格最简单的方法。由于成本概念在管理中存在多种表达方式，因此以成本为标准的转移价格也分为以下几种。

1. 完全成本法

完全成本法是以中间产品的完全生产成本作为内部转移价格。这种方法的优点在于符合日常会计核算规则，所需的成本信息获取方便，计算简单。但这种方法只是一个成本计算的转让过程，不能发挥其在各责任中心之间划分经济责任及调节内部利润的作用，还会使得提供中间产品或劳务的责任部门将成绩或缺陷全部转嫁给实际使用的责任部门，因此，这种定价方式缺乏激励作用。

2. 标准成本法

标准成本法是以中间产品的标准成本作为内部转移价格。这种方法的优点在于产品或劳务的标准成本资料容易取得。在标准成本下，企业可以将管理和结算工作结合起来，提供中间产品的责任部门发生的实际成本，其执行结果由各责任中心各自负责，避免功过转嫁之患。这种方法能刺激双方降低成本，一般适用于成本中心之间相互提供产品或劳务，以及成本中心之间的责任转账。

3. 变动成本法

变动成本法是以变动成本作为内部转移价格，主要适用于采用变动成本法计算产品成本的成本中心之间产品的结转。这种方法是以变动成本作为定价基础，能明确业务量与成本之间的关系，便于业绩考核，也有利于各责任中心调控可控成本。但在变动成本法下，产品的成本不包括固定成本，业务量与固定成本之间的关系无法把控，不利于调动各责任中心提高生产量的积极性。

（三）协商转移价格

协商转移价格是指以正常的市场价格为基础，定期进行协商，从而确定一个双方可以接受的价格。这种方法的优点在于既考虑了市场价格，又给内部协商留有一定自主管理空间，能调动责任部门的工作积极性。当然，在双方协商过程中，可能会花费一定的时间和资源成本，也考验各部门协商人员的谈判能力，同时并不能完全做到从企业的角度考虑利益最大化。另外，一旦企业最高管理层干预转移价格的制定，会使得责任部门自主权空间减少，削弱了协商价格的优势。

（四）双重内部转移价格

双重内部转移价格是指对产品的提供和耗用双方分别采用不同的内部转移价格。比如产品的提供方采用协商价格计价，而耗用方按照变动成本计价，两种价格产生的差额由会计部门计入管理费用进行调整。

这种方法的优点在于可以较好地满足买卖双方不同的需要。对耗用方来说，实际只需要负担产品的变动成本部分，但通过转移价格为提供方贡献了一定利润，因此能调动双方生产经营的主动性和积极性，促进内部交易。由此可见，双重价格是一种既不直接干预所属各责任中心的管理决策，又能消除职能失调行为的定价方法。

拓展阅读

战略制定——战略地图

微课8-1：战略地图

战略地图是指为描述企业各维度战略目标之间的因果关系而绘制的可视化战略因果关系图，由美国哈佛商学院的罗伯特·卡普兰教授和戴维·诺顿博士创造提出，他们也是平衡计分卡的创始人。

《管理会计应用指引第101号——战略地图》中阐明，战略地图通常以财务、客户、内部业务流程、学习与成长等四个维度为主要内容，通过分析各维度的相互关系，绘制战略因果关系图。企业可根据自身情况对各维度的名称、内容等进行修改和调整。其主要步骤如下：

1. 确定战略目标（财务维度）

战略目标一般可划分为两个层次，第一层次一般包括生产率提升和营业收入增长等；第二层次一般包括创造成本优势、提高资产利用率、增加客户机会和提高客户价值等。

2. 调整客户价值（客户维度）

从产品（服务）质量、技术领先、售后服务和稳定标准等方面确定、调整客户价值定位；通过客户体验、双赢营销关系、品牌形象提升等设定客户价值战略。

3. 确定战略主题（内部业务流程维度）

根据业务提升路径和服务定位，梳理业务流程及其关键增值（提升服务形象）活动，分析行业关键成功要素和内部营运矩阵，从内部业务流程的管理流程、创新流程、客户管理流程、遵循法规流程等角度确定战略主题，并将业务战略主题进行分类归纳，制定战略方案。

4. 提升战略准确度（学习与成长维度）

根据业务提升路径和服务定位，分析创新和人力资本等无形资源在价值创造中的作用，识别学习与成长维度的关键要素，并确立相应激励制度创新、信息系统创新和智力资本利用创新等战略主题，为财务、客户、内部业务流程维度的战略主题和关键业绩指标（KPI）提供有力支撑。

5. 确定行动方案

根据前面确定的战略地图以及相对应的不同目标、指标和目标值，制定一系列的行动方案，配备资源，形成预算。

理论冲刺

1. 简述责任会计的基本内容。
2. 简述责任会计的原则。
3. 简述内部转移价格的基本方法。
4. 简述成本中心的特点。

实训闯关

一、单项选择题

1. 只要有费用支出，那就可以成立（　　）。

A. 责任中心　　B. 成本中心

C. 利润中心　　D. 投资中心

2. 某投资中心的投资额为 200 000 元，年净利润额为 36 000 元，该企业投资规定的投资利润率为 15%，该投资中心的投资利润率与剩余收益分别为（　　）。

A. 18%，6 000 元　　B. 18%，9 000 元

C. 24%，6 000 元　　D. 24%，9 000 元

3. 某投资中心的投资额为 100 000 元，最低报酬率为 15%，剩余收益为 15 000 元，则该中心的投资利润率为（　　）。

A. 10%　　B. 20%　　C. 30%　　D. 40%

4. 既对成本负责，又对收入、利润负责的责任中心称为（　　）。

A. 管理中心　　B. 成本中心

C. 利润中心　　D. 投资中心

5. 下列各项中，属于成本中心类型的是（　　）。

A. 产品成本中心　　B. 变动性成本中心

C. 销售成本中心　　D. 酌量性成本中心

6. 下列各项中，属于某复合成本中心责任成本的是（　　）。

A. 本中心的产品成本　　B. 本中心的变动成本

C. 本中心的责任成本　　D. 本中心的不可控成本

7. 投资中心的利润与其投资额的比率是（　　）。

A. 内含报酬率　　B. 投资报酬率

C. 部门边际贡献　　D. 剩余收益

8. 下列各项中，不属于可控成本必须满足的条件是（　　）。

A. 可以得到补偿　　B. 可以落实责任

C. 可以施加影响　　D. 可以计量

9. 产品在企业内部各责任中心之间销售，只能按照内部转移价格取得收入的利润中心是（　　）。

A. 责任中心　　B. 人为的利润中心

C. 自然的利润中心　　D. 局部的利润中心

10. 以下说法中错误的是（　　）。

A. 成本中心对可控的成本或费用承担责任

B. 投资中心只对投资结果负责

C. 利润中心既对可控的成本负责又对可控的收入和利润负责

D. 投资中心既对成本、收入和利润负责，又对投资结果负责

二、多项选择题

1. 责任中心根据不同的责任范围可分为（　　）。

A. 成本中心　　B. 利润中心
C. 投资中心　　D. 收入中心
2. 下列各项中，属于投资中心特点的表述的有（　　）。
A. 处于最高的责任层次　　B. 承担最大的责任
C. 具有投资决策权　　D. 收入和成本由其他中心负责
3. 下列各项指标中，属于成本中心考核范畴的有（　　）。
A. 责任成本总额　　B. 责任成本变动额
C. 责任成本变动率　　D. 变动成本变动额
4. 下列各项表达式中，其计算结果等于投资利润率指标的有（　　）。
A. 总资产周转率×销售利润率
B. 总资产周转率×销售成本率×成本费用利润率
C. 总资产周转率×销售成本率
D. 总资产周转率×成本费用利润率
5. 下列各项中，属于双重价格表现形式的有（　　）。
A. 双重产品价格　　B. 双重市场价格
C. 双重协商价格　　D. 双重转移价格
6. 下列各项中，属于责任中心特点的有（　　）。
A. 具有承担经济责任的条件
B. 责任与权力都是可控的
C. 能进行责任核算、业绩考核与评价
D. 有相对独立的经营业务和财务收支活动
7. 下列各项中，能够说明责任成本与产品成本主要区别的表述有（　　）。
A. 核算的主营目的不同　　B. 核算的基础条件不同
C. 成本的特性不同　　D. 归依和分配的对象不同
8. 在成本转移价格作为内部转移价格时，如果交易产品涉及利润中心或投资中心，则此时的价格不应当是（　　）。
A. 实际成本　　B. 标准成本
C. 标准成本加成　　D. 变动成本
9. 在以成本作为内部转移价格制定基础的条件下，如果产品的转移涉及利润中心或投资中心，下列方法中不能采用的是（　　）。
A. 标准成本法　　B. 标准成本加成法
C. 实际成本法　　D. 变动成本法
10. 影响利润中心考核指标完成的因素主要有（　　）。
A. 销售价格　　B. 资产额大小
C. 品种结构　　D. 销售数量

三、判断题

1. 在成本中心、利润中心和投资中心中，成本中心是最基本的责任中心，它仅对成本负责。（　　）

2. 投资中心在责任中心中处于最高层次，它具有最大的决策权，承担最小的责任。（　　）

3. 企业各成本中心的可控成本之和等于企业总成本之和。（　　）

4. 对企业而言，变动成本和直接成本大多都是可控成本，而固定成本和间接成本大多都是不可控成本。（　　）

5. 成本中心没有对外的经营权和销售权，其工作成果不会形成可以用货币计量的收入。（　　）

6. 利润中心在责任中心中处于最高层次，是决定企业经济效益高低的部分。（　　）

四、计算分析题

1. 某投资中心投资额为 200 000 元，年净利润为 50 000 元，公司为该投资中心规定的最低投资报酬率为 20%。

要求：计算该投资中心的投资报酬率和剩余收益。

2. D 公司某投资中心 A 原投资利润率为 20%，营业资产为 500 000 元，营业利润为 100 000 元。现有一项业务需要借入资金 200 000 元，可获利 68 000 元。

要求：(1) 假设以投资利润率作为评价和考核投资中心 A 工作成果的依据，做出 A 投资中心是否应该投资这项新业务的决策。

(2) 假设以剩余收益作为评价和考核投资中心 A 工作成果的依据，新工程要求的最低收益率为 18%，做出 A 投资中心是否应该投资这项新业务的决策。

3. G 企业 A、B 两个投资中心业绩报告的局部资料见表 8-4，要求最低收益率为 15%。

要求：编制 A、B 两个投资中心的投资业绩报告（即把表格中的数据填写完整，有关指标的计算需要列出计算过程）。

表 8-4　G 企业投资中心业绩报告

单位：元

项目	A 投资中心	B 投资中心
销售收入	（　　）	600 000
营业利润	（　　）	60 000
营业资产	288 000	（　　）
销售利润率	12%	（　　）
资产周转率	4 次	（　　）
投资利润率	（　　）	30%
剩余收益	（　　）	30 000

4. 某集团下设 A、B 两个投资中心。A 中心的投资额为 200 万元，投资利润率为 15%；B 中心的投资利润率为 17%，剩余收益为 8 万元；集团要求的平均投资利润率为 12%。集团决定追加 100 万元，若投向 A 公司，每年增加利润 20 万元；若投向 B 公司，每年增加利润 15 万元。

要求计算下列指标：

（1）追加投资前A投资中心的剩余收益。

（2）追加投资前B投资中心的投资额。

（3）追加投资前集团的投资利润率。

（4）A投资中心接受追加投资的剩余收益。

（5）B投资中心接受追加投资的投资利润率。

5. 某总公司加权平均投资利润率为18%，其所属A投资中心的经营资产平均余额为400万元，利润为100万元。现该投资中心有一投资项目，投资额为50万元，预计投资利润率为22%。若该公司要求的最低投资报酬率为其加权平均投资利润率。

要求：（1）如果不考虑投资项目，计算A投资中心目前的投资利润率。

（2）如果按投资利润率来衡量，A投资中心是否应该接受这一投资项目？

（3）计算投资项目的剩余收益。

（4）如果按剩余收益来衡量，A投资中心是否应该接受这一投资项目？

项目九

大数据技术在管理会计中的应用

学习目标

1. 素质目标：培养正确的世界观、人生观和社会主义核心价值观，完善、健全其独立人格；
   培养具有敬业精神、职业道德、踏实作风的兼具国际视野和爱国情怀的应用型人才。
2. 知识目标：了解 Python 相关知识，基于 Python 的企业财务管理分析和程序实现，初步达成解决复杂问题的知识掌握度，为后续课程学习及从事财务工作奠定基础。
3. 能力目标：能利用 Python 实现管理会计中货币时间价值、作业成本法和成本性态分析。

思维导图

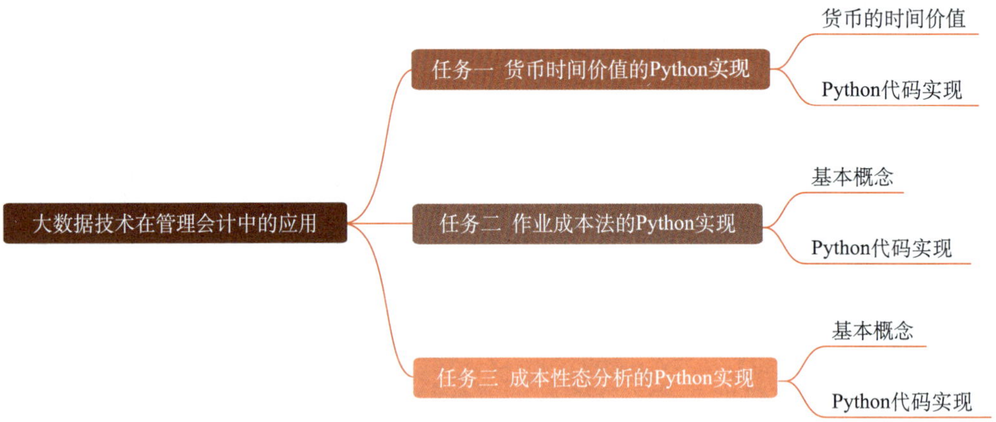

案例导入

会计和财务都离不开数据，而且每天有大量的重复性工作，所以学习 Python 最大的用处是释放大部分处理数据所需的人力，解放重复劳动性工作。Python 也可以让使用者在评估预算的时候爬取自己所需要的数据来进行对比。因此，会计主要的发展方向是 Python 技能与数据方面的能力。财务从数据出发进行剖析，对公司事务进行诊断，辅助决策，进而指导改进事务。Python 能够辅助财务人员高效处理数据，包括对自有的数据进行处理，以及引进外部数据和知识。

Python 有哪些优势呢？

1. Python 相比于 Java、C++等编程语言，是一个上手很快的编程语言，门槛低，对非技能人员很友好。编程语言是衔接人和计算机的一种语言，编程语言可以把人的想法转换成计算机能听懂并正确执行的一种语言。

2. 功能强大，用的人多，天然功能比较完善，运用也非常广。人工智能、金融也多运用 Python，其发展前景很好。许多少儿编程也选择 Python 作为入门语言。

3. 用 Python 做数据处理，有 Pandas、NumPy 等模块可以辅助参考。基本上遇到的问题或者需求他人都遇到过、处理过，有许多老练的方案能够参考，降低了学习的成本。

仔细阅读以上案例，并思考：

1. 新时代的财务人员需要具备哪些技能？

2. 财务人员通过 Python 能做什么？

任务一　货币时间价值的 Python 实现

任务指南

通过本任务的学习，用 Python 代码实现货币时间价值的计算。

一、货币的时间价值

货币的时间价值是指当前所持有的一定量货币比未来获得的等量货币具有更高的价值。假设你现在拿了 10 000 元，你可以选择存在银行里获得 2%的年利息，一年后就可稳稳地拿到 10 200 元。当然，如果你愿意冒点风险把这笔钱投资到股市，按年回报率 8%来算的话，一年后就可获得 10 800 元。现在我们比较的就是一年后的 10 000 元、10 200 元和 10 800 元了，怎么选择就取决于你对风险的承受能力。

以上计算的就是投资的未来价值，我们可以把 Python 当作计算器来重复上面的计算过程。

二、Python 代码实现

【例 9-1】 长林公司现在有 10 万元用于投资，如果年回报率是 6%，10 年后的收益是多少？考虑到每年 2%的通胀率，上述投资收益的现值又是多少？

要求：用 Python 编写程序完成计算。

解：#导入科学计算模块 numpy

```
import numpy as np
```

```
#首先计算10年后的未来价值
investment = np.fv(rate = 0.06,nper = 10,pmt = 0,pv = -100000)
#显示出10年后的收益
print("10年后的收益为:" + str(round(investment,2)))
#再计算上述输出的现值
investment_discounted = np.pv(rate = 0.02,nper = 10,pmt = 0,fv =
investment)
#显示出投资收益的现值
print("考虑通胀后，这笔收益的现值为:" + str(-round(investment_discounted,2)))
```

```
程序运行结果：
10年后的收益为：179084.77
考虑通胀后，这笔收益的现值为：146911.89
```

任务二 作业成本法的 Python 实现

任务指南

通过本任务的学习，用 Python 代码实现作业成本法的计算。

一、基本概念

作业成本法是指以“作业消耗资源、产出消耗作业”为原则，按照资源动因将资源费用追溯或分配至各项作业，计算出作业成本，然后再根据作业动因，将作业成本追溯或分配至各成本对象，最终完成成本计算的成本管理方法。

由于直接材料、直接人工、直接制造费用可以根据成本和产品之间的对应关系进行分配，因此，作业成本法主要用于将间接成本分配到产品。

相对于传统成本法根据单一因素对间接成本进行分配，作业成本法能更加真实地反映产品成本，因此主要应用于产品或服务的成本以及获利能力评估，实现消除无利可图的产品和服务、降低价格过高的产品和服务的价格、合理配置资源、持续优化作业流程的目标。作业成本法的作用原理如图 9-1 所示。

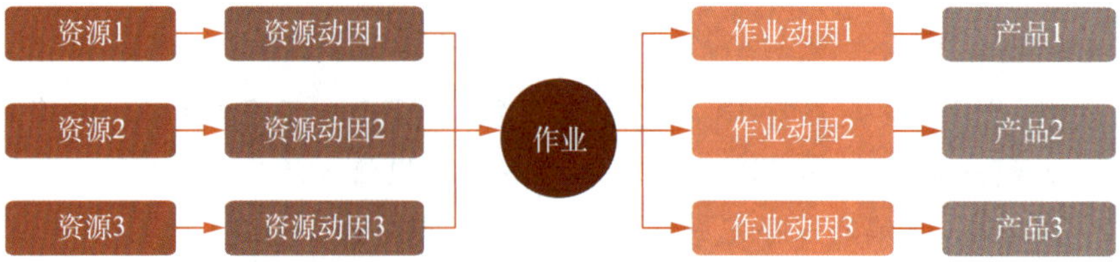

图 9-1 作业成本法的作用原理

传统的成本法是根据直接人工工时对制造费用总额进行分配。表 9-1 为长林公司 A、B 两种产品的成本表。

表 9-1　长林公司 A、B 两种产品的成本表

单位：元

项目	A 产品	B 产品
产量	10 000	2 000
直接人工工时	25 000	4 000
直接人工	300 000	40 000
直接材料	200 000	40 000
制造费用总额	**232 000**	
制造费用	200 000	32 000
单位成本	70	56

二、Python 代码实现

【例 9-2】 长林公司成本情况见表 9-2。

要求：用 Python 编写程序根据作业成本法对成本进行重新分配。

表 9-2　长林公司成本情况表

单位：元

作业	总成本	成本动因	作业量—A	作业量—B
机器准备	50 000	准备次数	300	200
质量检测	45 000	检验次数	150	50
设备维修	30 000	维修工时	200	100
材料订单	55 000	订单份数	195	80
生产订单	25 000	订单份数	140	60
生产协调	27 000	协调次数	50	50

解：1. 导入模块 Pandas，数据写入 DataFrame

```
import pandas as pd
cost  =  {'作业':['机器准备','质量检测','设备维修','材料订单','生产订单','生产协调'],
        '总成本':[50000,45000,30000,55000,25000,27000],
        '成本动因':['准备次数','检验次数','维修工时','订单份数','订单份数','协调次数'],
        '作业量—A':[300,150,200,195,140,50],
        '作业量—B':[200,50,100,80,60,50]
        }
```

```
df = pd.DataFrame(cost)
```

生成一个表格：

	作业	总成本	成本动因	作业量－A	作业量－B
0	机器准备	50 000	准备次数	300	200
1	质量检测	45 000	检验次数	150	50
2	设备维修	30 000	维修工时	200	100
3	材料订单	55 000	订单份数	195	80
4	生产订单	25 000	订单份数	140	60
5	生产协调	27 000	协调次数	50	50

2. 计算分配率，即总成本÷总作业量

```
df['分配率'] = df['总成本'] / (df['作业量 - A'] + df['作业量 - B'])
print(df)
```

生成一个表格：

	作业	总成本	成本动因	作业量－A	作业量－B	分配率
0	机器准备	50 000	准备次数	300	200	100
1	质量检测	45 000	检验次数	150	50	225
2	设备维修	30 000	维修工时	200	100	100
3	材料订单	55 000	订单份数	195	80	200
4	生产订单	25 000	订单份数	140	60	125
5	生产协调	27 000	协调次数	50	50	270

3. 计算各产品成本，即分配率×产品作业量

```
df['A成本'] = df['分配率'] * df['作业量 - A']
df['B成本'] = df['分配率'] * df['作业量 - B']
print(df)
```

生成一个表格：

	作业	总成本	成本动因	作业量－A	作业量－B	分配率	A成本	B成本
0	机器准备	50 000	准备次数	300	200	100	400	300
1	质量检测	45 000	检验次数	150	50	225	375	275
2	设备维修	30 000	维修工时	200	100	100	300	200
3	材料订单	55 000	订单份数	195	80	200	395	280
4	生产订单	25 000	订单份数	140	60	125	265	185
5	生产协调	27 000	协调次数	50	50	270	320	320

4. 计算各产品单位成本

```
costA = (df['A成本'].sum() + 300000 + 200000) / 10000
costB = (df['B成本'].sum() + 40000 + 40000) / 2000
```

```
print(costA,costB)
65.375,79.125
```

结果是，A 产品成本为 65.375 元，B 产品成本为 79.125 元。结论是，在传统成本法下，A 产品单位成本大于 B 产品单位成本；而在作用成本法下，B 产品单位成本大于 A 产品单位成本。

任务三　成本性态分析的 Python 实现

任务指南

通过本任务的学习，用 Python 代码实现成本性态分析。

一、基本概念

成本性态分析是指在明确各种成本的性态的基础上，按照一定的程序和方法，最终将全部成本区分为固定成本和变动成本两大类，并建立相应成本函数模型 $y=a+bx$ 的过程。

一般而言，我们主要用高低点法、散布图法和回归直线法来进行计算，但这三种方法中，高低点法简便易行，但是偏差较大；散布图法代表性强，但是客观性差；回归直线法精度最高，但是计算复杂。然而借助 Python 脚本，可以使计算变得简单，回归分析不再是难题。

二、Python 代码实现

【例 9-3】 长林公司一生产车间 1—12 月发生的与机器有关的成本——维修成本和电费成本，以及机器的运行时间见表 9-3。

要求：根据回归直线法用 Python 编写程序完成成本性态分析。

表 9-3　1—12 月发生的与机器有关的成本情况表

月份	机器工作小时/小时	维修成本/元	电费/元
1	350	720	1 085
2	420	820	1 100
3	500	1 010	1 500
4	440	915	1 205
5	430	960	1 200
6	380	737	1 100
7	330	640	1 090
8	410	902	1 280
9	470	958	1 400
10	380	780	1 210
11	300	660	1 080
12	400	900	1 230

1. 环境配置

```
import numpy as np
import pandas as pd
from matplotlib import pyplot as plt
plt.rcParams['font.family'] = 'Simhei'
plt.rcParams['axes.unicode_minus'] = False
```

2. 数据初始化

```
cost = {'月份':[1,2,3,4,5,6,7,8,9,10,11,12],
        '机器工作小时':[350,420,500,440,430,380,330,410,470,380,300,
        400],
        '维修成本':[720,820,1010,915,960,737,640,902,958,780,660,900],
        '电费成本':[1085,1100,1500,1205,1200,1100,1090,1280,1400,1210,
        1080,1230]
        }
df = pd.DataFrame(cost)
print(df)
```

生成一个表格：

	月份	机器工作小时	维修成本	电费成本
0	1	350	720	1 085
1	2	420	820	1 100
2	3	500	1 010	1 500
3	4	440	915	1 205
4	5	430	960	1 200
5	6	380	737	1 100
6	7	330	640	1 090
7	8	410	902	1 280
8	9	470	958	1 400
9	10	380	780	1 210
10	11	300	660	1 080
11	12	400	900	1 230

3. 回归直线法分析

利用 NumPy 科学计算模块的 numpy.polyfit() 来进行回归分析。

```
a1 = np.polyfit(df['机器工作小时'],df['维修成本'],1)
#第三个参数是1，因为要做一次方程的回归
print(a1)
```

输出的结果是[2.033849 18.26552759]。

4. 图形可视化分析

```
x = cost['机器工作小时']
y = cost['维修成本']
plt.xlabel('机器工作小时')
plt.ylabel('维修成本')
plt.scatter(x,y)
plt.show()
```

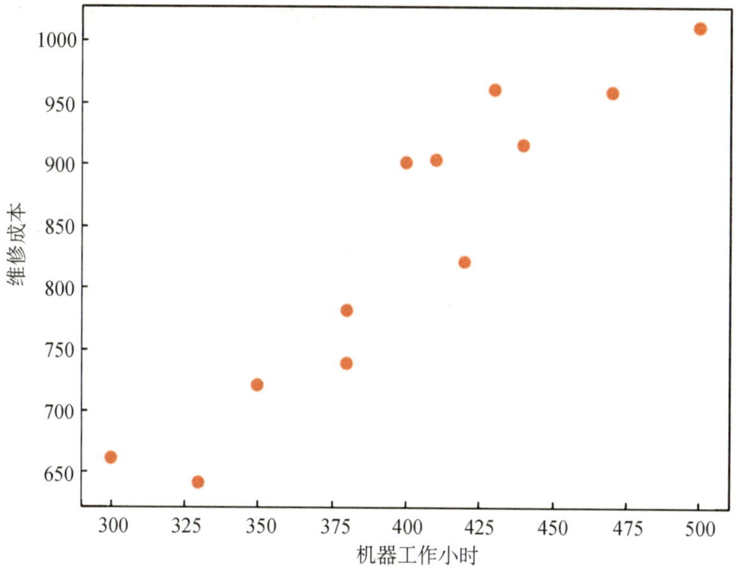

5. 维修成本的固定和变动拆分

```
df['维修成本_固定'] = a1[1]
df['维修成本_变动'] = df['维修成本'] - df['维修成本_固定']
print(df)
```

生成一个表格：

	月份	机器工作小时	维修成本	电费成本	维修成本_固定	维修成本_变动
0	1	350	720	1 085	18.265 5275 9	701.734 472 4
1	2	420	820	1 100	18.265 527 59	801.734 472 4
2	3	500	1 010	1 500	18.265 527 59	991.734 472 4
3	4	440	915	1 205	18.265 527 59	896.734 472 4
4	5	430	960	1 200	18.265 527 59	941.734 472 4
5	6	380	737	1 100	18.265 527 59	718.734 472 4
6	7	330	640	1 090	18.265 527 59	621.734 472 4
7	8	410	902	1 280	18.265 527 59	883.734 472 4
8	9	470	958	1 400	18.265 527 59	939.734 472 4
9	10	380	780	1 210	18.265 527 59	761.734 472 4
10	11	300	660	1 080	18.265 527 59	641.734 472 4
11	12	400	900	1 230	18.265 527 59	881.734 472 4

6. 电费成本的固定和变动拆分

```
a2 = np.polyfit(df['机器工作小时'],df['电费成本'],1)
df['电费成本_固定'] = a2[1]
df['电费成本_变动'] = df['电费成本'] - df['电费成本_固定']
print(df)
```

生成一个表格：

	月份	机器工作小时	维修成本	电费成本	维修成本_固定	维修成本_变动	电费成本_固定	电费成本_变动
0	1	350	720	1 085	18.27	701.73	427.21	657.79
1	2	420	820	1 100	18.27	801.73	427.21	672.79
2	3	500	1 010	1 500	18.27	991.73	427.21	1 072.79
3	4	440	915	1 205	18.27	896.73	427.21	777.79
4	5	430	960	1 200	18.27	941.73	427.21	772.79
5	6	380	737	1 100	18.27	718.73	427.21	672.79
6	7	330	640	1 090	18.27	621.73	427.21	662.79
7	8	410	902	1 280	18.27	883.73	427.21	852.79
8	9	470	958	1 400	18.27	939.73	427.21	972.79
9	10	380	780	1 210	18.27	761.73	427.21	782.79
10	11	300	660	1 080	18.27	641.73	427.21	652.79
11	12	400	900	1 230	18.27	881.73	427.21	802.79

7. 计算总固定成本和变动成本

```
df['机器固定成本'] = df['维修成本_固定'] + df['电费成本_固定']
df['机器变动成本'] = df['维修成本_变动'] + df['电费成本_变动']
print(df)
```

生成一个表格：

	月份	机器工作小时	维修成本	电费成本	维修成本_固定	维修成本_变动	电费成本_固定	电费成本_变动	机器固定成本	机器变动成本
0	1	350	720	1 085	18.27	701.73	427.21	657.79	445.48	1 359.52
1	2	420	820	1 100	18.27	801.73	427.21	672.79	445.48	1 474.52
2	3	500	1 010	1 500	18.27	991.73	427.21	1 072.79	445.48	2 064.52
3	4	440	915	1 205	18.27	896.73	427.21	777.79	445.48	1 674.52
4	5	430	960	1 200	18.27	941.73	427.21	772.79	445.48	1 714.52
5	6	380	737	1 100	18.27	718.73	427.21	672.79	445.48	1 391.52
6	7	330	640	1 090	18.27	621.73	427.21	662.79	445.48	1 284.52
7	8	410	902	1 280	18.27	883.73	427.21	852.79	445.48	1 736.52

续表

	月份	机器工作小时	维修成本	电费成本	维修成本_固定	维修成本_变动	电费成本_固定	电费成本_变动	机器固定成本	机器变动成本
8	9	470	958	1 400	18.27	939.73	427.21	972.79	445.48	1 912.52
9	10	380	780	1 210	18.27	761.73	427.21	782.79	445.48	1 544.52
10	11	300	660	1 080	18.27	641.73	427.21	652.79	445.48	1 294.52
11	12	400	900	1 230	18.27	881.73	427.21	802.79	445.48	1 684.52

拓展阅读

数智转型——Python对于财务工作能做什么？

Python是目前世界上最流行的计算机编程语言。Python的创始人为荷兰人吉多·范罗苏姆（Guido van Rossum）。1989年圣诞节期间，在阿姆斯特丹，吉多为了打发圣诞节的无趣，决心开发一个新的脚本解释程序作为ABC语言的一种继承。之所以选中单词Python（意为大蟒蛇）作为该编程语言的名字，是因为吉多对英国20世纪70年代首播的电视喜剧《蒙提·派森的飞行马戏团》（*Monty Python's Flying Circus*）情有独钟。

Python在财务里面是很有用的。不论是大的企业还是小的企业，只要涉及资金流动的就一定离不开财务，而越大的企业财务工作就越繁琐和严格，财务工作对于精确度的要求非常高，而Python能给财务带来很大的帮助，下文来讲一下Python能为财务做什么。

首先从财务的工作内容来看，预算的编制、绩效考核的统计、资金的流动、各种报销和申请的数据整理等财务的基础工作都离不开大量的计算。就单单从绩效考核的统计来说，不同部门、不同岗位、不同项目甚至是不同身份的员工所适用的绩效考核标准基本上都是不一样的。而且在绩效考核过程中还经常会涉及分级和小数位的运算，那么使用Python就可以精确快速地完成这部分工作。具体的操作就是将不同部门的绩效考核划分为一个列表内的元素，然后根据不同的元素去执行不同的计算。

Python对于财务的工作的另一个作用就是能够极大地减少重复性的操作。Python程序的特点就是可以随时使用并且运行速度快，如果是有一定水平的使用者完全可以根据自己当前的状况去开发出一个财务管理系统，将不同部门和不同类别的工作都整理好，只要程序开发完成就可以摆脱重复操作了。

理论冲刺

1. 企业管理会计运用Python工具可以完成哪些具体职能？
2. 企业运营管理过程中还有哪些地方可以使用Python工具？

实训闯关

1. 甲公司现在有 100 万元用于投资，如果年回报率是 8%，10 年后的收益是多少？考虑到每年 3%的通胀率，上述投资收益的现值又是多少呢？

要求：用 Python 编写程序完成相关计算。

2. 某制造厂生产 A、B 两种产品，有关资料如下：该厂每月制造费用总额为 50 000 元，与制造费用相关的作业有 4 个，有关资料见表 9-4。

要求：(1) 用作业成本法计算 A、B 两种产品的单位成本。

(2) 以机器小时作为制造费用的分配标准，用传统成本计算法计算 A、B 两种产品的单位成本，用 Python 编写程序完成相关计算。

表 9-4　A、B 产品成本情况表

作业	成本动因	作业成本/元	作业动因数—A	作业动因数—B
质量检验	检验次数	4 000	5	15
订单处理	生产订单份数	4 000	30	10
机器运行	机器小时数	40 000	200	800
设备调整准备	调整准备次数	2 000	6	4
合计		**50 000**		

3. 某公司 2022 年 1—12 月的机器工作小时与电费支出资料见表 9-5。

要求：用回归直线法进行成本性态分析，用 Python 编写程序完成相关计算。

表 9-5　1—12 月机器工作小时与电费支出资料

月份	1	2	3	4	5	6	7	8	9	10	11	12
机器工时/千小时	100	80	90	90	140	120	110	130	110	80	70	60
电费支出/百元	310	250	300	310	400	340	320	350	330	260	220	200

参考文献

[1] 张晓燕，王丹. 管理会计［M］. 6 版. 大连：大连理工大学出版社，2021.

[2] 苏英伟. 管理会计［M］. 长春：吉林出版集团股份有限公司，2018.

[3] 朱英华. 管理会计［M］. 北京：中国商业出版社，2022.

[4] 财政部. 财政部关于印发《管理会计基本指引》的通知［A/OL］. 财会〔2016〕10 号.

[5] 邱妘，施颖燕，李红玉. 管理会计教学案例［M］. 上海：格致出版社，2021.

[6] 财政部会计司编写组. 管理会计案例示范集［M］. 北京：经济科学出版社，2019.